Paul Morand

Sophie Dorothea von Celle

Die Geschichte eines Lebens
und einer Liebe

Aus dem Französischen
übertragen von
Peter Mortzfeld

Buchhandlung L. Brandt, Celle
(Inhaber M. Wallach)

Cip-Kurztitel:
MORAND, Sophie Dorothea

ISBN 3-9800226-0-9
2. Auflage 1979
Titel der Originalausgabe: Ci-gît Sophie-Dorothée de Celle

Druck: Mohndruck Reinhard Mohn GmbH, Gütersloh

Inhalt

Stammtafel der letzten Herzöge von Celle und ihre Nachkommen

Ernst der Bekenner * 1497 † 1546
führte die Reformation in Celle ein

Wilhelm der Jüngere
* 1535 † 1592

Ernst II * 1564 † 1611
und sechs Brüder, darunter:

Georg * 1582 † 1641
1636 Herzog v. Calenberg

Georg Wilhelm * 1624 † 1705
letzter Herzog von Celle
vermählt mit
Eleonore d'Olbreuse
* 1639 † 1722

Ernst August * 1629 † 1698
Erster Kurfürst v. Hannover
vermählt mit
Sophie v. d. Pfalz
* 1630 † 1714

Sophie Dorothee
* 1666 † 1726
„Prinzessin
von Ahlden"

vermählt mit

Georg I.
* 1660 † 1727
1714 König
von England

Sophie Charlotte
* 1668 † 1705
verm. m. König
Friedrich I v. Preußen

Georg II.
* 1683 † 1760
König v. England

Sophie Dorothee
* 1687 † 1757
vermählt mit

Friedrich Wilhelm I
König v. Preußen
1714 – 1740

Friedrich Ludwig
* 1707 † 1751
Prinz von Wales

Friedrich der Große

Georg III
* 1738 † 1820
König v. England

Karoline Mathilde
* 1751, Königin von
Dänemark, † 1775 in Celle

Georg IV.
1820 † 1830
König v. England
u. Hannover

Wilhelm IV
1830 † 1837
– desgl. –

Eduard
Herzog von
Kent † 1820

Ernst August
* 1771 † 1851
König v. Hannover
1837

Adolf
Friedrich
† 1850
Vice-König
v. Hannover
b. 1837

Victoria
1837 † 1901
Königin v. England

Georg V
* 1819 † 1878
König v. Hannover
1851 – 1866

Erstes Kapitel

Eine Französin in Deutschland

Madame d'Olbreuse, später Herzogin von Celle, brachte die ganze Anmut ihres Vaterlandes nach Deutschland.
(Voltaire, Das Jahrhundert Ludwigs XIV.)

September 1682

Es ist sechs Uhr morgens. Eleonore, Herzogin von Celle, liegt schon mit der Morgenhaube auf ihrem Paradebett. Der Betthimmel über ihr wird getragen von vergoldeten Putten; aus ihren Händen quellen Wolken von Purpurseide, besetzt mit portugiesischer Goldstickerei. Sie geben der schon ein wenig verblühten Schönheit der Herzogin einen prächtigen Rahmen. Unter weißer englischer Baumwollspitze glänzen ihre schwarzen Locken im Morgenlicht und wetteifern mit dem Glanz des Zinngeschirrs in den beiden Ebenholzschränkchen, die links und rechts des Alkovens angebracht sind.
Einen Fächer aus Schildpatt in der Hand, war Herzogin Eleonore, geborene d'Olbreuse, bereit, dem ersten Sonnenstrahl zu wehren, der über die Bettdecke huschte. Ihren wunderbar glatten Teint trübten nur die Unebenheiten, die ihr von den Blattern geblieben waren. Ein rosa Morgengewand bedeckte nur halb die vollen Formen ihrer Brust, die sich in einem Seufzer der Erleichterung hob.
Bald würde die Herzogin von Celle ihre Tochter Sophie Dorothea, die reichste Erbin des Heiligen Römischen Reiches Deutscher Nation, mit dem Prinzen August Friedrich, dem Sohn des Herzogs Anton Ulrich von Braunschweig-Wolfenbüttel, verheiraten. Sobald die Wünsche der Herzogin sich erfüllten, würde sie sich erleichtert fühlen wie eine Karyatide, die von dem Gewicht ihres Gebälks befreit wird.

Dieses prunkvoll wie ein Salon eingerichtete Schlafgemach, dieses Bett der Herzogin, dem die Ehrendamen in morgendlichem Defilee wie in Versailles ihre Aufwartung machten, selbst wenn sie nicht darinlag, die mit Nippsachen beladenen Tischchen, die intarsiengeschmückten Schränke, die Stutzuhren aus der Werkstatt von Boulle: alles dies hatte die schwerfälligen deutschen Möbel verdrängt. Ausländische Eleganz hatte den mittelalterlichen Plunder vertrieben und der Stadt Celle wie dem ganzen Herzogtum ein neues Gesicht gegeben; bisher hatte es sich vom Geschmack seiner Nachbarn, Hannover und Holland, leiten lassen. Die deutschen Schlösser sehen oft wie Spitäler oder Kasernen aus. Auch das Celler Schloß, in seiner Anlage steif wie ein Gefängnisbau, bot von außen immer noch den Anblick einer Zitadelle, mit ein paar Storchennestern auf den Dächern.
Erst der sanften Beharrlichkeit einer Frau, eben der Herzogin Eleonore gelang es, das Innere des Schlosses allmählich in eine Reihe luxuriöser Gemächer zu verwandeln. Langsam aber sicher befestigte sich ihre Herrschaft, die Herrschaft einer Ausländerin, einer Französin, die das Schicksal in diese ferne, nördliche Heidegegend verschlagen hatte. Aber der feindselig abweisende Charakter von Land und Leuten, dem Eleonore in Deutschland begegnete, war ihr aus dem heimatlichen Poitou vertraut. Ihre protestantische Familie hatte dort seit der Zeit Heinrichs III. »im Verborgenen« gelebt, inmitten eines »vom Blut der Gläubigen trunkenen Babylon« und unter der steten Bedrohung, ihre Namen auf der bischöflichen Ächtungsliste zu finden. Schon als Kind erlebte sie die Tragödie der Camisarden und die ersten Dragonaden, die damals gerade im Poitou begannen. Man versteckte sie, aus Angst, die Häscher könnten sie ihren Eltern rauben, in Vorratskammern oder in Holzfällerhütten im Wald; sie hörte die Schreie der Priester in den Wäldern: »Tötet sie! Tötet sie!« Sie sah, wie die Predigten des Paters Bourdaloue Scheiterhaufen entzündeten und die Menschen massenweise ihrem Glauben abschworen.
Dem Marquis d'Olbreuse gelang es, mit seinen beiden Töchtern zu Schiff nach Holland zu entkommen. Dort gehörte Eleonore zu der großen Zahl der Flüchtlinge, die in dieser Arche Noah lebten, und brachte sich mit den Almosen der

öffentlichen Wohltätigkeit und dem Sammeln von Weinbergschnecken durch. Wenigstens wehte hier eine gute, freie Luft, in der man atmen konnte. Zwar gab es die Spitzel des Grafen d'Avaux, des Gesandten Ludwigs XIV. im Haag, sowie ständig die Angst vor einer französischen Invasion zur Ausrottung der Ketzerei – beinahe hätte Jan de Witt ihretwegen Holland unter Wasser gesetzt –, aber um so fester hielt die kleine Schar zusammen. Unter den französischen Offizieren, die in der Armee des Prinzen von Oranien dienten, befand sich ein Herzog von Tarento aus dem Geschlecht der La Trémoille, der mehrere ruhmreich in Holland kämpfende französische Regimenter führte. Andere Mitglieder seiner Familie kämpften in den hessischen Armeen; französische Musketiere standen unter dem Befehl des Kurfürsten von Brandenburg – Hugenotten im Dienste Preußens. Voltaire spricht im »Jahrhundert Ludwigs XIV.« von den »Protestanten, die, durch die Aufhebung des Ediktes von Nantes vertrieben, ihre Tüchtigkeit und ihren Haß gegen den König von Frankreich in ihre neue Heimat mit sich nahmen«.

Alexandre Desmier Marquis d'Olbreuse und seine beiden hübschen Töchter fanden, nach manchem Hin und Her in der Menge der siebzigtausend französischen Flüchtlinge, endlich in Breda Asyl. Hier hatte sich die Herzogin von Tarento niedergelassen. Sie kannte die d'Olbreuses noch vom Poitou her und nahm sie unter ihren Schutz. Sie galt als sehr lebenslustig, und ihr Salon war der ausgelassenste und am stärksten besuchte von ganz Breda, das unter den Städten Hollands den Ruf der größten Lebendigkeit genoß. Karl II. von England hatte hier die Jahre seines Exils verbracht, die Gesandten des Kongresses von 1667 hatten hier getanzt und nebenbei einen Friedensvertrag unterzeichnet. In den kleinen, schwarzgeteerten Ziegelhäusern rissen die Maskeraden, Bälle und sonstigen Vergnügungen nicht ab. Eleonore in ihrem Nymphenkostüm hatte großen Erfolg. Die französischen Emigranten bildeten eine Miniaturausgabe jenes Versailles, das sie zwar verfluchten, in dem man aber doch Zutritt zur königlichen Karosse gehabt haben mußte, um hier in Breda etwas zu gelten. Frankreich gab den Ton an. Selbst die nüchternen Holländer ließen sich anstecken. Sie kleideten sich nach französischer Mode, rauchten in der Kirche ihre Tonpfeifen, ersetzten ihre eisernen Türklopfer durch silberne und begruben die Toten bei Laternenschein. Französische Wörter drangen ins Deutsche und Niederländische ein, man sprach von »Sottisen«, »Lacheteten«, »Fadaisen«, eine Gaunerei hieß jetzt ein »foppa« (faux pas). Die Holländer entwickelten, dank der billigen französischen Arbeitskräfte, eine Baulust »comme chez le dauphin«.

Breda... In ihrem Bette liegend, ließ die Herzogin jene bitteren Jahre, die dann doch im Laufe der Zeit so freundlich geworden waren, vor ihrem Geiste wieder lebendig werden. Breda... Sie sah ihre französischen Landsleute vor sich, wie sie, unfähig, von ihrer romanischen Ungezwungenheit zu lassen, in Pantoffeln auf der Straße spazierengingen, im Theater sich von einer Loge zur anderen unterhielten, im Café sich dem unbekannten Genuß des honiggesüßten Javakaffees hingaben, sich über die blitzsauber gescheuerten holländischen Straßen mokierten, in Schlitten, die die Form vergoldeter Schwäne hatten, über die zugefrorenen Kanäle dahinglitten und ihre Vorliebe für die Lebensart jenes Versailles zeigten, wo Eleonore und ihre Schwester Angélique bei Hofe vorgestellt worden waren... Sie sah sich wieder in diesem Nachbarland Holland, verloren in der seltsamen Mischung von französischen Adligen und kalvinistischen Predigern, jüdischen Diamantenhändlern, die aus Antwerpen nach Amsterdam geflohen waren, von Cevennenbauern und Bankiers aus Nîmes, von hugenottischen Ärzten, denen man in Frankreich die Leichen zum Sezieren verweigerte, und Thermometer-, Mikroskop- und Uhrenfabrikanten aus Paris, kurz, einer Welt, in der Choralgesänge sich mit Tanzweisen mischten. Man haßte Ludwig XIV., aber man verschlang gierig die letzten Hofnachrichten, wenn man morgens in der Kakaostube an Tischen voller Tonpfeifen, bei Spucknäpfen und wärmenden Kohlenbecken die Nase in die Zeitungen steckte.

Das war das Breda von 1665, in dem Eleonores Leben sich entschied. Täglich gab es bei ihrer Gönnerin, der Herzogin von Tarento, Tanz, Kartenspiel, Komödie. Nicht nur die Refugiés von Rang stellten sich ein, sondern auch alle Durchreisenden, die im Reich und in Europa zählten. Die Gastgeberin selbst war eine geborene Prinzessin von Hessen-Kassel und eine Tante der berühmten Herzogin Sophie von Hannover, und so empfing sie die hannoverschen Prinzen wie Verwandte.

Ein besonders willkommener Gast war Georg Wilhelm von Braunschweig-Lüneburg. Es wurde für Eleonore eine schicksalhafte Begegnung.

Nach Jahren unsteten Lebens, die er vor allem in Venedig verbracht hatte, war Georg Wilhelm in Breda erschienen, dem Venedig des Nordens, was die Sitten anging, dazu mit dem Vorteil der größeren Nähe. Natürlich stand ihm der Salon der Herzogin von Tarento, dessen strahlender Mittelpunkt Eleonore war, ohne weiteres offen. Von gemeinsamem Theaterspiel ging man über zu Französischstunden und von der Grammatik zu Liebeserklärungen. Georg Wilhelm legte der jungen Französin sein Schicksal zu Füßen, aber so rasch ergab sie sich nicht. »Dieses Fräulein der Herzogin von Tarento« – so drückte sich Liselotte von der Pfalz aus, als sei die Rede von einer Zofe – besaß Ehrgefühl und bewies selbst in der Fremde, daß sie aus guter Familie stammte. Sie verstand sich auf Sprödigkeit nicht schlechter als irgendeine Dame in den Romanen des Fräulein von Scudéry. Das machte indessen Georg Wilhelm nur um so verliebter, und er hätte sie gewiß gern zu seiner Frau gemacht, aber durch einen Hausvertrag mit seinen Brüdern hatte er sich zur Ehelosigkeit verpflichtet. So konnte er ihr nur eine Heirat zur linken Hand vorschlagen, eine Art Halbehe, die zwar vor Gott und den Menschen galt, eventuellen Kindern aber keine Ehelichkeit verlieh.

In diese Zeit fiel der plötzliche Tod des Herzogs Christian Ludwig von Celle. Georg Wilhelm mußte Breda unverzüglich verlassen, um seinen jüngeren Bruder Johann Friedrich daran zu hindern, das Herzogtum an sich zu reißen.

Während seiner Abwesenheit hatte Eleonore Zeit nachzudenken. Sie war vernünftig und besaß einen klaren Kopf. Die Herzogin von Tarento beschwor sie anzunehmen, sie könne keine bessere Partie machen; diese Verbindung würde ihrem Vater, dem Marquis, einen ruhigen Lebensabend sichern und schließlich werde es sie hart ankommen, ihr ganzes Leben als alte Jungfer in Breda verbringen, ohne die geringste Hoffnung, jemals nach Frankreich zurückkehren zu können. Freilich erinnerte sich Eleonore nur noch undeutlich an die Stätten ihrer Kindheit: Niort und Parthenay, die liebliche Dorflandschaft von Usseaux und die ganze Saintonge. Nur noch in trüben Stunden sah sie das heimatliche Marais, von Mal zu Mal schwächer, vor sich: die Kanäle unter einem grünen Laubdach, durch das nur hin und wieder die Sonnenstrahlen wie Pfeile drangen, die kleinen Buchten, auf denen, ein holländisch anmutendes Bild, mit Heu und Vieh beladene Kähne zwischen Wiesen dahinglitten, die Frau stand mit dem Riemen an der Ruderpinne, der Mann – vielleicht ein alter Gärtner, der sie zum Aalfang unter schwirrenden Libellen mitnahm – stakte das Boot mit seiner pigouille vorwärts ...

Georg Wilhelm war schon längst in seiner hannoverschen Heimat und Herzog von Celle, aber Eleonore konnte sich immer noch nicht entschließen. Sie war sechsundzwanzig Jahre, also in einem Alter, wo heiratsfähige Mädchen es mit der Angst bekommen. Fürstin Sophie, die Schwägerin Georg Wilhelms, schrieb ihr zwei äußerst liebenswürdige Briefe und bot ihr die Stellung einer Ehrendame am Osnabrücker Hof an. Das war ein hinreichender Vorwand, die begonnene Beziehung nicht abreißen zu lassen, und das Versprechen, daß man sie aufs herzlichste empfangen werde, ließ ihre letzten Bedenken schwinden. So überschritt sie die Grenze nach Deutschland, wo man sie schon erwartete.

In der Tat hatten der Fürstbischof von Osnabrück und seine stolze Gemahlin, die Fürstin Sophie, den Plan einer morganatischen Ehe mit Eifer aufgegriffen; nach ihrer Vorstellung sicherte er ihre eigene Zukunft, denn die Kinder aus einer solchen Verbindung waren rechtlich von jeder Thronfolge ausgeschlossen.

Um die Zufriedenheit des Fürstenpaares zu verstehen, muß man sich an die Erbregelung erinnern, die im Hause Braunschweig-Lüneburg galt, das in direkter Linie von den im Mittelalter so mächtigen Welfen abstammte und die viertälteste Dynastie im Reich war, älter als die der Habsburger; im Reichstag nahm es den sechzehnten von dreiundvierzig Rängen ein. Der letzte Herzog hinterließ bei seinem Tode sieben Söhne, unter die er das Herzogtum aufteilte. Sie begriffen rasch, daß bei diesem Erbteilungsverfahren ihr Land, auf das sie so stolz waren, bald nicht mehr als ein Haufen von Zwergstaaten sein würde, ohne Gewicht in der riesigen Weite des Reiches. So schlossen sie denn unter sich einen Hausvertrag, der nur einem einzigen, dem ältesten, Heirat und erbberechtigte Kinder erlaubte; die anderen verpflichteten sich, ehelos zu bleiben.

Man konnte es fast ein Glück nennen, daß die unaufhörlichen Kriege immer wieder den allzu großen Kinderreichtum dieser Fürstenhäuser verminderten. Um die Mitte des siebzehnten Jahrhunderts gab es nur noch drei welfische Staaten, nämlich die Herzogtümer Hannover und Celle sowie das Fürstbistum Osnabrück, und vier Brüder, von denen der älteste, der Herzog von Hannover, im voraus auf die Ehe verzichtet hatte; der zweite, Herzog Georg Wilhelm von Celle, war demnach dazu bestimmt, die regierende braunschweigische Linie fortzusetzen. Man fand auch sogleich in Sophie von der Pfalz eine Braut für ihn, die sich weniger durch ihre Mitgift (denn die Pfälzer Kurfürsten waren eher arm) als durch hohe Geburt auszeichnete: sie war die Tochter Friedrichs V., jenes pfälzischen Königs von Böhmen, und durch ihre Mutter Enkelin Jakobs I. von England; überdies besaß sie, neben einer gelehrten Bildung, Würde und Sittenstrenge. Doch schreckten diese Tugenden den Herzog von Celle eher ab; er war ohnehin allzu geneigt, der Ehe ganz zu entsagen und sich lieber einem ungehemmten Genußleben hinzugeben. Er dachte tatsächlich daran, seine Rechte auf den hannoverschen Thron an seinen jüngeren Bruder, für den er eine besonders zärtliche Zuneigung fühlte, abzutreten, zum größten Ärger des Jüngsten, der sogleich den Erbverzicht für sich auszubeuten suchte. Fast wäre es zum offenen Kampf darum gekommen.

Aber der Herzog von Celle blieb standhaft und verzichtete endgültig auf seine Rechte zugunsten jenes jüngeren Bruders, des Fürstbischofs Ernst August von Osnabrück. Darüber hinaus verpflichtete er sich, niemals zu heiraten. Man kennt den zweifelhaften Wert solcher Familienverträge; dieser hatte jedenfalls nur das Ergebnis, daß Georg Wilhelm später seiner Gemahlin gegenüber ein schlechtes Gewissen und eine Art Schuldkomplex hatte, der vieles von seinem Verhal-

ten gegen sie erklärt. Was die arme Sophie betrifft, die sozusagen das Handelsobjekt dieser Abmachung bildete, so vermachte Georg Wilhelm sie seinem Bruder gleichsam als Zugabe. Sicher fand sich die stolze Sophie, die ihrerseits lieber Georg Wilhelm geheiratet hätte, nur gezwungenermaßen mit Ernst August ab. Sie verzieh dem Herzog von Celle nie, daß er so unritterlich an ihr gehandelt, und noch weniger seiner französischen Frau, daß sie ihr vorgezogen worden war.
Im Schloß zu Osnabrück bereiteten der Fürstbischof und die Fürstin Sophie Eleonore den freundlichsten Empfang. Sie umarmten sie und führten sie, unter den unvermeidlichen Fanfarenstößen, die große Treppe hinauf in das Zimmer, das sie bewohnen sollte. Eleonore war gerührt und glücklich, daß man ihr so viel Ehre erwies. Sie war mit einer morganatischen Ehe einverstanden, und im September 1665 wurde sie geschlossen. Der Fürstbischof und seine Gemahlin setzten selbst ihre Unterschriften neben die der Eheschließenden. Eleonore erhielt, nach einer Besitzung ihres Mannes, den Titel einer Gräfin von Harburg.
Zunächst schien alles sehr gut zu gehen. Doch schon bald sah sich die junge Frau in ihren Hoffnungen arg enttäuscht. Sie fühlte, wie die Stellung, zu der sie erhoben worden war, allmählich untergraben und der Rang, den man ihr verliehen hatte, ihr nach und nach wieder entzogen wurde. Zwar begab sie sich, unter Trompetengeschmetter, gemeinsam mit der fürstbischöflichen Familie zur Tafel, aber sie mußte an einem kleinen Extratisch sitzen und hungrig zusehen; später schickte man ihr dann die Reste des Essens auf ihr Zimmer, riesige Bratwürste auf Bergen von Rotkohl, den sie nicht mochte (man wird hier voller Interesse Stendhals »Notizen über das Herzogtum Braunschweig« und seine Aufzeichnungen über seinen Besuch in Wolfenbüttel am 6. Juli 1807 lesen, in denen er von seinem Abscheu vor dem Sauerkraut – ein »blöde machendes Gericht« –, den eiskalten Federbetten, den Früchten ohne Geschmack, kurz von seinem Ekel vor allen jenen Dingen spricht, unter denen Frau d'Olbreuse ein Jahrhundert früher hatte leiden müssen). Zusammen mit ihrer Schwester Angélique, die mit ihr nach Osnabrück gekommen war und ihr Glück in der Ehe mit einem Grafen Reuß gefunden hatte, kochte sich Eleonore auf ihrem Zim-

mer leichte französische Gerichte. Diese Gewohnheit hatten die hannoverschen Prinzen bald entdeckt und wollten sich ausschütten vor Lachen. Fürstin Sophie, anfangs so liebenswürdig und anscheinend zufrieden mit dieser Halbschwägerin, die bescheiden war und »ihre Grenzen nicht überschritt«, wurde immer hochmütiger. Eleonore begriff sehr bald, daß sie am Osnabrücker Hof nicht mehr als eine Gouvernante war. Sie fühlte sich in ihrem Stolz tief verletzt und bestürmte ihren zärtlich verliebten Mann, auf den sie wachsenden Einfluß gewann, er möge doch mit ihr Osnabrück verlassen und endgültig nach Celle übersiedeln. Dort würde sie die erlittenen Kränkungen rasch vergessen und Herrin in ihrem eigenen Hause sein.

Sie erreichte ihr Ziel, und hier, in Celle, wurde am 15. September 1666, ein Jahr nach der Hochzeit, ihre geliebte Tochter Sophie Dorothea geboren.

Hier begann aber auch der unversöhnliche Kampf zwischen den beiden Schwägerinnen, der hochmütigen Sophie, aus altem deutschem Blut, und der ins Land gekommenen, ränkespinnenden Ausländerin, der Französin. Von Tag zu Tag verstand Eleonore besser, welcher Rangunterschied sie beide in den Augen ihrer Schwägerin trennte, ein Unterschied, der viel größer war als der zwischen einem Marquis d'Olbreuse und dem letzten seiner Bauernknechte ... Für diese Königs- und Fürstenhäuser, die sich alle wie die Welfen wenigstens bis auf Karl den Großen zurückführten, war ein Marquis aus dem Poitou »ohne Herkunft und Familie«. Ebenso wurde ihr klar, daß für diese Hannoveraner ihre morganatische Ehe keinerlei Bedeutung hatte. Jener Hausvertrag war Eleonore anfangs so unsinnig und geradezu lächerlich vorgekommen; jetzt, da sie mit dem komplizierten deutschen Gewohnheitsrecht mehr vertraut war, verstand sie ihn besser.

Sie lebte wirklich in einer noch fast mittelalterlichen Welt, Norddeutschland war in vielem noch unglaublich rückständig. Diese Deutschen, die, maßlos stolz auf ihre Blutsreinheit, die Italiener haßten und dennoch ihren Verführungen erlagen, die die Franzosen verachteten und sie dennoch nachahmten, die treue Untertanen des Kaisers waren und sich dennoch zu einem anderen Glauben bekannten, die auf allen europäischen Kriegsschauplätzen ausgezeichnete Soldaten waren und sich trotzdem berechnend dem Meistbietenden verkauften – diese ungeschliffenen, physisch tapferen, aber moralisch schwachen Deutschen kamen ihr vor wie komische Helden, und sie konnte nicht klug aus ihnen werden. Und dabei galt es doch, sie zu begreifen, denn sie mußten ihr in ihrem unentwegen Kampf gegen Osnabrück helfen, ihre unsichere Stellung zu festigen.

Mit den zugleich schwachen und wirkungsvollen Mitteln einer Frau, die sich geliebt weiß, übte Eleonore einen ständigen Druck auf den Herzog aus. Ihr erster Erfolg war, daß der Kaiser sie zur Reichsgräfin erhob. Wien brauchte in seinem Krieg gegen die Türken Celle als Bundesgenossen, genauer gesagt, es brauchte seine Soldaten.

Indessen war Osnabrück nicht weniger auf seinen Vorteil bedacht: Sophie Dorothea durfte niemals die Nachfolge ihres Vaters in Celle antreten, das vielmehr selbstverständlich dem Sohn der Fürstin Sophie, Georg Ludwig, zufallen mußte.

In dieser Situation spielte Eleonore ihre Trumpfkarte aus: sie erreichte 1676 die Legitimierung ihrer Tochter. Mit einem Schlage hatte sie die negativen Auswirkungen ihrer morganatischen Ehe und jenes ominösen Hausvertrages annulliert und aus Sophie Dorothea die reichste Erbin Deutschlands gemacht. Und zwei Jahre später bekräftigte Eleonore ihren Sieg: der Wiener Hof erkannte ihre morganatische Verbindung als vollgültige und rechtens geschlossene Ehe an. Jetzt durfte Eleonore den Herzogtitel führen und wurde offiziell Herzogin von Celle. »Es blieb ihr hinsichtlich Stand und Größe nichts mehr zu wünschen übrig«, sagt Pollnitz, der Verfasser der 1707 in London erschienenen »Histoire secrette de la Duchesse de Hanover«. Die Politik Osnabrücks hatte eine totale Niederlage erlitten.

Jedoch ließ der Gegenschlag nicht auf sich warten. Der Herzog von Hannover starb, und sein Besitz fiel an seinen Bruder, den Fürstbischof. Ernst August und Sophie wurden Herzog und Herzogin von Hannover. Der Vorsprung, den Celle gewonnen hatte, war aufgeholt.

Das siebzehnte und achtzehnte Jahrhundert war die große Zeit der Spionage. Jeder betrieb sie. Daß es einen europäischen Hof gab, an dem nicht jeder zugleich ein Spitzel war,

war fast unvorstellbar. Man spionierte aus den verschiedensten Gründen: der eine, weil man ihn dazu zwang, ein anderer, um sich in seiner Stellung zu halten oder um sein Land oder seine Familie vor Unheil zu schützen, manche schließlich auch, um sich dadurch zu bereichern; man stand immer im Solde irgendeines Auftraggebers. Die gut sechshundert Einzelstaaten des Reiches horchten gegenseitig ihre Geheimnisse aus, ja, die mächtigsten unter ihnen hatten, neben den offiziellen Gesandten, geheime Agenten an den großen Höfen des Auslands, in Wien, Paris, London, Den Haag, selbst in Turin und Madrid, und es steht außer Frage, daß diese oft deren Politik durchkreuzten.
Auch Ernst August ließ seinen trefflichen Bruder Georg Wilhelm durch einen hervorragenden Spitzel beobachten: den Grafen Bernstorff, leitenden Minister des Herzogs von Celle. Dieser verfügte über ein Höchstmaß an Intelligenz, Doppelzüngigkeit, Eigennutz und Raffinesse und gewann immer mehr Einfluß auf seinen Herrn. Mehr als vierzig Jahre lang trieb er ein höchst gefährliches, aber immer erfolgreiches Doppelspiel. Der Herzog war naiv und fröhlichen Gemüts, ein glücklicher Familienvater ohne politischen Ehrgeiz; die Jagd und die dreihundertsiebzig Pferde seines Marstalls waren seine ganze Freude, seine schöne und anmutige Gemahlin und seine kleine Sophie Dorothea sein ganzer Stolz; ihr einen ebenbürtigen Mann zu finden, war sein sehnlichster Wunsch. Fast hätte er das Projekt einer Heirat mit dem zweiten Sohn des Königs von Dänemark zu glücklichem Abschluß gebracht, aber der Plan war gescheitert; zweifellos hatte die Herzogin Sophie ihre Hand im Spiel gehabt. »Wie, ein Königssohn für dieses Mädchen, das doch nur ein Bastard ist!« hatte sie voller Wut ausgerufen.
Der Ausspruch war der Herzogin von Celle hinterbracht worden. Was machte es ihr aus – sie hatte ihren »kleinen Bastard« schon vor sechs Jahren mit einem Braunschweiger reinsten Geblüts – stammte nicht auch er von Heinrich dem Löwen ab? – fest verlobt. Aber das Unglück wollte es, sicher zur großen Befriedigung der Herzogin Sophie, daß ihm bei der Belagerung von Philippsburg eine Kanonenkugel den Kopf zerschmetterte. – Aber noch stand das Spiel unentschieden. Gerade an diesem Tag erwartete Eleonore

den Herzog Anton Ulrich von Wolfenbüttel, der diesmal mit seinem zweiten Sohn kam, um für ihn um Sophie Dorotheas Hand anzuhalten. Sie würde sie ihm nicht verweigern, und Sophie Dorothea würde den erlauchtesten Damen Deutschlands gleichgestellt sein.
Die Wolfenbütteler waren Eleonores alte und treue Freunde. Aber in ihren Augen besaßen sie noch einen weiteren Vorzug: da sie im Begriff standen, zum Katholizismus zurückzukehren, erfreuten sie sich besonderen Ansehens bei Ludwig XIV., und Eleonore hoffte, durch ihre Vermittlung wieder in den Besitz ihrer konfiszierten Güter im Poitou zu gelangen. Außerdem hatten sich die Herzöge von Braunschweig-Wolfenbüttel ganz dem französischen Einfluß ergeben. Die Herzogin von Celle war ja trotz der Hugenottenverfolgung in ihrem Herzen Französin geblieben. Die vielen kalvinistischen Flüchtlinge, die sich in Celle um sie scharten, sahen in ihr so etwas wie die göttliche Vorsehung. Ihnen allen verschaffte sie Stellungen im Heer oder bei Hofe. Das Herzogtum Celle entwickelte sich allmählich zu einer ständig wachsenden französischen Kolonie zwischen Holland und Brandenburg. Die kleine Residenz mit ihren zehntausend Seelen, weltverloren an der Aller inmitten sandiger Heideflächen, trug ganz und gar den Stempel von Eleonores Tätigkeit. Sie ließ die Wassergräben zuschütten und französische Gärten anlegen, sie hielt offene Tafel für die Refugiés, man pries ihre Küche, aus der deutsches Wildbret und deutscher Kohl verschwanden. Im Schloß richtete sie ein Theater ein, und der Herzog hatte so viel Vergnügen daran, von Loge zu Loge und von einem Wandelgang zum anderen zu spazieren, daß er von dem aufgeführten Stück kaum etwas mitbekam. In der Karnevalszeit kamen Ballettgrupen aus Paris, man bezahlte sie großzügig. Täglich trafen aus Versailles die letzten Neuheiten ein: Repetieruhren oder Etuibarometer aus der Werkstatt von Boulle. Die Kleiderpuppen der Rue Sant-Honoré, die alljährlich im Frühling die Höfe des nördlichen Europa mit den neuesten Modeschöpfungen von Paris bekanntmachten, fanden jetzt ihren Weg auch nach Celle, und mit ihnen die Kollektionen von Perücken, Täschchen, Ärmelkrausen und Schuhen. Im Schloß war es vorbei mit dem alten, kasernenhaft pünktlichen Tageslauf, mit den durch ein Trompetensignal angekündigten

Mahlzeiten um elf Uhr vormittags und um vier Uhr nachmittags. Jetzt wiederholte bei der Tafel jedesmal ein Page das ausdrückliche Verbot, einander während des Essens zu beleidigen, sich mit Knochen und Brotkrumen zu bewerfen, mit den Fingern vom Teller zu essen (bis dahin hatte sich nur der Herzog einer Eßgabel bedient) und sich die besten Bissen heimlich in die Tasche zu stecken. Es verschwand auch die Sitte, nach dem Essen die Betrunkenen in einer Schubkarre abzutransportieren. Übrigens erhielten die Franzosen, vor allem jene aus Eleonores Heimat, dem Aunis und der Saintonge, bessere Bezahlung als die Einheimischen. Ein französischer Pikör bekam jährlich vierhunderteinundzwanzig Taler, ein deutscher nur zweihundertachtundzwanzig.
Siebzehn Jahre hatte Eleonore gebraucht, um ihr Ziel zu erreichen. Jetzt erst empfand sie Celle als Eigentum, als Kleinod und besonderen Schatz, als ihren unbestrittenen Besitz, den Preis für viele Jahre treuer Gattenliebe, aber auch voller Opfer und Demütigungen. Ihr Hof war ein Stück Frankreich geworden. Ein Franzose, der ihn auf der Durchreise besuchte und an die herzogliche Tafel geladen wurde, rief in naivem Erstaunen aus: »Das ist wirklich hübsch, Euer Durchlaucht! Der einzige Nichtfranzose, den ich hier sehe, sind Sie.«
Aber diese vielleicht übertriebene Französisierung schadete Eleonore auch: sie bot dem Grafen Bernstorff in steigendem Maße Stoff, beim Herzog seine heimtückischen Gegenminen zu legen, und er hatte umsomehr Erfolg damit, als dieser sich immer stärker dem Einfluß seiner Frau entzog.
Um ihre und ihrer Tochter Zukunft zu sichern, hatte sich Eleonore von ihrem Mann viele Schenkungen machen lassen. Innerhalb weniger Jahre waren ihr fünf große Güter übereignet worden, zum lebhaften Mißvergnügen des Herzogs Ernst August, der mitansehen mußte, wie Stück für Stück dieses angeblich ihm gehörenden Erbes verlorenging. Tatsächlich beharrte er auf seinen Ansprüchen bis zu dem Tage, an dem Sophie Dorothea durch ihre Legitimierung alleinige und unbestrittene Erbin wurde. Um den Zorn seines Lieblingsbruders zu beschwichtigen, hatte ihm der Herzog von Celle oft großzügige Zuwendungen aus seiner Schatulle gemacht. Nicht daß Ernst August besonders geldgierig gewesen

wäre, aber er war vergnügungssüchtig und prunkliebend; kein Wunder, wenn seine Kassen dauernd leer waren. Als der Herzog von Celle zum Beispiel seiner Gemahlin das schöne, vor den Toren Hamburgs an der Elbe gelegene Besitztum Wilhelmsburg schenkte, erkaufte er sich Ernst Augusts Zustimmung mit achtzehntausend Talern. Zum Glück konnte das Herzogtum Celle diese kostspieligen Geschäfte ohne allzu großen Schaden ertragen. Dank einer guten Regierung dehnte es sich aus und wurde von Tag zu Tag wohlhabender, während Osnabrück ein armes Land war und Hannovers Finanzen sich durch die Verschwendungssucht seines Herzogs in dauernder Zerrüttung befanden.

Es klopfte an der Tür, und Sophie Dorothea trat bei ihrer Mutter ein. Die Schönheit ihrer sechzehn Jahre erfüllte den Raum mit Glanz und ließ die mythologischen Deckenmalereien und die rosa Wolken verblassen, auf denen Göttinnen neben Wandspiegeln schwebten.
Sophie Dorothea war reizend anzusehen. Alles an ihr war vollkommen. Sie erinnerte an das schöne Fräulein d'Olbreuse von einst, nur fehlten ihr deren energische Züge. Was Mutter und Tochter unterschied, waren weniger die Jahre als vielmehr die dunklen Schatten unter Eleonores Augen, die von Müdigkeit und Verbrauchtsein sprachen ... Bei der Tochter hingegen drückten die kleine, mutwillig vorgewölbte Stirn, das anmutige Mienenspiel, die geschmeidigen Bewegungen reine Lebensfreude aus, man sah diesem jungen Geschöpf mit dem mahagoniglänzenden Haar und den goldbraunen, blitzenden Augen an, daß es darauf brannte, das Leben kennenzulernen.
Eleonore betrachtete ihre Tochter voller Entzücken. War sie nicht *ihr* Werk, ihr Sieg, ihr Triumph? Hatte sie nicht aus dem Kind einer morganatischen Ehe – was schlimmer war als eine uneheliche Herkunft – die am meisten umworbene Prinzessin des Reiches gemacht? Ja, Sophie Dorothea war ihr Stolz und zugleich ihre Freude, ihr Spielzeug, ihre schöne Puppe, die sie anziehen, frisieren, schmücken, ausführen konnte. Wenn die Prinzessin in ihrer kleinen, mit Ponys bespannten Kutsche durch das Land fuhr, nickte sie den Einwohnern, die ihre entzückende Prinzessin anbeteten,

freundlich grüßend zu. In der Tat bewahrten ihr die Celler bis zum Schluß eine zärtliche Liebe und beweinten sie wie ein eigenes Kind.

Die mütterliche Erziehung hätte aus Sophie Dorothea eigentlich ein maßlos verwöhntes Ding voller selbstsüchtiger Eitelkeit machen müssen. Aber sie war im Gegenteil gutartig und von natürlicher Herzlichkeit; ihre Erziehung konnte man nur für eine einzige schwache Seite verantwortlich machen, die allerdings gefährliche Folgen haben sollte: ihr starkes Liebesbedürfnis . . .

»Mein geliebter Engel«, sagte die Herzogin, »wie gut, daß Sie kommen, ich hatte gerade Sehnsucht nach Ihnen. Ihr Herr Vater schläft noch, aber wollen Sie nicht inzwischen mit mir an diesem Tischchen Ihre Chocolade trinken? Ich möchte, daß Sie mir etwas Gesellschaft leisten. Ach, ich kann Sie nicht oft genug sehen.«

»Und doch«, antwortete die Tochter mit einem Lächeln, »wollen Sie mich verheiraten. Werden Sie mich dann nicht noch viel seltener sehen?«

»Aber nein! Der Wolfenbütteler Hof ist mit uns befreundet, und es ist nicht weit dorthin. Ich werde Sie so oft sehen können, wie ich will. Und selbst wenn es nicht ginge, würde ich dieses Opfer bringen, damit meine kleine Tochter eine regierende Herzogin wird. Sie verdienen es, allein wegen Ihrer Schönheit!« [»Sie hat eine sehr schöne Gestalt«, wird später, am Tage nach Sophie Dorotheas Ankunft in Hannover, der ›Mercure Galant‹ schreiben, »sie hat kastanienbraunes Haar, ein niedliches Grübchen auf dem Kinn, einen glatten und schönen Teint und einen sehr schönen Busen; sie ist eine vortreffliche Tänzerin, spielt das Cembalo und beherrscht auch den Gesang. Sie besitzt überaus viel Geist und Lebhaftigkeit, eine glückliche und durch ihre Lektüre reich genährte Phantasie; sie hat von Natur einen sehr guten Geschmack, den die sorgfältige Erziehung, die man ihr angedeihen ließ, noch gefördert hat. Sie äußert über alle Dinge richtige Ansichten und beweist bei allem, worüber man mit ihr spricht, ein scharfsinniges Urteil.«]

In den Schloßhof, der dunkel wie ein Brunnenschacht dalag, denn das Ockergelb der Mauern trat noch kaum aus dem Halbdunkel der Morgendämmerung, war gerade eine Reisekutsche gefahren. Eleonore horchte auf das Gerassel der Räder und den Lärm der Pferdehufe und sagte: »Das müssen die Wolfenbütteler sein – nein, es ist noch zu früh, sicher sind es ihre Vorreiter. Aber sie selbst werden bald da sein. Gehen Sie sich ankleiden, meine Liebe. Ich läute jetzt nach meinen Kammerfrauen.«

Einen Tag vor dieser Unterhaltung hielt in Hannover Ernst August gerade seinen Mittagsschlaf, als ihn sein Haushofmeister, zitternd vor Aufregung, mit der Nachricht weckte, es sei gerade ein herzoglich cellescher Kurier mit einer dringenden Botschaft vom Grafen Bernstorff eingetroffen. Der Herzog überflog die Depesche und glaubte vor Schreck ohnmächtig zu werden. Bernstorff teilte ihm eine Neuigkeit mit, die er nur durch einen Zufall erfahren hatte: daß nämlich am nächsten Morgen die Ankunft des Herzogs Anton Ulrich von Wolfenbüttel sowie seines Sohnes erwartet werde und die offizielle Verlobung Sophie Dorotheas mit dem jungen Mann unmittelbar bevorstehe. »Wolfenbüttel! Wolfenbüttel!« wiederholte der Herzog, außer sich, Bernstorffs Worte. Der Wolfenbütteler, der Katholik, der Verbündete Frankreichs! Das bedeutete, wenn Georg Wilhelm starb, die Vereinigung der welfischen Herzogtümer nicht mehr zugunsten Georg Ludwigs, sondern zugunsten eines Wolfenbüttelers; es bedeutete, daß Sophie Dorotheas riesige Mitgift Ernst August entging und stattdessen seinem Feind zufiel. Die Gefährlichkeit dieser Intrige, die Eleonore so geschickt eingefädelt und so sorgsam geheimgehalten hatte, lag offen zutage. Aber wie konnte er sie zunichte machen, wen sollte er nach Celle schicken, um auf den schwachen Georg Wilhelm einzuwirken? Ernst August stand zu sehr in der Schuld seines Bruders, als daß er noch auf weiteren Kredit hoffen durfte, seine Minister zählten nicht, seine Frau ... Warum eigentlich nicht *ihr* diese Mission anvertrauen? In der Tat, nur die bestrickende Sophie würde imstande sein, ihren Schwager zu überzeugen! Aber vorher mußte er sie selbst dafür gewinnen. Man kann sich das Widerstreben dieser stolzen Frau vorstellen, die sich nun gezwungen sah, sich vor ihrer

Schwägerin, »dem kleinen Dreckhaufen«, zu demütigen. Aber sie wäre nicht Sophie gewesen, hätte nicht ihr Verstand den Sieg über ihre Gefühle davongetragen. Sie begriff, um welchen hohen Einsatz es in diesem Spiel ging, und befahl ihre Reisekutsche.

Von Hannover nach Celle sind es weniger als fünfzig Kilometer, aber die Straßen waren damals schlecht und in dieser Herbstzeit nahezu unpassierbar. Arg durchgerüttelt reiste Sophie die ganze Nacht und erreichte Celle im Morgengrauen. Die Schloßwache, hochgeschreckt aus ihrer Schläfrigkeit, erkannte das herzoglich hannoversche Wappen am Schlag und ließ die Kutsche passieren.

Ohne auf den diensttuenden Pagen zu achten, der ihr atemlos folgte, eilte Herzogin Sophie die breite Treppe hinauf, durchquerte mit langen Schritten die Folge der Salons, danach die Vorzimmer der Privatgemächer und trat, ohne anzuklopfen, in das Schlafzimmer ihres Schwagers. Der Herzog von Celle saß an seinem Frisiertisch und war so verblüfft über diesen Auftritt — denn seit seiner Heirat war die hochmütige Sophie nicht mehr in Celle gewesen —, daß er sprachlos und unbeweglich sitzenblieb. Auf dem Tisch lagen Morgenperücke, Tabaksdosen, Frisierspiegel, auch die Frühstücksbouillon stand bereit; über einem Schemel hing das angewärmte Taghemd und in der Nähe des weißen Fayenceofens der Leibrock.

Herzogin Sophie rückte, ohne eine Aufforderung abzuwarten, einen Stuhl heran und setzte sich neben Georg Wilhelm. Mit halblauter Stimme sprach sie nah an seinem Ohr, denn sie hatte gesehen, daß die Tür zu Eleonores Schlafgemach nur angelehnt war... In gespielt vertraulichem und heiterem Ton begann sie plattdeutsch auf ihn einzureden, da sie wußte, daß Eleonore diese Mundart nicht verstand.

Von ihrem Bett aus hörte die Herzogin von Celle die Unterhaltung. Auf ihre Fragen bat ihr Gemahl sie lediglich zu schweigen.

Georg Wilhelm lauschte hingegeben Sophies unversiegbarem Redestrom. Mit bewundernswertem Einfühlungsvermögen schmeichelte die Schwägerin allen seinen Instinkten und Gefühlen, seinen geheimsten Wünschen und Sehnsüchten, be-

dauerte, daß man ihn nie mehr sähe und die beiden Brüder so entfernt voneinander lebten; es verbinde sie doch ein inniges Band aus jenen Jugendjahren, da sie zusammen durch die Welt gereist seien. Sie ließ die Möglichkeit einer neunten Kurwürde durchblicken (die Hannover dann auch wirklich erhielt, nur kam sie Ernst August und nicht Georg Wilhelm zugute) und erging sich schließlich in Lobeshymnen auf ihren ältesten Sohn Georg Ludwig, indem sie von seinem vortrefflichen Charakter und seiner glänzenden Zukunft sprach. Hatte er nicht alle Aussichten, beim Tode der Königin Anna, die ihn schon zu ihren Lebzeiten zu ihrem Nachfolger bestimmt hatte, König von England zu werden? Und hätte er sich nicht, dies nur nebenbei, Hoffnung auf die Hand *jeder* Prinzessin in Europa machen können? Doch nein, er wolle nur Sophie Dorothea, denn sein wie seiner Eltern heißester Wunsch sei es, die Welfenlande endlich wieder unter einer Krone vereinigt zu sehen.
Georg Wilhelm war bewegt, gerührt, verblüfft, schließlich überzeugt. Er stimmte allem zu, was Sophie von ihm wollte. Es blieb ihm nichts weiter zu tun, als seine Frau davon zu unterrichten, daß er Sophie Dorotheas Hand seinem Neffen Georg Ludwig versprochen habe.
Der Herzog trat bei Eleonore ein. Dieser stattliche, vierschrötige Mann hatte unter buschigen Brauen große, blaue Augen, die seltsam mit den fuchsroten Haaren kontrastierten. Obwohl er stets ruhig zu erscheinen versuchte, erriet man in ihm den Choleriker und zum Jähzorn neigenden Schwächling; eine gewisse Hitzigkeit des Blutes trieb leicht eine Röte in seine aufgeschwemmten Gesichtszüge. Er war noch ohne Perücke, ein Rest Rasierschaum im Gesicht verriet, daß er bei seiner Morgentoilette unterbrochen worden war. »Ich weiß nicht, worum es sich handelt«, dachte die Herzogin, »aber ich bin sicher, er hat ein Gespräch gehabt, bei dem er den kürzeren gezogen hat.«
Je näher er kam, desto mehr verrieten seine Schritte Verlegenheit, und dem Zittern seiner großen, linkischen Hände merkte man an, daß er kein ruhiges Gewissen hatte.
»Ich hatte soeben eine lange und sehr wichtige Unterhaltung mit unserer Schwägerin Sophie . . .«, begann er.
»Sophie? Hier? Um sieben Uhr morgens?«

»Sie kommt aus Hannover ... Sie ist die ganze Nacht gefahren.«
»Warum haben Sie es mich nicht sofort wissen lassen?«
»Sie meinte... das heißt, wir, Sophie und ich, meinten, daß es ein vertrauliches Gespräch unter vier Augen bleiben müßte. Es handelt sich nämlich um eine Entscheidung, die das ganze Haus Braunschweig-Lüneburg angeht und seine Zukunft sichert. Madame, ich habe soeben unsere Tochter Sophie Dorothea mit meinem Neffen Georg Ludwig verlobt. Haben Sie die Güte sich anzukleiden, Eleonore, damit Sie Sophie empfangen können... und bereiten Sie sich auch auf die Ankunft der Wolfenbütteler vor«, fügte der Herzog hinzu und verzog das Gesicht bei dem Gedanken an den unangenehmen Augenblick, der dieser Ankunft folgen würde.

Zweites Kapitel

Eine hannoversche Iphigenie

Die folgenden Szenen hat der englische Autor Wilkins in seinem im Jahre 1909 erschienenen Buch ›The Love of an Uncrowned Queen‹ mit einer Genauigkeit berichtet, als ob er dabeigewesen wäre. Möglicherweise hat er sie dem Buch des Herzogs von Wolfenbüttel entnommen, das sich zweifellos auf die Beobachtungen des Fräulein von dem Knesebeck stützt. Sie hat nämlich alles als Augenzeugin miterlebt, denn sie lebte zur Zeit der Verlobung im herzoglichen Schloß, und die Lauterkeit ihres Charakters bürgt für ihre Glaubwürdigkeit.

Eleonore fühlte bei der Nachricht, die der Herzog ihr eröffnete, den Boden unter ihren Füßen wanken. Sie sah sich auf ihrem eigensten Gebiet verhöhnt, ihre Todfeinde in ihren privatesten Bereich eingedrungen, ihre einzige Tochter einem Unbekannten aufgeopfert, der wahrscheinlich ein Wüstling und ein roher Mensch war. Fassungslos warf sie sich vor dem Herzog auf die Knie, bettelte, flehte, schluchzte.

Georg Wilhelm antwortete nur mit einem Achselzucken. Er fand diese Szene eher lächerlich als rührend. Und was das Benehmen seiner Frau anging, so hatte er doch wohl Recht. Was konnte man an einer so glänzenden Partie aussetzen? Seine Tochter würde einen Prinzen zum Mann bekommen, der für seine Tapferkeit berühmt war; sie würde eines Tages anstatt über den winzigen Wolfenbütteler Staat, über das riesige Hannover-Celle-Osnabrück herrschen und vielleicht, wer konnte das wissen, auf einen der bedeutendsten Throne Europas gelangen.

Bei näherem Zusehen beweist Eleonores Verzweiflung einen recht beschränkten Geist. Eine Maintenon an ihrer Stelle hätte auf den ersten Blick die ungeheuren Vorteile dieser

Verbindung erkannt. Die Gedemütigte in dieser Sache war ja nicht Eleonore, sondern Sophie, war sie doch gezwungen, höchstpersönlich um die Hand der Tochter jener »Madame« d'Olbreuse zu bitten, von der Liselotte von der Pfalz sagte: »Kein anständiges Frauenzimmer hätte sich soweit vergessen, in die Dienste der Herzogin von Tarento zu treten, aber da die d'Olbreuse nichts dergleichen ist, ist es ohne Bedeutung«, und: »Diese Intrigantin, Sproß einer französischen Familie, folglich eine geborene Betrügerin ...« Diese hochgestellten Damen Deutschlands hatten für den französischen Adel, der seine Ahnenreihe nicht lückenlos bis über das Jahr 1000 zurückverfolgen konnte, nur Verachtung. In seiner »Geschichte des Hauses Braunschweig-Hannover« führt Leibniz das welfische Herrscherhaus bis in die Zeit Karls des Großen zurück; die große Zeit dieser Dynastie blieb indessen das zehnte und elfte Jahrhundert, im dreizehnten begann der Niedergang. Und jetzt würde diese Heirat das Wunder zustande bringen, daß die »Person«, der »kleine Dreckhaufen« zu ihr gehörte! Keine Geringschätzung mehr, keine verletzenden Worte und Beleidigungen! Wer würde es künftig am hannoverschen Hof wagen, gegen die Mutter der Erbprinzessin aufzutreten? Aber Eleonore hing noch immer dem zerstörten Traum von jener Heirat nach, die sie so gern gesehen hätte, ihr kam gar nicht der Gedanke an die Rache, die das Schicksal ihr gönnte, wenn nämlich Sophie nach Ernst Augusts Tod in den Rang der Herzoginwitwe zurücktreten müßte, während ihre Tochter regierende Herzogin wurde.

Sophie Dorothea nahm das Ganze noch schlimmer auf als ihre Mutter. Sie schluchzte, tobte, zerschmetterte das diamantenbesetzte Bild Georg Ludwigs, das ihr die zukünftige Schwiegermutter mitgebracht hatte in tausend Stücke und schrie: »Niemals werde ich die Frau von Groin-de-cochon!« (Diesen Beinamen, »Schweineschnauze«, hatte man ihm in Hannover gegeben.) Man kann sich diese Wut und Verzweiflung nur so erklären, daß Eleonore ihre Tochter in ihre Haßgefühle eingeweiht und den hannoverschen Hof als eine Höhle voll wilder Tiere und unbarmherziger Feinde ausgemalt hatte.

Zwei Weltkriege und mehrere Revolutionen waren nötig,

um unsere Prinzessinnen von Geblüt von der Überzeugung zu heilen, das höchste Ziel sei eine Königskrone. Man sieht, daß die Herzogin von Celle ihre Tochter nicht als »Prinzessin von Geblüt« erzogen hatte.
Als man Sophie Dorothea zur Herzogin Sophie führte, damit sie ihr auf Befehl ihres Vaters die Hand küsse, wurde sie leichenblaß und sank ihrer Mutter ohnmächtig in die Arme.
Die beiden verweinten Frauen bildeten einen lebhaften Gegensatz zu dem strengen Paar, des Herzogs und seiner Schwägerin: hier das lebhafte, warme Braun der in Tränen schwimmenden Augen Sophie Dorotheas und Eleonores, dort die blauen Augen der beiden Deutschen, dunkel bei Sophie, wasserhell bei Georg Wilhelm.
»Kommen Sie und begrüßen Sie Ihre Tante«, sagte der Herzog unerbittlich.
Sophie betrachtete schweigend diese beiden Frauen, diesen Ohnmachtsanfall, der ihr ein Ausbruch gänzlich unangebrachter Gefühle schien. Ihr Antlitz, unbeweglich wie das eines Richters auf seinem Richterstuhl, die gepuderten Wangen unter dem aschblonden Haar, das schwere, stolz gegen den Hals gepreßte Kinn, der gleichgültig über dieses Familiendrama schweifende Blick – alles zeigte, daß sie diese bürgerliche Szene unerträglich fand. Gleichsam taub für das Weinen und Schluchzen, ließ sie sich herab, die gute Tante zu spielen. Mit einer falschen Güte, die die Überlegenheit der höfischen Sitten über die geschmacklosen Launen eines verheulten Backfisches fühlen ließ, schloß sie ihre Nichte in die Arme.

Über das Kopfsteinpflaster des Schloßhofes rasselte eine zweite Kutsche und ließ die zwölf Fuß dicken Mauern des Torgewölbes von dem Geräusch widerhallen. Bediente in Wolfenbüttelscher Livree sprangen vom Bock. Wohl oder übel mußte sich der Herzog hinunterbegeben, um seine Vettern zu begrüßen.
Die drei Frauen blieben stumm zurück und starrten sich feindselig an. Sophie, erstaunlich in ihrer Geistesgegenwart und Selbstbeherrschung, sah gelassen zu, wie ihre Schwägerin Tränen über ihr verlorenes Paradies vergoß, während Sophie Dorothea weiß wie eine Statue dastand, wirklich das

Standbild der von der Staatsräson hingemordeten Unschuld. Sophie war eindrucksvoll, wie sie zornblitzend ihr Werk betrachtete, angewidert von der jedem Schmerz eigenen Übertriebenheit. Sie zeigte keine Spur von Verwirrung oder innerer Bewegung, man erkannte in ihr die Freundin von Leibniz wieder, jenem Philosophen, der gewohnt war, in Universalbegriffen zu denken, dem das Einzelteilchen gleichgültig war. Es schien, als nähme sie die menschlichen Leidenschaften nur aus weiter Ferne wahr . . .

»Ich werde Sie niemals verlassen!« rief Sophie Dorothea und klammerte sich starr vor Anspannung an ihre Mutter. »Lieber sterbe ich hier, in Celle!«

Herzogin Sophie zuckte die Achsel über diese leichtfertigen Worte. In ihren Augen war Liebe ein äußerst gewöhnliches Gefühl. Dieses junge Mädchen, das zumindest von seiten ihrer Mutter ohne Herkunft war, sollte sich glücklich schätzen, daß ihr Sohn sie zur Frau nehmen und zur Erbprinzessin von Hannover machen wollte.

Sehr verstört trat der Herzog wieder ein. Er hatte die Wolfenbütteler unterrichtet, ja, sie sogar mit erstaunlichem Mangel an Taktgefühl zu den Verlobungsfeierlichkeiten eingeladen. Sie waren jedoch schwergekränkt wieder abgefahren. Diese neue Botschaft verdoppelte Eleonores Groll sowie den Tränenstrom ihrer Tochter, während Georg Wilhelm wieder seine Hoheitsmiene aufsetzte. Er fühlte sich von dieser häuslichen Tragödie angeekelt wie ein Soldat von einem Bürgerkrieg.

Die brüske und um das Jammern seiner geliebten Tochter unbekümmerte Kehrtwendung des Herzogs, weg von Wolfenbüttel und nach Hannover-Osnabrück hin, wäre sehr verwunderlich, wüßte man nicht, daß die Lunte schon lange an diese Bombe gelegt war und daß Eleonore, ahnungslos in ihrem Stolz und Glück, hocherhobenen Hauptes über ein Minenfeld ging. Bernstorff stand nicht nur im Solde Ernst Augusts, sondern ließ sich wahrscheinlich auch von dem Statthalter der Niederlande bezahlen. Es konnte Wilhelm von Oranien, der mit der Prinzessin Maria von England vermählt war, nicht recht sein, wenn Georg Ludwig Anspruch auf die Hand der zweiten englischen Prinzessin, Anna, erhob; daher hatte er insgeheim das Verwandtschafts-

bündnis der beiden hannoverschen Geschwisterkinder nach Kräften zu fördern gesucht. In seinem Auftrag hatte Bernstorff die Sinnesänderung des Herzogs von Celle vorbereitet. Überredungskunst und Energie der Herzogin Sophie taten dann das übrige.
Am Morgen darauf kam Ernst August, von seinem Sohn begleitet, in Celle an. Sophie hatte sie durch einen eigens nach Hannover geschickten Kurier in größter Eile holen lassen.

Stattlich anzusehen in seinem Reisekostüm aus plissiertem Leder, von lässiger Vornehmheit in seinen weiten Beinkleidern, den Kopf mit der wallenden Perücke stolzen Blickes zurückgeworfen, den breitkrempigen Dreispitz unter dem Arm, sicher und majestätisch in hohen Stulpenstiefeln einherschreitend, verfehlte der Herzog von Hannover nicht, Eindruck zu machen. Neben seinem Vater wirkte der Erbprinz gehemmt und verdrießlich.
Georg Ludwig strahlte keinerlei Zauber aus. Sowenig er später der Prinzessin Anna, inzwischen Königin von England, gefiel, konnte er jetzt Sophie Dorothea gefallen. Als schwerfälliger, plumper Mensch ohne Geschmack und Feingefühl hatte er nur Sinn für den Krieg oder dessen harmlosere Form, die Jagd. Obwohl er ein Urenkel König Jakobs I. von England war, hatte er nichts von der berühmten Eleganz und Verfeinerung der Stuarts. Er war ein ausgezeichneter und tapferer Soldat, im tiefsten Grunde deutsch, dabei rücksichtslos und verschlagen, wo es um seinen Vorteil ging. Er besaß nichts von der geistigen Kultur seiner Mutter, kein Kunstverständnis, außer für die Musik, und war sonst ausschließlich auf seine Interessen ausgerichtet. Er hatte sich verschiedentlich an den Höfen von London und Versailles aufgehalten, wo man ihn »gehobelt« hatte, wie Liselotte von der Pfalz sich ausdrückte, aber seine rüden Manieren hatten sich im Grunde nicht gebessert. Äußerlich war er ein kalter, verschlossener Mensch, phlegmatisch und heimtückisch, von kurzer, gedrungener Gestalt, mit dicken blauen Glotzaugen, die, wie es bei blauen Augen manchmal vorkommt, plötzlich wild und bis zur Grausamkeit böse blicken konnten. Seine Reisen hatten ihn kein Verständnis für fremde Länder gelehrt, sondern seine Verachtung des

Auslandes nur noch verstärkt. Lediglich in Deutschland fühlte er sich wohl. Gewiß, Venedig, wo er sich gerade zwei Jahre lang aufgehalten hatte, hatte ihn unterhalten, aber doch nicht mehr, als es die italienische Komödie tat. Frankreich ahmte er nach und beneidete es aber er rächte sich an den Franzosen für seinen Neid und seine Nachahmung.

Endlich hatte man die Begrüßungen und Umarmungen hinter sich gebracht, bei denen Herzogin Sophie unvermittelt ihre hochmütige Miene aufgab und sich von einer so reizenden Liebenswürdigkeit zeigte, wie man nur wünschen konnte. Man konnte also zur Frage des Heiratskontraktes übergehen.
Durch das Spionagenetz, das sie in Celle unterhielten, waren der Herzog und die Herzogin von Hannover aufs genaueste unterrichtet über die Vermögensverhältnisse des Herzogs von Celle, über seine zahlreichen Erwerbungen, seine Landgüter und die auf Sophie Dorotheas Namen überschriebenen Reichtümer. Diese Schätze waren, nach Sophies Worten, »reif zur Ernte«. Die Schwäche des Herzogs von Celle machte es ihnen leicht; von dynastischer Schwärmerei erfüllt, stimmte er allem zu, was man wollte. Er bestimmte zehntausend Taler als jährliche Rente für seine Tochter. Sie wanderten freilich in die Kassen Ernst Augusts, und Sophie Dorothea sollte davon nur jene paar Heller sehen, die ihr Schwiegervater ihr gnädig übrigließ. Ihr Grundbesitz wurde auf ihren Bräutigam überschrieben; sollte er vor ihr sterben, so hatte sie das Recht auf eine Witwenrente von zwölftausend Talern jährlich. Solange er lebte, erhielt sie nichts. Die reichste Erbin Deutschlands war von jetzt an eine Bettlerin.
Man hat nicht den Eindruck, daß Eleonore sich um diese Ausplünderung viele Gedanken gemacht habe. Dagegen forderte sie mit Nachdruck die Entfernung von Georg Ludwigs Mätresse, Frau von dem Bussche, aus Hannover. Eleonore hatte tatsächlich die Seele einer Kleinbürgerin aus der Provinz ...
Nicht ohne eine gewisse Verlegenheit teilte Herzogin Sophie der Pfälzerin die Nachricht von dieser Heirat mit, die sie

einst als Mesalliance verdammt hätte und jetzt als ein wahres Glück begrüßt. Sie schrieb: »Zehntausend Taler sind eine schöne Sache, nicht zu reden von einem hübschen jungen Ding, das mein Sohn bekommt, le garçon de plus tête-de-cochon und der starrsinnigste Kerl, der mir je begegnete und dessen Gehirn von einer so dicken Kruste bedeckt ist, daß ich wette, niemand wird je entdecken, was sich darunter befindet. Die Heirat interessiert ihn wenig, aber zehntausend Taler haben ihn überzeugt, wie sie wohl auch jeden anderen überzeugt hätten.«

So schreibt die »große Seele«, das vornehmste Wesen des Kreises, in den Sophie Dorothea eintreten sollte! Die Sprache ihrer zukünftigen Schwiegermutter ist nicht weniger die einer Kleinbürgerin, nur einer habgierigen und zynischen.

Übrigens beunruhigte sich Eleonore zu Unrecht wegen der Bussche. Die Mätresse hatte offensichtlich kaum noch Einfluß auf den Bräutigam und war jedenfalls viel weniger zu fürchten als ihre Schwester, die ehrgeizige Baronin Platen, die den Herzog von Hannover völlig beherrschte und die noch eine unselige Rolle in Sophie Dorotheas Leben spielen sollte.

Sophie Dorothea (1666–1726) „Prinzessin von Ahlden“

Schloß Ahlden

Schloß zu Celle – Nordostansicht vor dem 1670 erfolgten Umbau

Sophie Dorothea mit ihren Kindern

Drittes Kapitel

Erbprinzessin Sophie Dorothea

Am 21. November 1682 fand die Hochzeit in Celle statt, in der bezaubernden Schloßkapelle aus dem sechzehnten Jahrhundert, deren blühende Architektur sich von der sonstigen Frostigkeit protestantischer Kirchenräume wohltuend unterscheidet. Ein starker Mittelpfeiler, noch aus älterer Bauzeit stammend, stützt ein gotisches Kreuzrippengewölbe; naive Apostelarstellungen schmücken die Emporenbrüstung, und über den Sitzreihen der Hofdamen erhebt sich die Fürstenprieche wie eine Theaterloge, mit Butzenscheiben vergittert und innen ausgestattet mit rotsamtenen Betpolstern, Sitzschemeln für die Herzoginnen und Faltstühlchen für die Gräfinnen. In dieser herrlichen Kapelle sollte Sophie Dorotheas Lebensglück zu Grabe getragen werden.

Durch die mit unzähligen kleinen Wappenscheiben geschmückten Renaissancefenster fiel ein unheimliches Licht.

Sophie Dorothea trug ein Diadem aus Silber- und Goldplättchen, ihr Haar war nach der Landesmode unter einem breiten, weißen Samtband verborgen. Es hatte den Anschein, als ginge die junge Braut zur Hinrichtung ...

Im selben Moment, als die Glocken zu läuten anfingen und der Philosoph Leibniz ein Hochzeitspoem zu rezitieren begann, brach ein Sturm los, als ob die Natur das kommende Unheil voraussähe. Dichter Nebel legte sich über das Land; es war eine jener Unwetterfronten, die durch den Zusammenprall der Warmluft aus dem Rheintal mit der skandinavischen Kaltluft entstehen.

Innerlich besiegt und gebrochen, hatte Sophie Dorothea wenige Wochen vor ihrer Hochzeit, offensichtlich unter Zwang, ihrer Tante den folgenden Brief geschrieben: »Ich habe so große Hochachtung vor meinem Herrn und Gebieter, dem Herzog, Ihrem Gemahl, und vor meinem Herrn und Gebieter, meinem eigenen Vater, daß, welche Behandlung sie auch immer geruhen mögen, mir zuteil werden zu lassen, ich mit allem zufrieden sein werde. Ihre Herzogliche Gnaden werden mir, dessen bin ich sicher, die Gerechtigkeit widerfahren lassen, mir zu glauben, daß niemand für die Beweise der Güte, die Sie mir geben, empfänglicher sein kann als ich. Ich werde zeitlebens mein Ziel darin sehen, sie zu verdienen; mögen Ihre Herzogliche Gnaden durch die untertänige Ehrerbietung, mit welcher ich Ihnen dienen werde, überzeugt sein, daß Sie keine Schwiegertochter hätten finden können, welche ihre Pflichten besser kennte. Celle, 21. Oktober 1682.«

Dieses Zeugnis der Unterwerfung eines Opfers unter seinen Henker gehört in die Reihe der schrecklichen Kasteiungen, die die Hofsitte und das gesellschaftliche Leben jener Zeit verlangten. Man darf nicht vergessen, daß diese deutschen Fürsten unumschränkte Souveräne waren, beinahe wie asiatische Despoten, keinerlei öffentlicher Meinung unterworfen und mit dem Recht über Leben und Tod ihrer Untertanen ausgestattet, dabei den ausländischen Gesandten gegenüber immer den äußeren Schein von Freisinnigkeit wahrend.

In Hannover wurde das finstere Alte Schloß der Wohnsitz des jungen Paares. Die in Waffen erschienene Bürgerschaft der Stadt bildete Spalier unter rasch erbauten Triumphbögen. Spruchbänder, Blumengirlanden, feierliche Ansprachen, Bürgerabordnungen, Übergabe der Schlüssel ... Ernst August und Sophie wohnten gegenüber am Flußufer, im Leineschloß.

Ihre Herzogliche Durchlaucht Erbprinzessin von Hannover, wie sich Sophie Dorothea nun nannte, fand einen vollständig etablierten Hofstaat mit Kammerherren, Ehrendamen und Pagen vor, in dem das strengste und erstickendste Zeremoniell herrschte.

Die Landschaften des Herzogtums Hannover gehören zu den schwermütigsten und eintönigsten in Europa. Von den dunklen Wäldern des Harzes senkt sich das Land allmählich zu den Sandstränden der Nordsee, erst ist es vor allem Weideland, dann folgen große Torfmoore, schließlich der blanke Sand. Bauerngehöfte aus dunkelrotem Ziegelstein, in deren Giebeln noch dunkleres Fachwerk seine Kreuzmuster bildet, erheben sich vereinzelt aus den Leine- und Allerwiesen. Hier und da verstreut kleine Linden- oder Birkengehölze. Man ahnt bereits die Farben Hollands und die Weite Preußens ...

In Sophie Dorothea weckte diese wenig reizvolle Landschaft tiefes, sehnsüchtiges Heimweh. Sie dachte an Celle. Celle bedeutete für sie die Vorstellung von Glück. Das freundliche Celle, friedlich, verschlafen, mit seinen Renaissancehäusern, seinen altdeutschen Haussprüchen auf den Türbalken, den Geranientöpfen hinter den Fensterscheiben, Celle, mit seinem ockerfarbenen Schloß zwischen den vier dicken, stumpfeckigen Türmen, unter dem hohen Dach bekrönt von kupfergrünen Glockentürmchen, auf denen sich vergoldete Wetterfahnen drehten. Celle: dort hatte sie ihr Jungmädchenzimmer, ihr Delfter Fayencekabinett, ihren purpurrot tapezierten Prunksalon, aus dessen Fenstern sie auf die sich im Schloßgraben spiegelnden Linden und den jungen, grünen Tannenwald am fernen Horizont hinausblickte.

Sie hatte die Dinge, an denen ihr Herz am meisten hing, nach Hannover bringen lassen: ihren Schreibsekretär, der aus einem Bauernmöbel umgearbeitet worden war, die Puppen, mit denen sie als Kind gespielt hatte, sogar ihre geliebten Delfter Fayencehühner. Ebenso hatte sie ihr fast gleichaltriges Ehrenfräulein mitgenommen, Eleonore von dem Knesebeck, Tochter eines Celler Hofbeamten, die ihre Familie verließ, um ihrer Herrin zu folgen. Wer außer dieser treuen Seele und dem einfachen Volk würde denn Sophie Dorothea in Hannover lieben? Georg Ludwig jedenfalls kaum, er benahm sich gegen sie mit untadeliger, aber kalter Höflichkeit. Bisweilen überraschte sie ihn, wie er sie mit einem sonderbaren Ausdruck ansah – einem Ausdruck, in dem fast so etwas wie Abneigung, ja sogar Widerwillen lag. Wie war es möglich, daß jemand dieses entzückende, zierliche und reizend gekleidete Mädchen mit einem solchen Blick ansah? Unbewußt bewahrte Georg Ludwig wohl aus seinen Kinderjahren jene Eindrücke, die alle von Haß, Abscheu und Verachtung erfüllten Ausbrüche seiner Mutter gegen Eleonore hinterlassen hatten. Um des Geldes willen hatte man ihn gezwungen, die Tochter des »kleinen Dreckstücks« zu heiraten. Er, der nicht begierig nach Geld war wie sein Vater, sondern allein nach Kriegstaten, sah sich nun für sein Leben an dieses Mädchen gebunden, das in seinen Augen – und war das denn nicht die Wahrheit? – befleckt war durch den Makel unehelicher Geburt. Der Gedanke, daß ihrer beider Kinder den gleichen Makel an sich tragen würden, war ihm unerträglich. Sophie Dorothea ihrerseits konnte nicht vergessen, was ihre Mutter ihr über ihren zukünftigen Mann gesagt hatte ... Die Schuld, die die beiden Mütter an dem Unglück des jungen Paares trugen, wiegt schwer. Lange werden sie versuchen, sie gutzumachen, ratend, zuredend, besänftigend. Zu spät.

In eintönig langsamem Gleichmaß gingen Sophie Dorotheas Tage in Hannover dahin. Einen großen Teil des Vormittags, ja, oft auch des Nachmittags verbrachte sie im Bett, dann fuhr sie aus. Anfangs hatte sie sich ein paarmal die Freiheit genommen, in die Stadt zu gehen. Doch sie hatte bald darauf verzichten müssen; die vom Wiener Vorbild bestimmte Etikette gestattete nur Ausfahrten in der vergoldeten, von sechs Hannoveraner Schimmeln gezogenen Staatskarosse. Von solchen Ausfahrten kehrte sie niedergeschlagen und müde zurück; legte sich wieder zu Bett, um die Zeit hinzubringen, bis sie sich ankleiden, pudern und ihren Schmuck anlegen konnte, um in großem Staat zur Abendtafel zu erscheinen. Was hätte sie sonst auch tun können, dachte sie, und das Gefühl ihrer Nutzlosigkeit ergriff allmählich völlig Besitz von ihr. In der strengen Hierarchie dieses Hofes hatte jeder nach unwägbaren Gesetzen seinen festen Platz. Den ersten Rang nahmen die Marschälle ein, den zweiten die Minister und Geheimen Räte und so weiter, bis hinunter zu den Lakaien, Musikern und Ärzten, die im untersten Rang standen. Sophie Dorothea beging eine Ungeschicklichkeit nach der anderen und mußte jedesmal einen heftigen Tadel ihrer Schwiegermutter einstecken, deren große, flache Wangen dann vor Ärger rot wurden. Sie gab sich zwar alle Mühe, diesem jungen, unwissenden Ding die Feinheiten der Etikette beizubringen, aber Sophie Dorothea war keine gelehrige Schülerin; ihr war zumute, als habe man sie aus einem köstlichen Traum gerissen und sie in ein Becken mit eiskaltem Wasser geworfen. Das einzige Gefühl, das ihr Herz erfüllte, war ein Verlangen nach Auflehnung.

Dabei hatte sie anfangs sogar ein paar schwache Versuche gemacht, die Liebe ihres Ehegatten zu gewinnen. Vielleicht wäre es ihr auch gelungen, denn Georg Ludwig war nicht von Grund auf schlecht. Aber die intrigante Platen brachte ihn mit einem großen, blonden, üppigen Mädchen zusammen, in das er sich bald für immer verlieben sollte: Ehrengard Melusine von der Schulenburg.
So verging ein recht trübsinniges Jahr, dessen Ende dann doch einen glücklichen Höhepunkt hatte: die Geburt eines Sohnes. Ganz Hannover war außer sich vor Freude. Sophie Dorothea, die so oft geweint hatte, trocknete ihre Tränen; sie war plötzlich stolz darauf, die Erbprinzessin zu sein, und sie fand eine ungewohnte Freude daran, sich zu schmükken und der strahlende Mittelpunkt eines glänzenden Hofes zu sein, an dem sich bedeutende Gäste aufhielten, angezogen von Leibniz, dem großen Freund der Herzogin Sophie. Überdies war sie glücklich, daß ihr Schwiegervater sie gern hatte. Der Herzog konnte sich weiblichem Charme selten verschließen, und ihre Schönheit und Liebenswürdigkeit, ihr unbefangener, im Grunde heiterer Charakter hatten ihn rasch für sie gewonnen. Er hatte viel Nachsicht mit ihr und bewies ihr aufrichtige Zuneigung.
Aber leider wurde das, was wie der Anfang von Glück aussah, für Sophie Dorothea zur Quelle ihres bittersten Unglücks. Die Baronin Platen war bereits wütend gewesen, daß sie durch die Ankunft einer, an Rang hoch über ihr stehenden, jugendlichen Schönheit ihre Stellung als »schönste Frau Hannovers« eingebüßt hatte; nun packte sie die Angst, sie könnte aus der Gunst des Herzogs verdrängt werden. Um mit einer so gefährlichen Gegnerin fertig zu werden, hätte Sophie Dorothea den klaren Verstand und die Erfahrung ihrer Schwiegermutter besitzen müssen. Aber sie hatte nur ihr liebevolles, empfindsames Herz, ihr fehlte jener weibliche Instinkt, der die Frauen rechtzeitig warnt. Allein und ohne Stütze mußte sie sich gegen eines der bösartigsten Weiber der Welt verteidigen: die Baronin, spätere Gräfin, Platen.
Klara Elisabeth von Platen war die Tochter des Grafen Philipp von Meysenbug, eines untadeligen, aber mittellosen Edelmannes, der sein Glück im Kriegsdienst suchte. In jener

Zeit war ein Glücksritter nicht unbedingt ein Spitzbube, vielmehr oft ein Mann aus gutem Hause, den die Umstände zwangen, sein Glück in der Fremde zu suchen. Die beiden Fräulein von Meysenburg, Klara Elisabeth und Katharina Maria, hatten ihren Vater auf seinen Reisen begleitet, auch sie auf der Suche nach einem guten Unterkommen. W. F. Palmblad beschreibt in seinem Buch »Aurora von Königsmarck« (1853), wie die beiden Schwestern eines Tages in Versailles auftauchten, wo sie die Bekanntschaft des Fräuleins von Scudéry machten; sie hätten sogar den König zu umgarnen gesucht und sich dadurch den Zorn der Frau von Montespan zugezogen. Gleichen Mißerfolg hatten sie bei Karl II. Stuart – seine Mätresse, die Keroualle, war auf der Hut. Sie mußten ihr Ziel ein wenig tiefer stecken. Schließlich waren sie, schon etwas gezaust, mit ihrem Vater nach Osnabrück gekommen. Das Trio hatte sein Auge auf diesen kleinen Hof geworfen, weil es dort viele junge Kavaliere gab. Gerade kehrten die beiden Söhne des Fürstbischofs, Georg Ludwig und Friedrich August, in Begleitung ihrer beiden Erzieher, von Platen und von dem Bussche, aus dem Ausland heim. Zu dem Festessen, mit dem man ihre Rückkehr feierte, wurden auch die beiden Fräulein von Meysenbug eingeladen. Ja mehr noch, sie traten in einem französischen Schäferspiel auf und erregten allgemeines Aufsehen durch ihre Schönheit und ihre gewagten Toiletten. Die schönen Schäferinnen brauchten auf die Schafe nicht lange zu warten: sie stellten sich in der Person der beiden Erzieher ein. Während Georg Ludwig zu seinen Kriegstaten zurückkehrte, wurde aus Klara Elisabeth eine Baronin von Platen (»Diese Dame aus einem erlauchten hessischen Grafenhause heiratete einen Herrn von Platen, einen Mann von recht geringer Herkunft, aber reich«, heißt es in der anonymen »Histoire secrette«) und aus Katharina Maria eine Frau von dem Bussche.

Die Platen war ihrer Schwester an Kühnheit und Skrupellosigkeit überlegen. Von Osnabrück siedelten sie nach Hannover über, als ihre Ehegatten ihrem Herrn Ernst August in die neue Residenz folgten. Für die raffinierte Platen war der kleine Hofmeister nur eine Stufe auf dem Weg nach oben. Langsam, hinterhältig arbeitete sie sich an ihr eigentliches

Ziel heran, die Eroberung des Herzogs. Man kann ihren Erfolg an dem unaufhaltsamen Aufstieg ihres Gatten ablesen, vom Prinzenerzieher zum Geheimen Rat und Ersten Minister. Die Platen zog ihren Nutzen daraus, indem sie sich als Ehrendame in die allernächste Umgebung der Herzogin Sophie einschlich. Diese übersah geflissentlich deren Verhältnis mit ihrem Gemahl, über das bald Gerüchte an die Öffentlichkeit drangen. Übrigens war die Platen klug genug, der Herzogin jeden schuldigen Respekt zu bezeigen. Kaum hatte die Intrigantin ihr Schäfchen ins Trockene gebracht, dachte sie an ihre Schwester: nach dem Vater machte sie sich an den Sohn. Georg Ludwig, eben aus dem Krieg heimgekehrt, hing bald im Netz der Frau von dem Bussche und sollte bis zu seiner Heirat darin zappeln.
Eleonore hatte die Entfernung der Bussche gefordert, und Herzogin Sophie hatte sich beeilt, entsprechende Befehle zu geben. Wie groß war indessen ihr Zorn, als sie, am feierlichen Hochzeitszuge teilnehmend, an einem Fenster des Schlosses das haßverzerrte Gesicht der Verstoßenen erkannte! Voller Zorn, daß man es gewagt hatte, sie herauszufordern, ließ sie ihr den strikten Befehl überbringen, sofort zu verschwinden, und zwar in so scharfem Ton, daß diese Konkubine sich nicht wieder zu zeigen wagte. Später gelang es der Platen jedoch, die Rückkehr ihrer Schwester zu erwirken, und sie versuchte sogar, sie aufs neue zur Geliebten Georg Ludwigs zu machen, ohne damit freilich Erfolg zu haben: er hatte nur noch Verachtung für seine einstige Mätresse. Der Historiker Lewis Melville, der den späteren König Georg I. von England lebhaft verteidigt und alle Schuld bei Sophie Dorothea sieht, behauptet, Georg Ludwig sei zu dieser Zeit seiner Gemahlin treu gewesen, Sophie Dorothea dagegen eine »vollendete Kokotte«. Anscheinend hatte aber Sophie Dorothea eine andere Ansicht über die Treue ihres Gatten, denn sie war – seltsame Widersprüchlichkeit ihres Charakters – auf diesen Mann, der sie nicht liebte, bis zum Wahnsinn eifersüchtig und machte ihm Vorwürfe und Szenen, ja, beklagte sich sogar bei ihren Schwiegereltern.
Man schrieb das Jahr 1684. Der Herzog von Hannover, der Familienstreitigkeiten überdrüssig, wurde wieder von seiner Sehnsucht nach Venedig ergriffen und wollte noch einmal zu

den Freuden seiner Jugend zurückkehren. Er hatte gerade seine einzige Tochter Sophie Charlotte – ein stilles, aber kluges und gebildetes Kind, Ebenbild und Abgott ihrer Mutter – mit dem Kurprinzen von Brandenburg verheiratet; nun beschloß er, mit einem großen Gefolge wieder einmal nach Italien zu reisen.
Die deutschen Fürsten, bei ihren Heiraten geradezu besessen von dem Prinzip der Ebenbürtigkeit, kümmerten sich, wenn es um ihre Liebschaften und außerehelichen Kinder ging, wenig darum – sie erhoben diese sogar gelegentlich in den Adelsstand; nur die völlige Gleichstellung mit ihren rechtmäßigen Leibeserben enthielten sie ihnen vor – hierin allein von ihrem sonstigen Vorbild Ludwig XIV. abweichend. Wie dieser bekannte sich auch Ernst August offen zu seiner Mätresse, der Baronin Platen, und selbstverständlich nahm er sie mit nach Venedig.
Zwei Jahre hielt er sich hier auf. Bei dem großen Pomp, den er entfaltete, wurde das Geld bald knapp, und er nahm seine Zuflucht zu dem wichtigsten Exportartikel Hannovers: er verkaufte seine Untertanen. Ein voll ausgerüsteter Soldat brachte fünfzehntausend Pfund ein, die »Riesen« von fast zwei Metern Länge waren noch viel teurer. Wenn man im eigenen Land nicht genug zusammenbringen konnte, entführten die herzoglichen Werber sie dreist vom Territorium der Nachbarstaaten. Von Preußen bis Dänemark machten das alle Landesfürsten so. In der Zeit der Kabinettsbündnisse beschränkte sich England hauptsächlich auf die Finanzierung der Armeen seiner Verbündeten und ließ diese für sich kämpfen; schickte es hingegen selbst Soldaten in den Kampf, wie in Flandern oder am Rhein, so waren es, wie aus den Memoiren der Markgräfin von Bayreuth hervorgeht, irische oder schottische.
Der Aufenthalt des Herzogs von Hannover in Venedig wurde also durch den Verkauf von zweitausendvierhundert hannoveranischen Soldaten an die Respublica Serenissima bezahlt. Trotzdem wurden bald neue Geldquellen nötig. Aber man hatte ja Sophie Dorotheas Mitgift. Da man ihr billigerweise das Recht auf ihren Anteil nicht abstreiten konnte, vielleicht auch, weil der Herzog sich nach seiner hübschen Schwiegertochter sehnte, wurde der zum Gefolge gehörende General

von Ilten nach Hannover geschickt, um sie, zusammen mit dem Fräulein von dem Knesebeck und der Oberhofmeisterin, der Generalin von Ilten, zu holen.
Sophie Dorothea traf zu Beginn des Jahres 1685 in Venedig ein, gerade rechtzeitig zum Karneval. In Mestre ließ der Herzog sie von purpurrot gekleideten Gondolieri in einer scharlachroten Gondel abholen; wie für die Gondeln aller venezianischen Würdenträger galt auch für die Seiner Herzoglichen Durchlaucht nicht die Vorschrift des schwarzen Anstrichs.
Diese Reise sollte Sophie Dorotheas einzige große Freude in jenen Jahren sein. Der Herzog hielt offene Tafel, vier Orchester spielten während des Essens, Sophie Dorothea hatte den Ehrenplatz. Nacheinander sah man als Gäste den Dogen Morosini mit seiner hohen byzantinischen Mütze auf dem Haupte, die Mitglieder des Zehnerrates — die Inquisitori di Stato — sowie den gesamten venezianischen Adel, ganz zu schweigen von den großen Spionen und kleinen Polizeispitzeln aus aller Herren Länder. Sophie Dorothea und die Platen hatten vorübergehend Waffenstillstand geschlossen und rivalisierten nur in Brokatkleidern, Samtmänteln mit langer Schleppe, Spitzen und Juwelen, die Tausende von Dukaten wert waren.
In diesen Nächten folgte ein Fest auf das andere, Venedig verbrauchte mehr Kerzenwachs als das gesamte übrige Italien. In die langen Kapuzenmäntel, die bautas, gehüllt, lustwandelten die beiden hannoverschen Schönheiten über den Markusplatz. Nie war Sophie Dorothea so schön gewesen. Ihr wunderbarer nördlicher Teint hatte einen zarten Goldschimmer angenommen; neben ihrer Jugendfrische verblaßten die künstlichen Reize der Platen, vielmehr sie erröteten, denn nach der hannoverschen Mode schminkte sie ihr Gesicht in grellen Farben. Man muß sich wundern, daß sie, ohne Skandale zu inszenieren, die Triumphe der Prinzessin hinnahm, die, mit ihrer Schönheit noch nicht genug, überdies eine unvergleichlich anmutige Tänzerin war und vortrefflich verschiedene Instrumente spielte. Zweifellos hielt die Mätresse in ihrer Routiniertheit den Augenblick noch nicht für gekommen, den Kampf zu eröffnen: der Herzog war allzu entzückt von den Erfolgen seiner Schwiegertochter und maß-

los stolz auf sie. In seiner gutmütigen Art freute er sich daran, wie sie sich mit kindlicher Hingabe und Begeisterung amüsierte. Es machte ihr Spaß, den Seiltänzern und Akrobaten, die sich von der Spitze des Campanile berabgleiten ließen, den Puppenspielern, Horoskopstellern und Taschenspielern zuzusehen. Alles rief ihr Entzücken hervor: die Gondelregatten, die Glückslotterie, die feierliche Meerfahrt des Dogen auf seiner Prunkgondel, dem Bucintoro, die Bälle von San Moisè, die Besuche in den jüngst erbauten Palazzi Pesaro oder Rezzonico, die kleinen Soupers in der Theaterloge, bei denen man die Hühnerknochen ins Parkett warf. Sie nahm an den Nonneneinkleidungen und den Blumenschlachten teil oder schaute zu, wie man die Kuppel von Santa Maria della Salute einwölbte.

Auf seinem Rückweg von Ungarn traf Georg Ludwig in Venedig die Seinen. Er hielt sich einige Zeit bei ihnen auf und kehrte dann nach Hannover zurück. Sophie Dorothea folgte mit der getreuen Knesebeck ihrem Schwiegervater nach Rom. Hier ereignete sich ein an sich unbedeutender Zwischenfall, aber Sophie Dorotheas Feinde haben es später nicht versäumt, ihn gegen die junge Frau auszuspielen. In der Begleitung Georg Ludwigs hatte sich ein französischer Waffenkamerad aus Ungarn, der Marquis de Lassay, befunden. Er gab dem berühmten Aufschneider Bussy-Rabutin[1] nichts nach, und die Erzählungen von seinen Umtrieben und Lügengeschichten hatten die Runde durch die europäischen Höfe gemacht. Kaum hatte er Sophie Dorothea kennengelernt, da begann er, ihr eifrig den Hof zu machen. Später behauptete er, er habe ihr dreizehn Briefe voller zartester Liebesbeteuerungen geschrieben — gewiß in dem schwülstigen Stil dieser Zeit. Fünfzig Jahre danach sah er sich bemüßigt, sie in seinen Memoiren zu veröffentlichen, die in wenigen Exemplaren auf seiner Schloßpresse gedruckt wurden ... Er hat den Tod der Prinzessin abgewartet, um ihr, die sich nicht mehr verteidigen konnte, einen offensichtlich in allen Stücken erfundenen üblen Streich zu spielen.

[1] Comte de Bussy-Rabutin, 1618—1693, Vetter der Mme de Sévigné; er wurde wegen seiner Satiren von Ludwig XIV. in der Bastille eingekerkert. (Anm. d. Ü.)

Denn wie kommt es, wenn er ihr wirklich geschrieben hat, daß Sophie Dorothea ihm nicht geantwortet hat oder daß er diese Antwortbriefe nicht mindestens ebenso sorgfältig aufbewahrte wie die Abschriften seiner eigenen Briefe, die er ein halbes Jahrhundert lang hütete? Manchmal macht die Eitelkeit aus einem Ehrenmann wirklich einen rechten Kleinbürger. Zweifellos bezieht sich Lewis Melville auf dieses Lügenmärchen, wenn er sich das Recht nimmt, die Prinzessin als »vollendete Kokotte« zu bezeichnen. Es ist durchaus wahrscheinlich, daß sie anfangs an den Galanterien und dem beharrlichen Hofieren des jungen Franzosen ein mäßiges Vergnügen fand; jedenfalls hat es den Anschein, als ob der Herzog dergleichen an ihr bemerkte.

Die schönen Tage gingen zuende, und Sophie Dorothea kehrte nach Hannover in ihr eintöniges Leben zurück. In diesem Jahr 1686 zeigte sie sich wenig in der Öffentlichkeit. Sie war zum zweitenmal guter Hoffnung und bereitete sich auf ihre Niederkunft vor. Diesmal schenkte sie einer Tochter das Leben, die nach ihrer Mutter die Vornamen Sophie Dorothea erhielt. Der Jubel war ungleich geringer als bei der Geburt ihres kleinen Bruders. Es war ja nur ein Mädchen, und wer konnte ahnen, daß sie eines Tages Königin von Preußen und die Mutter des großen Friedrich sein würde ...

Inzwischen war die Platen in den Rang einer Gräfin aufgestiegen. Nun, da der Herzog ihrem Mann, seinem Ersten Minister, diesen Beweis seiner Gunst gegeben hatte, brauchte sie ihren Haß gegen die Prinzessin nicht mehr zu verbergen; in Venedig und Rom hatte sie ihm Zügel angelegt, jetzt ließ sie ihm freien Lauf. Ihr Haus wurde zur Giftküche, hier wurde der Trank gebraut, mit dem sie Sophie Dorothea zugrunde richten wollte. Jeder Anlaß, selbst der lächerlichste, war der Platen recht, die Prinzessin mit ihrem Haß zu verfolgen. So hatte sie sich einmal zu einer Ausfahrt mit dem Herzog verspätet; dieser begab sich zu ihr, ohne sie freilich sogleich anzutreffen; der Zufall wollte es, daß sie ihn, ins Zimmer tretend, dabei überraschte, wie er gerade mit einer hübschen Kammerzofe scherzte, die er im Garten erblickt hatte. Die Platen empfand diesen Vorfall als eine Beleidigung ihrer Person und ließ das unglückliche Mädchen ins Gefängnis werfen, sobald der Herzog gegangen war. Da

man sie jedoch nach einigen Monaten wieder freilassen mußte, gab die Gräfin Platen, rasend vor Zorn, Befehl, sie unter Schande aus Hannover zu jagen. Die Ärmste suchte in Celle Schutz, wo Herzogin Eleonore sie aufnahm und zu ihrer Kammerfrau machte. Die Platen richtete ihren tödlichen Groll – nicht etwa gegen Eleonore, sondern gegen Sophie Dorothea, die mit der Sache gar nichts zu tun hatte. Der Charakter dieser Megäre war von solcher Bosheit, daß selbst der Herzog vor ihr zitterte und ihr beständig nachgab. Die jüngeren Brüder Georg Ludwigs haßten sie und spielten ihr manchen Streich. Eines Abends zum Beispiel spritzten sie ihr bei der Tafel eine farblösende Flüssigkeit ins Gesicht, so daß die rote Wangenschminke in Streifen auf den üppigen Busen der entsetzten Dame herabrann. Wütend veranlaßte sie, daß der Prinz Maximilian mit übertriebener Strenge bestraft wurde.
Der Haß der Gräfin Platen verfolgte Sophie Dorothea Tag und Nacht und lastete auf ihrem Verhältnis zu Georg Ludwig. Als er an den Masern erkrankte, pflegte sie ihn mit solcher Aufopferung, daß die Beziehungen zwischen den Ehegatten sich entspannten und man an ein wenig Freundschaft, wenn schon nicht an Liebe glauben konnte. Aber die Platen war auf ihrer Hut: Georg Ludwig wollte von der Bussche nichts mehr wissen – gut, dann mußte man ihm eine neue Mätresse verschaffen. Sie entdeckte auch bald die für ihren Plan geeignete Person: ein adliges, aber armes Mädchen, von riesiger Statur, dabei aber sehr schön. Die Gräfin Platen lud dieses Fräulein von der Schulenburg in das Schlößchen Monplaisir ein, das der Herzog ihr geschenkt hatte und das strategisch günstig zwischen dem Leineschloß, wo der Herzog für gewöhnlich wohnte, und der Sommerresidenz Herrenhausen lag.
Als Georg Ludwig nach seiner Rückkehr von einem Türkenfeldzug in Monplaisir Besuch machte, hatte er Ehrengard Melusine von der Schulenburg, diese blonde Brunhilde mit den sanften Kuhaugen, beständig vor Augen. Wie alle kleinen Männer hatte er eine Vorliebe für große Frauen und ging dieser Riesin prompt ins Netz. Bald zeigte er sich öffentlich mit ihr, im Theater und bei der Jagd. Und Melusine ließ es an nichts fehlen, um sich ihm unentbehrlich zu machen.

Dieser neue Treuebruch ihres Gatten verletzte Sophie Dorothea tief. Sie beklagte sich erst bei ihren Schwiegereltern, dann bei ihren eigenen Eltern. Aber überall hatte man nur den weisen Rat für sie, keine Notiz davon zu nehmen.

Wie fern war Venedig... Sein Bild verblaßte allmählich hinter den dichten Nebeln des niedrigen hannoverschen Himmels. Wildgänse flogen in rasch entschwindenden Keilzügen über Weser und Elbe deren grünliche Wasser zwischen mageren Buchweizen- und violetten Kohlfeldern träge dahinflossen oder vom Sand- und Moorboden aufgesogen wurden. Der berühmte Reisende Jean-Baptiste Tavernier, ein französischer Hugenotte, der sich auf seiner Reise nach Amsterdam hier aufhielt, hat dieses Land Hannover beschrieben. Reiher- und Wildschweinjagden, endlose Tafeleien, die sich in nächtlichen Tabakskollegien mit den Offizieren fortsetzten, Aufführungen langweiliger deutscher Lustspiele im Wechsel mit Stücken der französischen Schauspieltruppe, Wasserorgelkonzerte, Schlittenfahrten, Wachaufzüge und Wachablösungen unter Trommelwirbel und Pfeifenklang, in Schlachtordnung aufmarschierende Militärparaden, Kanonendonner bei jedem Besuch fremder Fürstlichkeiten, schließlich Tafeln mit hundert goldenen Gedecken und Pokalen.
Sophie Dorothea empfand die täglichen langen Spaziergänge durch die geraden Alleen von Herrenhausen nicht nur als körperliche, sondern auch als seelische Strapaze. Wenn sie neben ihrer unermüdlich ausschreitenden Schwiegermutter ging, mit der sie kaum Schritt halten konnte, spürte sie, wie ihr Witz und ihre Munterkeit zwischen den düsteren Buchsbaum- und kurzgeschorenen Hagebuchenhecken stumpf und leblos wurden. Nirgends ein Eindruck, der das Gefühl ansprach, und dies war die einzige Sprache, die Sophie Dorothea verstand. Die Herzogin Sophie redete von nichts anderem als von Etikette und Rangfragen; es ging immer nur um das diplomatische Gezänk zwischen den stets verfeindeten Gesandten Englands und Frankreichs in Hannover und ihre Rivalität um den Einfluß bei Hofe. Die junge Frau mußte sich lange Vorträge über die Geschichte Englands anhören,

denn alles Interesse der auf ihr Stuartblut unbändig stolzen Herzogin Sophie war auf London gerichtet. Schließlich kannte Sophie Dorothea jede der mit bunten Kieseln bestreuten Alleen, jede Baumgruppe, jede Weggabel, jeden Rasenplatz auswendig. Die Sträucher und Bäume waren kreisrund beschnitten, aus den Befestigungen früherer Jahrhunderte waren Gartenparterres geworden; die Schilderhäuschen von einst hatten sich zu Nischen verwandelt, in denen Flora und Zephyr standen. Unablässig zogen vor dem Schloß Grenadiere auf Wache, aber es waren falsche Grenadiere, nämlich Buchsbaumbüsche, denen die Gärtnerschere diese Gestalt gegeben hatte; sie faßten die Gartenparterres ein, die von Charbonnier, einem Schüler Le Nôtres, entworfen waren. Das Schloß war renoviert, und in verschwenderischer Fülle waren vergoldete Statuen aufgestellt worden, ein Beweis für den wachsenden Reichtum, nicht zuletzt dank Sophie Dorotheas Mitgift. Der hannoversche Staat bezog weiter regelmäßige Einnahmen aus dem Verkauf von Soldaten, die selten genug aus dem Krieg zurückkehrten. Thackeray berichtet, daß von einem Kontingent von sechstausendsiebenhundert Soldaten, die man auf die Peloponnes geschickt hatte, nur eintausendvierhundert zurückkehrten. Obgleich der Herzog ein stehendes Heer von sechsunddreißigtausend Mann unterhielt, verkaufte er seine Landeskinder weiter an Frankreich, Preußen, Holland und Spanien. Er schickte sie nicht nur dem Kaiser zum Schutze Wiens, sondern sogar bis nach Indien, wo sie für die Britisch-Ostindische Handelskompanie kämpften. Dieses Kanonenfutter lieferte die Summen für die silbernen Badewannen, die aus Venedig mitgebrachten Lustgondeln und die Juwelen, die man von Tavernier kaufte, kurz, alle jene Kostbarkeiten, die das Entzücken der Platen, ja sogar Sophie Dorotheas erregten.
Weitaus weniger liebte die Erbprinzessin die – zum Glück teilweise in Vergessenheit geratenen – altmodischen Zerstreuungen früherer Zeiten: zum Beispiel, sich bei der Tafel gegenseitig allerlei in Zuckerguß verfertigte Sinnsprüche zu schicken, oder Stiere mit einer Pulverladung an den Hörnern gegen Löwen kämpfen zu lassen, oder der Hirschbrunft beizuwohnen. Gräßlich waren ihr die manchmal neun Stun-

den dauernden Mahlzeiten und die ländlichen Feste, bei denen man aus rundbödigen Gläsern, die nur leer hingestellt werden konnten, bis zu dreitausendmal das Prosit ausbrachte; abscheulich fand sie auch die Sitte, beim Nachtisch das Geschirr zu zerschlagen, sowie das Tanzen auf den Tischen zwischen Tellern und Schüsseln, begleitet von den Purzelbäumen der Zwerge und den Possen der Hofnarren. Immerhin zeugten diese plumpen Vergnügungen von Fröhlichkeit, Gesundheit und praller Lebensfreude. Viel vornehmer, aber auch viel langweiliger waren dagegen die Abendgesellschaften bei der Herzogin Sophie! Wenn sie ihre langen Spaziergänge durch den Park gemacht hatte, widmete sich die Fürstin, fast unnahbar für ihre Umgebung, ihrer Korrespondenz mit den Berühmtheiten ganz Europas, vor allem aber mit der Pfälzerin, ihrer Lieblingsnichte und Schwiegertochter Ludwigs XIV. Beide Frauen besaßen nicht nur männlichen Geist, sondern auch männliches Temperament und scheuten sich keineswegs, Wachstubenausdrücke zu gebrauchen, wie zwei berühmt gewordene, unglaublich derbe Briefe der beiden Fürstinnen zeigen. (Man vergleiche die berühmte Briefstelle der Liselotte von der Pfalz: »Ich scheiße nicht mit Behagen, wenn mein Hintern nicht recht bequem sitzt, usw.« Fontainebleau, 9. Oktober 1694, und die Antwort der Kurfürstin, datiert Hannover, 31. Oktober 1694.) Was den Herzog betrifft, so beschäftigte ihn vor allem die Lektüre der in seinem Geheimkabinett geöffneten oder dechiffrierten Briefe. Besonders eifrig überwachte er die vom Reichstag einlaufenden Berichte; dieser widersetzte sich mit aller Gewalt der Schaffung einer neunten Kurwürde, die das leidenschaftlich erstrebte Ziel Ernst Augusts und seiner ihn darin bestärkenden Gemahlin war.

Abgesehen von dem gehässigen, aus Hochmut, Härte und beißendem Spott gemischten Verhalten gegen ihre Celler Schwiegertochter war Herzogin Sophie eine sehr bedeutende Frau, die Bewunderung verdient. Sie war ebenso klug wie gebildet, sie beherrschte fünf Sprachen in Wort und Schrift und besaß Kenntnisse in den Wissenschaften und der Philosophie. Die erleuchtetsten Köpfe Deutschlands schätzten das Gespräch mit ihr, und Leibniz, der in Hannover wirkte, war ihr tief ergeben. In politischen Dingen besaß sie bemerkenswerten Verstand und Spürsinn; sie war ihrem Gemahl bei seinem Streben nach der Kurwürde von großem Nutzen und verwandte ihren Einfluß in London erfolgreich darauf, ihm den Weg zu seinem eigentlichen Ziel zu ebnen: dem englischen Thron. Obwohl sie Ernst August ohne Liebe geheiratet hatte – sie hatte Georg Wilhelm von Celle immer eine größere Neigung entgegengebracht und tat es auch noch –, war sie doch eine treue Gattin. Als Georg Wilhelm, der seinerseits den Tausch bereute, ihr wieder den Hof zu machen versuchte, wurde er kühl in seine Schranken gewiesen. Fünf Söhne schenkte sie ihrem Gatten, und blieb ihr auch der älteste fremd, so hing sie doch mit umso größerer Liebe an den vier übrigen. Man entriß sie ihr einen nach dem anderen und schickte sie außer Landes oder aufs Schlachtfeld. Als man ihr den Tod ihres Lieblingssohnes mitteilte, wurde sie vor Schmerz sterbenskrank. Hierin hätte sie sich mit Sophie Dorothea, die ihre jungen Schwäger sehr liebte, verstehen können. Aber auch der Kummer brachte sie einander nicht näher; Sophie war dazu erzogen, ihren Schmerz nicht zu zeigen.

Die Abende bei Hof verliefen ohne Fröhlichkeit. Es gab ein paar harmlose Kartenspiele, wie Bassette, Lomber oder Pharao, man hörte ein wenig Musik und trieb etwas Konversation mit ausländischen Gesandten, Geheimagenten, Besuchern von Rang. Die jungen Herren, die sich amüsieren wollten, entschuldigten sich und eilten nach Monplaisir, dem Schlößchen der Gräfin Platen, wo bis zum Morgengrauen getanzt, getrunken und hoch gespielt wurde.

Sophie Dorothea sah eine endlose Straße vor sich liegen, die nirgendwohin führte. Wenn sie einschlief, hörte sie die Schläge ihres einsamen Herzens . . .

Viertes Kapitel

Der Rosenkavalier

Sie hatten sich schon als Kinder gekannt und liebgehabt. Das Fräulein von dem Knesebeck bezeugt es, und obwohl mehrere Biographen die Tatsache bestritten haben, ist sie gültig gesichert durch einen Brief Königsmarcks vom 16. September 1692. Er schreibt darin an Sophie Dorothea, daß er sie seit dem Tage, da er sie zum erstenmal sah, geliebt habe; er habe ihr aber nie etwas davon gesagt, weil er noch ein Kind gewesen sei und deshalb nicht gewagt habe, von seiner Liebe zu sprechen.

Sie waren sich ähnlich. Beide hatten mahagonibraunes, lang herabwallendes Haar, feine Gesichtszüge und eine unwiderstehliche Grazie. Beide waren impulsiv, leidenschaftlich, unvorsichtig, großzügig. Sie war der Engel der Armen, er das Idol seiner Soldaten.

Philipp Christoph Graf von Westerwyk, Steghorn und Königsmarck war der zweite Sohn des Generals Konrad Christoph von Königsmarck, eines berühmten Kriegsmannes, der bei der Belagerung von Bonn getötet wurde. Sein älterer Bruder, Karl Johann, hatte nach zahllosen Abenteuern den Tod auf der Peloponnes gefunden – dem Grab so vieler deutscher Soldaten. Von seinen beiden Schwestern wurde die eine durch Heirat eine Gräfin Lewenhaupt, die andere heiratete nie: es war jene berühmte Aurora von Königsmarck, von deren Schönheit ganz Europa sprach.

Philipp Christoph war dem Kurprinzen Friedrich August von Sachsen vorgestellt worden; dieser fand Gefallen an dem Jüngling und nahm ihn mit auf seine Reisen nach Spanien, Portugal und Italien. Bis 1681 weiß man nichts weiter über ihn; in diesem Jahre verließ er Schweden, wo sein Vater Feldzeugmeister König Karls XI. war, und schiffte sich in Göteborg mit seinem Bruder Karl Johann nach Hull in England ein. Während der Ältere, mit einem Empfehlungsschreiben an Karl II. in der Tasche, nach London ging, um dort sein Glück zu versuchen, nahm der Jüngere in der Fechtschule des Major Fulbert Unterricht und bereitete sich darauf vor, die Universität Cambridge zu besuchen.

Karl Johann erlebt inzwischen einen glänzenden Empfang beim König, der sofort von diesem prächtigen Jüngling begeistert ist. Der ganze Adel reißt sich um ihn. Kein Wunder, er ist mit drei Königshäusern verwandt und besitzt genügend Mittel für ein standesgemäßes Leben.

Die zeitgenössischen Memoiren und später Moreri in seinem Dictionnaire historique sowie Palmblad, aber auch Horace Walpole – der übrigens in seinen »Erinnerungen« die beiden Brüder verwechselt – geben tausend Einzelheiten über diesen exzentrischen jungen Mann. Er war die reinste Verkörperung des Abenteurertyps dieser Zeit, einer jener zahllosen seltsamen Helden, die mit den Condottierigestalten des sechzehnten Jahrhunderts so wenig gemein hatten, wie mit den hochstaplerischen Glücksrittern des achtzehnten, ein Mann von unverwüstlicher Gesundheit, draufgängerischer Kühnheit und skrupelloser Sittenlosigkeit.

Karl Johann war auf Fünen geboren und hatte England zum ersten Male 1674 besucht. Dann ging er nach Paris, wo sein Onkel Otto Wilhelm als Feldmarschall in den Armeen des Königs von Frankreich diente, bevor er Gouverneur von Schwedisch-Pommern wurde. 1677 tut Karl Johann in Italien Kriegsdienst. Mit seiner als Page verkleideten Geliebten hält er sich im savoyischen Chambéry auf. Als er nach einem Ausflug in die Stadt zu seiner Herberge zurückkommt, empfängt ihn der Wirt mit dem Ausruf: »Mein Herr, Euer Page liegt in den Wehen!«

Von Italien setzt er nach Malta über und kämpft gegen die Türken. Bei einem Enterversuch stürzt er vom Deck seiner Galeere ins Meer, wird wieder herausgefischt und kehrt nach Malta zurück, wo er trotz seines lutherischen Glaubensbekenntnisses kurze Zeit in den Reihen der Ordensritter dient. Krank kommt er nach Frankreich zurück und erhält durch königliches Patent das Regiment Fürstenberg. Er wird bei Courtrai verwundet und begibt sich, kaum daß er geheilt ist, zu neuen Waffentaten nach Katalonien. 1679 finden wir ihn in Spanien. Da der Krieg nicht genug Gefahren bietet, seinen Mut zu kühlen, zieht er die Aufmerksamkeit der Señoritas durch seine Geschicklichkeit im Stierkampf auf sich und läßt sich unter ihren Bravorufen von einem Stier auf die Hörner nehmen. Anschließend geht er nach Portugal. Dann findet man seine Spuren in Paris, in Holland, in Hamburg und Schweden.

In London hatte Karl Johann eine der reichsten Erbinnen Englands kennengelernt – die Königsmarcks zeigten eine Vorliebe für Erbinnen – Elizabeth Countess of Ogle, die Tochter des verstorbenen elften Grafen von Northumberland (dessen Familie noch heute im Besitz eines riesigen Vermögens ist). Als elfjähriges Mädchen hatte sie bereits, was damals nicht ungewöhnlich war, den Grafen Ogle, Sohn des Herzogs von Newcastle, geheiratet. Nach kaum einem Jahr war ihr Mann tot, und die hübsche, rothaarige Elizabeth, die als Witwe ihre ersten Schritte in der vornehmen Gesellschaft machte, wurde der Liebling Londons. Man nannte sie die »traurige Witwe« oder auch die »Comtesse Carotte«, die »Karottengräfin«. Karl Johann bedrängt sie, verfolgt sie mit seinen Anträgen, aber er scheitert an dem traditionellen britischen Mißtrauen gegen Liebhaber, die aus dem Ausland kommen, selbst wenn es der germanische Norden ist.

Verärgert über die Zurückweisung fährt er nach Algier, um sich aufs neue zu schlagen. 1681 nimmt er an der Belagerung von Tanger teil, sein Pferd wird ihm unter dem Leib erschossen. Er überquert wieder die Meerenge von Gibraltar und besteigt mit einem seiner Kameraden, einem schwedischen Hauptmann namens Vraatz, ein Schiff der dort auf Reede liegenden englischen Flotte. 1682 taucht er von neuem in London auf.

Seinen umworbenen Liebling fand er nicht mehr vor, die kluge Familie hatte die Gräfin Ogle inzwischen wieder verheiratet. Der neue Gatte war ein Beau, »a young blood«, namens Thomas Thynne, und so reich, daß man ihn in Anspielung auf seine zehntausend Pfund Jahreseinkünfte »Tom mit den Zehntausend« nannte. Leider fehlt es ihm dafür an Ehetauglichkeit, so daß die vierzehn Jahre alte Mrs. Thynne schon am Morgen nach der Hochzeit nach Holland entflieht. Königsmarck glaubt, nun sei seine Stunde gekommen. Ein einziges Hindernis steht ihm im Wege: dieser Thynne, den in

London jeder kennt, ein Drydenscher Held, ein »mohawk«[1], einer jener Stutzer aus dem Hellfire- oder Beefsteak Club.
Karl Johann, ständig begleitet vom Hauptmann Vraatz, verkriecht sich in sein Londoner Gasthofzimmer, schützt eine Hautkrankheit vor, die er sich angeblich in Marokko zugezogen hat. Vraatz, der ein großer Windbeutel ist, versucht Thynne zum Duell zu fordern, aber vergeblich. In diesem Augenblick kommt aus Schweden ein Pole namens Borowski mit neuen Pferden für Königsmarck. Als Thynne, ganz Gentleman, auch auf neue Herausforderungen mit hartnäckigem Schweigen reagiert, bewaffnet Vraatz den Polen, ebenso einen Leutnant Stein. Die beiden gedungenen Mörder lauern Thynne am Ende der Pall Mall auf und strecken ihn mit einem Pistolenschuß nieder; drei Stunden später stirbt das Opfer. Nach einer anderen Darstellung hat Borowski Thynne im Verlaufe eines Duells getötet, bei dem er als Sekundant fungierte. Ganz London ist empört über diese Schurkerei. Das Verbrecherkleeblatt kommt hinter Schloß und Riegel. Bald teilt Karl Johann als Komplice ihre Zelle, man hat Waffen bei ihm gefunden. Bei dem Prozeß legt Philipp Christoph mutig Zeugnis für seinen älteren Bruder ab. Im Februar 1682 werden die drei Täter für schuldig befunden und zum Tod durch Erhängen verurteilt. Auf dem Weg zum Galgen ist Vraatz' letztes Wort: »Ich hoffe, daß Gott sich wie ein Gentleman gegen mich benehmen wird.« Karl Johann entgeht dank dem persönlichen Dazwischentreten Karls II. dem Arm der Gerechtigkeit. Die junge Erbin verheiratet sich, um Skandal zu vermeiden, zum drittenmal, diesmal mit Charles Seymour, sechstem Herzog von Somerset. Die Situation ist für Karl Johann in London unmöglich geworden, er geht nach Flandern, später findet man ihn bei der Belagerung von Verona und auf der Peloponnes. Vor Navarino erkrankt er an der Malaria und stirbt an Entkräftung.
Durch seinen Tod erbt Philipp Christoph den Titel eines Grafen von Königsmarck.

[1] Die mohawks (ursprünglich der Name eines Indianerstammes) waren aristokratische Raufbolde, die Anfang des 18. Jh. die Londoner Straßen unsicher machten. (Anm. d. Ü.)

Schön, vornehm, reich – eine Karriere mit allen Möglichkeiten schien vor ihm zu liegen. Versailles, Wien, Den Haag, Madrid lockten. Philipp Christoph zog das kleine Hannover vor.

1684 bemerkt der »Mercure Galant«: »Der Hof von Hannover, der in allem den Sitten des Hofes von Frankreich folgt, ahmt ihn ebenfalls in seinen Vergnügungen nach.« Toland schreibt, daß sich keine andere deutsche Residenz mit Hannover vergleichen kann; man betrinkt sich hier nicht, die vornehmen Ausländer, die zur kurfürstlichen Tafel geladen werden, sind überrascht von dem guten Ton, der hier herrscht. Das Leineschloß erstrahlt in neuem Glanz, es hat ein Theater mit sechzig Logen; die der Gräfin Platen liegt derjenigen der Kurfürstin gegenüber; niemand zahlt Eintritt, alle Kosten bestreitet der Kurfürst aus seinen Mitteln. Über die bei den Aufführungen Anwesenden schreibt Lady Mary Wortley Montague im Jahre 1716: »Alle Damen des Hofes haben buchstäblich rosa Wangen; Stirn und Busen sind schneeweiß gepudert, die Haare kohlschwarz; diese Schminkkünste, die sich bei Kerzenlicht höchst wirkungsvoll ausnehmen, behalten sie bis zu ihrem Tode bei. Bei soviel Schönheit vermißt man höchstens die Abwechslung: alle diese Damen sind einander so ähnlich wie die Wachsfiguren des Hofes von England, die man im Kabinett der Mrs. Salmon besichtigen kann. Kämen sie einer Kerze zu nahe, so schmölzen sie sicherlich...«

Wie weit ist man von den primitiven Sitten der Mitte des siebzehnten Jahrhunderts entfernt, und doch sind erst dreißig Jahre seitdem vergangen. Hatten nicht noch vor kurzem Frankreich und das Reich, einander hemmungslos überbietend, den deutschen Fürsten um die Wette Subsidien gezahlt? Hatten nicht ihre Gesandten versucht, einander mit immer großartigeren Geschenken den Rang abzulaufen?

Alle Besucher rühmen einhellig die außerordentliche Höflichkeit, mit der sie in Hannover empfangen wurden. Jean-Baptiste Tavernier schildert Herrenhausen und den Tageslauf des Kurfürsten: den Morgen verbringt er in der Kirche, den Nachmittag im Theater, an dem eine festengagierte französische Schauspielertruppe spielt. Tavernier, der schließlich nur ein Juwelenhändler war, tritt die Rückreise in einer

Hofkutsche an, man hat ihm alle Kosten bezahlt und ihm außerdem eine Kassette voller Geld zum Geschenk gemacht.
Königsmarck trifft am 11. März 1688 (wenn man den Memoiren von Malortie, dem gründlichsten aller seiner Biographen, glauben will) in Hannover ein. Am Abend dieses Tages findet im Alten Schloß ein Ball statt. Königsmarck begibt sich unverzüglich dorthin, sein Erscheinen erregt Aufsehen. Er begrüßt den Erbprinzen und die Erbprinzessin und flüstert, sich tief vor ihr verneigend: »Erinnert sich Ihre Herzogliche Durchlaucht, daß ich am Hof von Celle die Ehre hatte, Ihnen als Page zu dienen?« Sophie Dorothea antwortet nicht. Alles, was sie an das verlorene Paradies ihrer Kindheit erinnert, geht ihr nahe. Sie schweigt, aber sie lächelt. Königsmarck ist ihr willkommen. Nicht nur ihr: Ernst August verleiht ihm den Rang eines Gardeobristen. Das bringt ihm zwar nicht übermäßig viel Sold ein, aber es stellt ihn auf die dritthöchste Stufe der herzoglichen Beamtenhierarchie. Die jüngeren Prinzen sind begeistert von diesem hübschen jungen Herrn, der zugleich Hofmann und Soldat ist. Tatsächlich aber war er vor allem ein großer Abenteurer. Vergnügen, Liebe, Kampf: das war das Leben, das ihm allein möglich schien. Seine Stärke war es, den Damen den Hof zu machen, und das für das siebzehnte Jahrhundert bezeichnendste Wort, die Galanterie, schien für ihn erfunden zu sein. Er war dreißig[1], Sophie Dorothea zweiundzwanzig Jahre alt. Der Ball, auf dem sie sich begegneten, war ein Maskenball. War es ein bloßer Zufall, daß Königsmarck, und mit ihm das Verhängnis, maskiert in Sophie Dorotheas Leben traten?
Die Erbprinzessin war zu dieser Zeit viel leidend und ging selten aus. Ihre jungen Schwäger versammelten sich jeden Abend in ihrem Boudoir, bevor die Pflicht sie zu den langweiligen Abendgesellschaften bei der Herzogin Sophie rief, und sie brachten Königsmarck mit. Es war ein kleiner Oppositionsherd. Das Erbfolgerecht des Erstgeborenen, das Ernst August mit aller Gewalt durchzusetzen suchte, weil er

[1] Nach G. Schnath, Der Königsmarck-Briefwechsel (1952), war Königsmarck erst dreiundzwanzig Jahre alt (1665 geboren). (Anm. d. Ü.)

dadurch der Kurwürde näherzukommen glaubte, benachteiligte die jüngeren Brüder gegenüber dem erstgeborenen schwer. Zornig dachten sie an Rebellion, die sich freilich zunächst auf lebhafte Unzufriedenheit beschränkte. Bei Sophie Dorothea fanden sie Verständnis, sie selbst hatte nicht weniger Beschwerden auf dem Herzen.

Georg Ludwig fuhr fort, sich schamlos in aller Öffentlichkeit mit seiner Melusine zu zeigen. Mit beißendem Spott zog seine Frau vor aller Ohren über das Paar her, mit dem Erfolg, daß ihr Mann nur noch gereizter wurde. Sophie Dorothea fühlte sich verlassen und in ihrem Stolz verletzt und beklagte sich bei ihren Schwiegereltern, was aber Georg Ludwig nur immer roher und bösartiger gegen sie machte. Ein Besuch des Celler Herzogspaares besserte nichts. Ihm zu Ehren gab der Hof einen großen Kostümball. Sophie, wunderschön in ihrem Florakostüm, tanzte mit Königsmarck, der in Rosa- und Silberbrokat gekleidet war, ein Menuett, das die Zuschauer zur Begeisterung hinriß – und, welch ein Unheil, zur Folge hatte, daß die Platen sich in den Tänzer verliebte. Sie war nicht mehr Herrin ihrer selbst, sie mußte diesen Königsmarck haben, Sophie Dorothea diesen Rosenkavalier entreißen, sie warf sich ihm an den Hals.

Der anonyme Verfasser der »Geheimen Geschichte der Herzogin von Hannover« ist deutlich genug: »In schuldigem Respekt nahm Königsmarck die Komplimente der Gräfin Platen entgegen; er begriff allzu gut den wahren Sinn ihrer Worte. Die Leidenschaft, die er für die Prinzessin fühlte, machte ihn keineswegs unempfindlich für das Entgegenkommen einer so schönen Dame wie der Gräfin. Er erwiderte ihr, er verdiene kaum soviel Auszeichnung, aber da sie ihm erlaube, sie heute abend noch zu besuchen usw. Kurz, Königsmarck stellte sich bei der Gräfin ein, die er im Negligé auf einem Ruhebett liegend fand. Sie erhob sich und stürzte sich, jede Zurückhaltung aufgebend, in seine Arme, gestand ihm ihre Schwachheit und spielte ihre Reize so vor ihm aus, daß Königsmarck sich kein Gewissen daraus machte, ihre Zärtlichkeiten zu erwidern. Es wurde schon Tag, als er sie endlich verließ. In seinem Zimmer warf er sich auf sein Bett, um etwas Ruhe zu finden, aber vergebens, er konnte sich nicht verzeihen, daß er den Reizen von Sophie Dorotheas Todfeindin erlegen war.« Natürlich erfuhr die Erbprinzessin von diesem Vorfall. Sie fühlte sich tief gekränkt, glaubte sich verlassen und war um so unglücklicher, als sie gerade eine sehr heftige Szene mit ihrem Gatten gehabt hatte. Georg Ludwig hatte sich sehr verändert, seit er unter dem Einfluß der Schulenburg und damit auch der Platen stand.

In seiner Jugend war er ein solches Muster an Tugend und tadellosem Lebenswandel gewesen, daß er an dem leichtlebigen Hof seines Vaters kaum am Platze schien. Bei zwei Gelegenheiten zeigte sich dies in aller Deutlichkeit. Als die von Ungarn heimkehrenden Truppen, die sich dort unter seinem Kommando tapfer gegen die Türken geschlagen hatten, in Osnabrück einzogen, erregte es die äußerste Empörung des jungen Prinzen, daß man der Militärparade eine lächerliche allegorische Maskerade anfügte, bei welcher zwei unbekannte Hoffräulein in sehr offenherzigem Kostüm als Bellona und Diana auftraten – es waren jene beiden Fräulein von Meysenbug, die nun seit langem Gräfin Platen und Baronin von dem Bussche waren. Der andere Vorfall war ernsterer Natur und hätte beinahe ein schlimmes Ende genommen, denn so nachsichtig der Herzog von Hannover gegen andere war, so wenig verzieh er seinen eigenen Söhnen Ungehorsam. Auf einem Bankett, bei dem der ganze Hof anwesend war, brachte der Herzog einen Toast auf seinen Sohn aus, mit einem Pokal, in dem die Anwesenden voller Entsetzen einen ehemaligen Abendmahlskelch erkannten; als der Vater ihm den Kelch reichte, weigerte Georg Ludwig sich nicht nur, ihn zu berühren, sondern machte seinem Vater heftige Vorwürfe. Der Herzog wurde im ersten Augenblick rot vor Zorn; erst als er an dem Gemurmel der übrigen merkte, daß man Georg Ludwig recht gab, machte er aus der Sache einen Scherz.

Die Gräfin Platen, die ihren Einfluß gern vom Vater auf den Sohn ausgedehnt hätte, hatte einsehen müssen, daß sie Georg Ludwig ihre Schwester, die Frau von dem Bussche, nicht als Mätresse aufdrängen konnte. Aber was sie sich einmal vorgenommen hatte, erreichte sie schließlich doch auf irgendeine Weise. Sie hat es immerhin fertiggebracht, daß er sich eines Tages in Melusine von der Schulenburg verliebte.

Ihretwegen gab es jene berühmte Szene, die die Hofchronisten erwähnen und die Palmblad ausführlich beschreibt: Sophie Dorothea hatte gerade die Abendgesellschaft ihrer Schwiegermutter verlassen und kehrte, begleitet von ihren beiden Hofdamen, Fräulein von dem Knesebeck und Frau von Sansdorf, in ihre Gemächer zurück. Lachend und plaudernd achteten sie nicht auf den Weg und mußten bald feststellen, daß sie sich in den nur mangelhaft erleuchteten Gängen des Schlosses verlaufen hatten. Sie kamen an eine Tür, und die Prinzessin befahl ihren Begleiterinnen, sie zu öffnen. Fräulein von dem Knesebeck trat als erste ein und prallte zurück, Frau von Sansdorf, die nach ihr eingetreten war, nicht minder. Sie beschworen die Prinzessin weiterzugehen. Aber Sophie Dorothea hörte nicht auf sie, trat ein und befand sich in einem Schlafzimmer; auf einem Bett lag eine junge, sehr blasse Frau, ihr zur Seite in einer Wiege ein Neugeborenes; neben der Wöchnerin kniete, ihre Hand haltend, ein Mann, in dem die Prinzessin voller Erstaunen ihren Gatten erkannte. Sie brach in so unbeherrschte Vorwürfe und Beschuldigungen aus, daß der zunächst betroffene Prinz in heftigen Zorn geriet, als er sah, daß die Wöchnerin vor Schreck ohnmächtig geworden war. Er stürzte sich auf seine Gemahlin, packte sie am Hals und hätte sie wohl trotz der Entsetzensschreie der von allen Seiten Herbeistürzenden erwürgt, wenn ihm nicht eine innere Stimme gesagt hätte: Wenn du sie tötest, wirst du im nächsten Jahr sterben. Diese Prophezeiung hatte ihm einst eine Wahrsagerin gemacht, und sie kam ihm nie aus dem Sinn.
Sophie Dorothea brachte ihre Beschwerde über das, was sie entdeckt hatte, vor ihre Schwiegereltern und verlangte, daß man Melusine aus dem Schloß jage. Doch sie hatte kaum Erfolg. Die Herzogin Sophie gab ihr kühl zur Antwort, sie sei nicht gewöhnt, sich um dergleichen Albernheiten zu kümmern; und der biedere Herzog bemühte sich, Sophie Dorothea mit dem Rat zu trösten, sie solle doch die Augen davor schließen, solche Verfehlungen kämen nun einmal an allen Fürstenhöfen vor. Im übrigen gab er ihr zu verstehen, daß sie selbst sich Königsmarck gegenüber etwas unvorsichtig benommen habe ...
Tatsächlich aber war – jedenfalls zu dieser Zeit – Königs-

marck noch nicht ihr Liebhaber. Das bezeugen seine aus jenen Wochen und Monaten stammenden Briefe; es sind kurze Billetts, respektvoll, zart und durchaus platonischen Charakters. Er versprach ihr, sich mit Leib und Seele ihrem Dienst zu weihen. Nur ihretwegen halte er sich noch in Hannover auf und vernachlässige seine Interessen, seine Zukunft. Er rief die Erinnerungen an ihre Kindheitsliebe wach: wie sie im Winter über das Eis der Schloßgräben glitten und er den Schlitten schob, in dem seine kleine Freundin saß, ein winziges Hündchen gegen den Muff gepreßt. Oder wie sie kindliche Gelöbnisse in die vereisten Scheiben der dreihundertdreiundachtzig Fenster des Schlosses ritzten: »Vergiß mich nicht . . . Vergiß mich nicht!«

Er hatte sie nicht vergessen, und er wollte sie rächen, ihr Mann sollte sein schändliches Benehmen büßen. Mit erstaunlicher Unüberlegtheit plante er, Georg Ludwig zum Duell zu fordern und ihn entweder zu töten oder selber zu sterben.

Unterdessen machte er, wenn auch mit Gewissensbissen, weiter seine Besuche bei der Platen. Sophie Dorothea machte ihm deswegen Vorwürfe, aber er antwortete, er tue es nur, damit man bei Hofe über seine wahren Gefühle im unklaren bleibe, und im übrigen ziehe die Platen ihn nur deshalb an sich, um sich einer guten Partie für ihre Tochter zu versichern, als deren Vater allgemein Ernst August galt. Tatsächlich zählte der kleine hannoversche Hof, wo man jeden Neuankömmling genau beobachtete und jeden Klatsch begierig aufsog, die Abende, die Königsmarck in Monplaisir verbrachte. Leichtsinnig und dem Genuß ergeben, konnte Königsmarck den Lockungen dieser Abtei Thélème[1] nicht widerstehen: allzusehr unterschied sie sich von der ungeheuren Langeweile am Hofe, wo von den Möbeln bis zu den Sitten alles lächerlich gekünstelt war. Die Platen hatte aus ihrem Hause einen intimen Junggesellenklub gemacht, in dem sie keine andere Frau neben sich duldete. Königsmarck frönte hier ausgiebig seiner Lust am Tanzen, Spielen und Trinken.

[1] Name eines imaginären »Anti«-Klosters in Rabelais' »Gargantua«-Roman, mit dem Wahlspruch »Fais ce que voudras«, »Tue, was du willst«. (Anm. d. Ü.)

Ein Zwischenspiel unterbrach das Gleichmaß der Tage: Königsmarck reiste nach Venedig, wo sein alter Onkel Otto Wilhelm gestorben war, und trat dessen Erbschaft an. Es war die dritte, nachdem er schon seinen Vater und seinen Bruder beerbt hatte, und er verfügte jetzt über beträchtlichen Reichtum. Er kaufte ein Gut bei Hamburg und kehrte nach Hannover zurück, wo er sein Vermögen sogleich mit vollen Händen auszugeben begann. Das war 1689. Im März 1688 war er nach Hannover gekommen. (Palmblad gibt 1683 als das Jahr von Königsmarcks Ankunft an, nicht ohne Grund: Nach dieser Hypothese könnte die 1686 geborene Tochter Sophie Dorotheas, die spätere Königin von Preußen und Mutter Friedrichs des Großen, Königsmarck zum Vater haben, und das preußische Königshaus hätte dann nicht welfisches, sondern königsmarckisches Blut in den Adern. Aber Palmblad hat eine Antipathie gegen Preußen, und es gibt keinen Grund, seiner Datierung zu folgen, zumal ihr ein sehr glaubwürdiger Zeuge, de Malortie, widerspricht.)
Jetzt richtete er sich mit dem Aufwand ein, der einem Kavalier wohl anstand. Sein Haus grenzte an den herzoglichen Park; er brauchte nur ein Stück des Gartens zu durchqueren und war bereits unter den Fenstern von Sophie Dorotheas Gemächern. Nach den Rechnungslisten seines Sekretärs hatte er neunundzwanzig Bediente und zweiundfünfzig Pferde.
Der herzogliche Hof staunte über den Lebensstil, den er entfaltete; einzig Sophie Dorothea konnte er nicht verblüffen. Er gehörte zu ihrem engsten Kreis, und sie behandelte ihn als ergebenen Freund, nicht mehr und nicht weniger. Er allerdings war sterblich verliebt in sie, wahrscheinlich schon seit dem ersten Tag ihrer Begegnung. Warum hätte er sich sonst so lange in Hannover aufgehalten, die verlockendsten Angebote, die man ihm von mehreren Seiten machte, bedenkenlos ausgeschlagen, ohne an seine Zukunft, sein Glück zu denken? Nein, er war unglücklich. Hin und her gerissen zwischen seiner Liebe zur Prinzessin und den Gefälligkeiten, die die Platen von ihm verlangte, war er in einer höchst unerfreulichen Lage. Um sich aus seinen Gefühlsverwirrungen zu befreien, bat er um Urlaub bei Hofe und schloß sich dem Expeditionskorps an, das der Herzog im Januar 1690

unter dem Kommando des einundzwanzigjährigen Prinzen Karl nach der Peloponnes schickte. Man muß den deutschen Fürsten in diesem Punkte Gerechtigkeit widerfahren lassen: wenn sie auch mit dem Leben ihrer Untertanen oft einen schimpflichen Handel trieben, so zögerten sie doch andererseits nicht, das ihrer Söhne und manchmal sogar ihr eigenes aufs Spiel zu setzen.

Das peloponnesische Abenteuer endete mit einer furchtbaren Katastrophe. Bei Pristina hieben die türkischen Krummsäbel die Hannoveraner in Stücke. Den Leichnam des armen kleinen Prinzen Karl fand man bedeckt mit den Leichen der Offiziere, die versucht hatten, sein Leben zu schützen. Als die Hiobsnachricht nach Hannover kam, herrschte allgemeine Trauer. Der Prinz war überall beliebt gewesen, seine Mutter hatte ihn angebetet, Sophie Dorothea aufrichtige Freundschaft für ihn empfunden. Herzogin Sophie wurde so schwer krank, daß man sie nach Karlsbad zur Kur schicken mußte.

Man vermutete Königsmarck ebenfalls unter den Toten. Aber er besaß die neun Leben der Königsmarcks; im April kehrte er mit den traurigen Resten, die dem Massaker von Pristina entkommen waren, nach Hannover zurück. Allein das Wolfenbütteler Kontingent war von Elftausend, die nach der Peloponnes ausgezogen waren, auf einhundertdreißig Mann zusammengeschmolzen.

Ungefähr zu dieser Zeit beginnt die Korrespondenz zwischen Königsmarck und Sophie Dorothea, jedenfalls soweit sie erhalten ist. Es hat nicht den Anschein, als hätten sie einander schon vor diesem Zeitpunkt geschrieben. Königsmarck liegt krank, er hat sich auf der Peloponnes die Malaria geholt. Er fleht Sophie Dorothea an, sie solle ihn ins Leben zurückrufen, indem sie ihm ein Wort der Freundschaft schreibe. »Ich bin sterbenskrank«, schreibt er ihr, »und das einzige Mittel, das mich noch retten kann, ist ein Wort von der Hand der unvergleichlichen Prinzessin, deren Sklave ich bin.«

Leichtsinnig und ohne die Folgen zu bedenken, ruft er so eine Korrespondenz ins Leben, die sie beide ins Unglück bringen wird. Nur ein paar Zeilen hat der Unvorsichtige

geschrieben, ein schüchternes Liebesgeständnis — aber sie finden ein Echo.
Königsmarck hat dieses Wort erhalten, von dem, wie er schrieb, sein Leben abhing. Ist er damit zufrieden? Er wird es niemals sein. Dieses ungestüme, wilde, eifersüchtige Herz, gierig nach Liebe und Küssen, dieser verzogene, schwatzhafte Großsprecher, dieser dem Wein ergebene Verführer hat niemals genug. Je mehr man ihm gibt, desto mehr fordert er, und zwar in immer herrischerem Ton. Er bittet, fleht, droht; seine Strategie in der Liebe ist bewundernswert vollkommen. Er lullt die arme, geplagte junge Frau, die er begehrt, mit Liebkosungen ein und weckt sie dann mit Schreien der Eifersucht aus ihrer Ruhe. Die Mittel, zu denen er greift, sind wenig vornehm. Es ist so leicht, eine Liebende zu betören, wenn man einmal davon spricht, sie auf der Stelle zu verlassen, ein anderes Mal davon, daß man in den Krieg ziehen werde, um sich im Kanonenfeuer töten zu lassen.
Denn diese Liebe entfaltet sich auf dem Hintergrund von Schlachten, Belagerungen, Schanzlagern: Mons, Steenkerke, Hal.
Nach langwierigen Unterhandlungen und hartnäckigem Feilschen ist Ernst August, der sein Ziel, die Kurwürde, keinen Augenblick aus den Augen verliert, in die Große Allianz eingetreten, in der sich Europa gegen Ludwig XIV. zusammenschließt. Die Alliierten haben sich im Haag versammelt, die republikanische Stadt ist eine Stadt der Könige geworden: Hier findet man den Kaiser Leopold, die Könige von Spanien, Polen, Dänemark und Schweden, die Herzöge von Savoyen und Braunschweig, die Prinzen von Sachsen und Nassau, den Regenten von Württemberg, die Kurfürsten von Brandenburg und Bayern. Es gibt Festessen und Bankette wie später auf dem Wiener Kongreß. Unterdessen fällt Ludwig XIV. in die Niederlande ein und besetzt Mons. Dieser unerwartete Schlag jagt die Versammlung auseinander. Ernst August kehrt nach Hannover zurück, in seinem Gefolge befindet sich Königsmarck.
Wieder ist Philipp Christoph also nur wenige hundert Meter von seiner Göttin entfernt. Ist er glücklich? Keineswegs. Obwohl er kein Recht auf sie hat, überhäuft er sie mit Vorwürfen, als ob sie ihm schon gehörte.

»Muß ich Sie, nachdem Sie mich so behandelt haben, noch anbeten? Nach Ihrem hochmütigen Benehmen habe ich den Entschluß gefaßt, übermorgen abzureisen. Wenn Sie einem armen, von Eifersucht gequälten Herzen noch einen Trost gönnen wollen, so erlauben Sie mir, Sie zu treffen, Sie wissen schon wo... Da dies vielleicht die letzte Gnade ist, um die ich Sie bitten werde – denn ich hoffe sehr, daß Gott mich eher dieser Welt entreißen wird, als mich derart leiden zu lassen –, beschwöre ich Sie, sie mir nicht zu verweigern.«
Und im nächsten Brief schreibt er:
»Ich bin in äußerster Verzweiflung, daß ich so wenig Gelegenheit finde, mit Ihnen zu sprechen. Bald werde ich es nicht einmal mehr wagen, die Augen zu bewundern, die mir das Leben bedeuten. Ich flehe Sie an, zeigen Sie mir einen Weg, daß ich wenigstens zwei Worte zu Ihnen sprechen kann. Ich reise übermorgen ab. Gott weiß, wann ich meine Göttin, die mir das Leben bedeutet, wiedersehen werde. Der Gedanke, daß es vielleicht nie mehr sein kann, tötet mich.«
Offensichtlich weiß er nicht, oder will es nicht wissen, bis zu welchem Grade an diesem kleinen Hof jede seiner Bewegungen beobachtet und der Kritik unterzogen wird. Und doch hätte ihn ein Vorfall, der sich nach seiner Rückkehr von der Peloponnes abspielte, warnen müssen. Schon kam es, wenn er sich im privaten Kreise der Prinzessin aufhielt, gelegentlich so weit, daß er mit ihr im Park spazierenging oder mit ihren beiden Kindern spielte. Eines Tages war die kleine Sophia Dorothea vom Spielen müde und bat ihn, sie ins Schloß zurückzubringen. Er trug sie auf seinen Armen bis in ihr Zimmer. Das war gegen die Etikette, die in einem solchen Fall vorschrieb, die Gouvernante oder einen Kammerherrn zu rufen. Prompt machte auch die Platen so großen Lärm darüber, daß der Herzog, als er davon erfuhr, verärgert war.
Fast zur gleichen Zeit ereignete sich ein ernsterer Zwischenfall, der nicht ohne ärgerliche Folgen bleiben sollte. Königsmarck gab einen großen Kostüm- und Maskenball. Der ganze Hof mit allen hohen Beamten war geladen. Sophie Dorothea trug ein golddurchwirktes Kleid, dazu mit ihren Initialen bestickte Handschuhe, die ihr Mann ihr als Geschenk aus dem Haag mitgebracht hatte. Die Platen faßte einen

heimtückischen Plan. Sie brachte heimlich den einen der beiden Handschuhe an sich und benutzte den Höhepunkt des Festes, um den Gastgeber in der schönen Sommernacht in den Garten zu locken. Sie war sehr schön und trug das gleiche rosa Kleid wie die Prinzessin. Sie zeigte sich dem schwachen Königsmarck gegenüber so entgegenkommend, daß dieser nicht widerstehen konnte, sondern sie umarmte und fest an sich drückte. Er hörte nicht, daß Georg Ludwig sich näherte, vom Grafen Platen, der mit seiner Frau unter einer Decke steckte, im rechten Augenblick herangeführt. Mit gespieltem Entsetzen entriß sich die Platen Königsmarcks Umarmung und ließ, wie zufällig, den entwendeten Handschuh zu Boden fallen. Graf Platen hob ihn auf und reichte ihn seinem Herrn. In der Dunkelheit hatte der Prinz nur eine weibliche Gestalt in einem rosa Kleid gesehen... Er erkannte den Handschuh sogleich als den seiner Frau und hörte, als er in den Salon zurückkehrte, daß Sophie Dorothea über seinen Verlust klagte. Die Sache war geschickt genug eingefädelt, um in Georg Ludwig Verdacht gegen seine Frau entstehen zu lassen; bisher hatte er nie an ihrer Treue gezweifelt.

Diese raffinierte Intrige, die einen Victorien Sardou[1] hätte neidisch machen können, wird in den unechten »Memoiren« erzählt; aber es ist nicht ausgeschlossen, daß der Bericht auf eine wirkliche Begebenheit zurückgeht. Jedenfalls gewann die Platen zusehends an Einfluß und damit an Dreistigkeit. Von der Baronin war sie zur Gräfin aufgestiegen, ihre Juwelen stellten diejenigen Sophie Dorotheas in den Schatten. Unterwürfig gegenüber der Herzogin Sophie, die ihr übrigens ein seltenes Wohlwollen bewies, legte sie in ihrem Verkehr mit Sophie Dorothea ein derart zwangloses und gönnerhaftes Benehmen an den Tag, daß diese sich gekränkt fühlen mußte.

Ob die Handschuhgeschichte wahr oder erfunden ist, sie wirft jedenfalls ein seltsames Licht auf den am hannoverschen Hof herrschenden Geist. Nichts bewegte die Gemüter so sehr wie die Frage, ob sich zwischen der Erbprinzessin

[1] Der erfolgreichste Boulevarddramatiker (1831–1908) des Zweiten Kaiserreichs. (Anm. d. Ü.)

und dem Gardeobristen zarte Bande geknüpft hatten oder sich knüpfen würden. Nicht nur der ganze Hofstaat, allen voran die Damen Platen und Schulenburg, interessierte sich lebhaft für diese Romanze, sondern sogar die Herzogin Sophie: Sie erging sich Sophie Dorothea gegenüber geflissentlich in großen Lobreden auf Königsmarck, um deren Wirkung zu beobachten. Das Ergebnis beunruhigte sie. Bei einem Besuch in Celle – die Beziehungen zwischen beiden Höfen waren ausgezeichnet geworden, und man besuchte sich des öfteren – widmete sich die Herzogin viel ihrer Schwiegertochter. Täglich nahm sie sie mit auf ihre endlosen Spaziergänge, bei denen sie ihre Begleitung stets erschöpfte, und hielt ihr lange Vorträge über die Geschichte Englands, dessen Königin sie bald sein würde. Wie eine Schlafwandlerin und einzig von dem Gedanken an Königsmarck besessen, machte Sophie Dorothea nicht einmal den Versuch, Interesse zu heucheln.

Der deutsche Gelehrte Georg Schnath, an dessen kompetentem Urteil man nicht zweifeln kann, hat sich der Mühe unterzogen, die Briefe der Liebenden mit Hilfe aller bekannten Tatsachen, Umstände und gleichzeitigen historischen Ereignisse zu datieren. Ihm ist es zu danken, daß man den Monat bestimmen kann, in dem Sophie Dorothea den Bitten Königsmarcks nachgab. Der erste Brief ist vom Juli 1690; bis zum April des darauffolgenden Jahres enden alle Briefe mit der respektvollen Schlußformel eines Gardeobristen, der an eine Erbprinzessin schreibt. Am 30. April 1691 jedoch ändert sich der Ton, aus »Euer ergebener Diener« wird plötzlich: »Leben Sie wohl, mein liebenswertes braunes Kind, ich umfasse Ihre Knie.«

Die ersten Briefe trugen als Siegel ein auf einem Altar liegendes und von einem Sonnenstrahl entflammtes Herz mit dem Wahlspruch: »Rien d'impure (sic) ne m'allume.«[1] Später taucht ein anderes Siegel auf: zwei ineinander verschlungene Herzen, umgeben von den Worten: »Cossi fosse il vostro dentro il mio.«[2]

Der Wahlspruch erfüllte sich. Sophie Dorothea ist nicht

[1] »Nichts Unreines kann mich entflammen.«

[2] »Wäre doch das Deine so in meinem!«

mehr Herrin über ihr Herz. Wenn Herzogin Sophie auch zunächst nur sehr unbestimmte Ahnungen hat, so ist Herzogin Eleonore um so mehr in Unruhe. Vorsichtig und behutsam versucht die Mutter, die Tochter vor der Gefahr zu warnen. Königsmarck bleibt es nicht verborgen, er tobt. Es steht schlimm um seine Liebe. Diese Frau, nach der es ihn wild verlangt – er sieht sie niemals allein, stellt sie sich von Verehrern umgeben vor, ahnt, daß seine Feinde ihm Fallen stellen. Es ist ein zermürbendes Jahr: In Flandern ist Krieg, und die Kämpfe nehmen kein Ende ...

Juli 1692: Herzog Ernst August hat das Ziel seines Lebens erreicht, er ist Kurfürst von Hannover geworden. Herzogin Sophie ist jetzt Kurfürstin, Georg Ludwig Kurprinz und Sophie Dorothea Kurprinzessin. Der Kurfürst ist eine Person von europäischem Rang geworden. Georg Ludwig kommandiert eine alliierte Armee in Flandern.

Zur Feier des Erreichten fanden in Hannover glanzvolle Festlichkeiten statt. Ernst August hatte, als eine der Attraktionen, eine italienische Komödiantentruppe kommen lassen, »besser als alles, was man in Versailles zu sehen bekommt.« Von allen Seiten strömten Gäste herbei. Der glänzendste Empfang wurde dem Herzog und der Herzogin von Celle zuteil.

Bei all den Lustbarkeiten war in den Herzen jedoch kein Friede. Der Kurfürst, im Grunde seines Wesens gutmütig, litt darunter, daß er den Grafen Moltke hatte hinrichten und den Prinzen Maximilian außer Landes schicken müssen; diesen hatte sein Groll über das Erstgeborenengesetz zu einem Komplott gegen seinen Vater verleitet, bei dem Moltke und der alte Feind Ernst Augusts und seiner Politik, Anton Ulrich von Wolfenbüttel, seine Komplicen gewesen waren. Die Kurfürstin war immer noch untröstlich über den Tod ihrer beiden jungen Söhne Karl und Christian, die der Krieg ihr geraubt hatte. Georg Ludwig dachte sorgenvoll an seinen flandrischen Feldzug; einen Monat später sollte er die blutige und unentschiedene Schlacht von Steenkerke schlagen, bei der vierzehntausend Tote auf dem Schlachtfeld blieben ... Sophie Dorotheas Ängste kreisten um Königsmarck und den Brief, den sie ihm schreiben mußte, um sich gegen seine fortwährenden Anschuldigungen, sie sei kokett

und ihm untreu, zu verteidigen. Nur der Herzog von Celle war glücklich: Sein Bruder hatte es geschafft, und bei seinem Tode würde die Vereinigung der drei hannoverschen Staaten aus den alten welfischen Erblanden eines der mächtigsten Länder des Reiches machen; seine Tochter, so glaubte er, lebte in bestem Frieden mit ihrem Mann, seit sie ihn während der aus dem Krieg heimgebrachten Masern liebevoll gepflegt hatte. Die klarblickende Eleonore war die einzige, die bei dem Gedanken an das Unheil zitterte, das Königsmarck mit seiner Leidenschaft heraufbeschwören konnte – »dieser Mann, der«, so sagte Saint-Simon, »dazu geboren war, große Unordnung zu stiften.«
Es hat den Anschein, daß seit dem Jahre 1692 Briefe Königsmarcks abgefangen und im Geheimkabinett des Kurfürsten gelesen wurden, wenigstens machte sich in diesem Jahr eine Veränderung in Ernst Augusts Verhalten bemerkbar. Bis dahin hatte Philipp Christoph immer noch in Gunst gestanden. Im Juli 1691 hatte der Kurfürst ihn sogar mit einer geheimen Mission betraut und nach Hamburg geschickt, wo Königsmarck in Eppendorf ein Gut besaß. Er sollte ein Bündnis zwischen Hannover und Schweden zustande bringen. Aber die Wahl des Unterhändlers war nicht glücklich; Karl XI. von Schweden haßte es, wenn seine Untertanen ihr Vaterland verließen, um in anderen Ländern Dienste anzunehmen. Königsmarck kehrte unverrichteter Dinge zurück, wurde aber gleichwohl, wie gewöhnlich, gut aufgenommen.
1692 schlug die Stimmung um, Königsmarck konnte es sich nicht verhehlen. Es begann damit, daß man ihm nicht mehr gestattete, aus dem Feldlager nach Hannover zu reisen. Aber er mußte Sophie Dorothea unbedingt sehen. Ihrer beider Leben war eine quälende, wiewohl unfreiwillige Flucht voreinander geworden: er bei der Armee, in Ath, Diest, Namur, oder auf seinem Eppendorfer Gut; sie mit ihren Eltern oder Schwiegereltern in Wienhausen oder Celle, Linsburg[1] oder Bruchhausen ... Sie zermarterte sich in Sorge, weil ihr Geliebter im Krieg war, er in Eifersucht, weil sie der Mittel-

[1] Es handelt sich, nach Schnath, um ein herzogliches Jagdhaus im Grinderwald bei Nienburg an der Weser. (Anm. d. Ü.)

punkt des Hofes war, umgeben von lauter Kavalieren, wie er glaubte. Sie schrieben sich unaufhörlich, aber ihre Briefe gingen aus guten Gründen verloren oder verzögerten sich, und jede Verzögerung brachte den Wahnsinn der Angst und des Zweifels.

Als der Feldzug des Jahres 1692 seinem Ende entgegenging, bat Königsmarck noch einmal um die Erlaubnis, nach Hannover zurückkehren zu dürfen. Man verweigerte sie ihm wiederum und sandte ihn stattdessen nach Diest, wo die Armee sich eben anschickte, ihr Winterlager zu beziehen. Mit der ihm eigenen Verwegenheit und ohne die Folgen dieses Ungehorsams zu bedenken, täuschte er eine Krankheit vor und eilte verkleidet nach Hannover; ohne weiteres trat er in die Gemächer der Kurprinzessin.

Am nächsten Morgen begab er sich, inzwischen doch ein wenig unruhig, zum Marschall Podewils, um sich offiziell zurückzumelden. Podewils empfing ihn kühl; er war ein Pommer und hatte eine Zeitlang in französischen Diensten gestanden, dann hatte die Aufhebung des Edikts von Nantes ihn als Protestanten gezwungen, in sein Vaterland zurückzukehren; jetzt stand er im Dienste Hannovers. Gewöhnlich war er, der Vertraute Eleonorens von Celle und Freund Philipp Christophs, durchaus geneigt, diesem zu helfen, aber diesmal zeigte er sich denn doch zurückhaltend. Er hatte sich gerade einer undankbaren Aufgabe entledigt. Im Auftrage des Kurfürsten hatte er Aurora von Königsmarck, die ihrem Bruder das Haus führte und über die gelegentlich seine Korrespondenz ging, wissen lassen, daß ihr Aufenthalt nicht länger erwünscht sei und man sie bitte, Hannover für immer zu verlassen. Das war eine schwere Beleidigung für die Königsmarcks. Philipp Christoph wagte indessen nicht zu protestieren. Aurora, die wohl ahnte, daß die Platen viel mit dieser ungnädigen Entscheidung zu tun haben mochte, bewies vollendeten Takt. Sie tat so, als riefen dringende Geschäfte sie nach Hamburg, und verließ die Stadt ohne Aufsehen.

Der »Biedermann«, wie Podewils in den Briefen der beiden genannt wird, besaß ein gutes Herz. Er fand einen Vorwand, daß Königsmarck bis zum Herbst in Hannover bleiben konnte.

Dennoch waren die beiden Liebenden nicht recht glücklich.

Nie zuvor hatten sie sich so wenig gesehen oder unter so widrigen Umständen. Sie wußten, daß man jeden ihrer Schritte belauerte. Wenn sie einander im Abendsalon der Kurfürstin Sophie begegneten, wagten sie kaum einen Blick zu wechseln, Königsmarck verstand die Zeichen nicht, die Fräulein von dem Knesebeck ihm heimlich machte, oder deutete sie falsch, fand das Billet, das man ihm, wie er glaubte, angekündigt hatte, nicht in seinem Hut und hielt sich für verraten...

Die bevorstehenden Festlichkeiten zu Ehren der Erhebung Ernst Augusts zum Kurfürsten zwangen Königsmarck abzureisen. Er nahm nicht teil an der Schlacht von Steenkerke, sondern blieb auf kurfürstlichen Befehl in Hamburg, in Erwartung eines eventuellen Feldzuges gegen die Dänen. Das ist typisch für diese Koalitionen. Sie bewegten sich wie Börsenkurse auf und ab und erschöpften sich militärisch in endlosen Belagerungen, Märschen und Gegenmärschen sowie in lang ausgedehnten Winterquartieren.

Königsmarck setzt sich über seine Befehle hinweg, er beruft sich darauf, daß sie nicht eindeutig seien, und begibt sich heimlich wieder zu Sophie Dorothea, die sich bei ihren Eltern in Celle aufhält. Herzogin Eleonore ist außer sich vor Entsetzen und spricht so ernsthaft mit ihrer Tochter, daß diese ihr verspricht, Königsmarck werde wieder abreisen. Er tut so, als beuge er sich der Notwendigkeit und erklärt, daß er nach der Peloponnes gehe.

Die Peloponnes – das bedeutet die Türken, das bedeutet Malaria und Tod! In ihrer Angst vergißt Sophie Dorothea, daß sie ihrer Mutter gehorchen wollte, und klammert sich an ihren Geliebten. Die Peloponnes hätte sie schon einmal fast ins Verderben gebracht: Zwei Jahre vorher, als ein schwerer Anfall von Sumpffieber Königsmarck aufs Krankenlager warf, war sie in ihrem Leichtsinn nachts zu ihm gelaufen...

Sophie Dorothea war in Celle, als der erwartete Krieg gegen Dänemark einen zweiten Kriegsschauplatz schuf, denn der Krieg gegen Ludwig XIV. dauerte an. Ein dänisches Heer marschierte in das Herzogtum Celle ein. Die Nachrichten sind katastrophal. Die herzoglichen Güter werden gebrandschatzt, der Herzog von Celle bereitet sich darauf vor, sein Land zu verlassen und ins Ausland zu fliehen. Sophie Dorothea nimmt die Unglücksnachrichten mit einer Gleichgültigkeit auf, die erschrecken könnte, wüßte man nicht, daß sie nur von dem Gedanken an ihre Liebe besessen ist; nichts anderes scheint für sie zu existieren. Sie begnügt sich damit, Philipp Christoph bedauernd zu schreiben, daß jetzt nicht der rechte Augenblick sei, ihren Vater um das nötige Geld zu bitten, das sie braucht, um diesem Vater den schlimmsten Schlag zu versetzen: mit ihrem Geliebten aus Hannover zu fliehen. Denn sie denkt an nichts anderes mehr.

Und auch Königsmarck, der lange nicht zulassen wollte, daß seine Geliebte sich für ihn und mit ihm zugrunde richte, träumt jetzt in seinem verzweifelten Herzen von dieser wahnsinnigen Idee.

Zu Beginn dieses Unglücksjahres 1694 häufen sich die warnenden Vorzeichen. Aber vergebens, die beiden Liebenden wollen sie nicht sehen. Umsonst bittet Ernst August Königsmarck, keine Unvorsichtigkeit zu begehen; umsonst redet Podewils ihm ins Gewissen; umsonst verdoppelt die Herzogin von Celle ihre Anstrengungen, ihre Tochter zu retten, und versucht, Königsmarck zu einer reichen Heirat zu überreden. Sogar die treue Eleonore von dem Knesebeck sieht den Sturm heraufziehen; sie bittet die Prinzessin, sie zu ihrer Familie zurückkehren zu lassen. Sophie Dorothea bittet sie unter Tränen zu bleiben, und die gerührte Knesebeck gibt nach. Sie wird es teuer bezahlen müssen ...

Allzu spät hat Sophie Dorothea die Bestimmungen ihres Heiratskontraktes gelesen und festgestellt, daß ihr von ihrer ganzen Mitgift kein Taler geblieben ist und sie nur über die bescheidenen Summen verfügt, die der Kurfürst ihr bewilligt; er ist es, der über ihre Mitgift verfügt. Was bleibt ihr übrig, als sich hinter ihre Eltern zu stecken? Sie versucht zunächst ihre Mutter mit Georg Ludwig zu entzweien, um nicht immer wieder von ihren Eltern den Rat hören zu müssen, daß sie in gutem Einvernehmen mit ihrem Mann leben müsse. Dann wendet sie alle ihre Liebenswürdigkeit an den arglistigen Grafen Bernstoff – »ich vertraue mich ihm nicht *völlig* an«, sagt sie in aller Unschuld –, damit er seinen Einfluß auf den Herzog von Celle geltend mache und für die Kurprinzessin eine »sie unabhängig machende Apanage« erlange. Die Herzogin von Celle möchte ihrerseits, daß die Celler Stände Sophie Dorothea ein Geschenk von dreißigtausend Talern machen. Der Plan, den die Prinzessin verfolgt, hat um so weniger Aussicht auf Erfolg, als die dänischen Truppen in das Herzogtum Celle eingerückt sind und die Festung Ratzeburg, Streitobjekt zwischen Dänemark, Schweden und Hannover, nach heftiger Beschießung eingenommen und zerstört haben; schon zittert der Herzog von Celle um sein eigenes Vermögen.

Um ihr Ziel zu erreichen, brauchte Sophie Dorothea Geschick, Takt und Geduld – Tugenden, die ihr fehlen, und Königsmarck ist nicht der Mann, sie in ihr zu wecken – er, der nicht aufhört, sie mit seinen Vorwürfen und seiner wahnsinnigen Eifersucht zu quälen. Die Verwicklungen, die die Anwesenheit des Prinzen Maximilian hervorruft, sind von geradezu tragischer Komik. Es ist die alte Geschichte vom Wolf, der Ziege und dem Kohl: Königsmarck würde am liebsten sehen, daß Sophie Dorothea Celle mit Hannover vertauscht, wo er sich unbemerkt zu ihr schleichen kann; aber dort wäre sie gezwungen, mit ihrem jungen Schwager Max unter einem Dache zu leben – und Max ist der Gegenstand von Königsmarcks ärgster Eifersucht. Also ist er dagegen, daß die Prinzessin nach Hannover zurückkehrt – das allerdings bedeutet, daß er sie nicht sehen kann, obwohl es ihn doch so sehr danach verlangt: kein Wunder, daß er innerlich zerrissen ist. Er leidet so heftig, daß jeder es bemerken muß.

»Es ist also wahr, daß Sie mich vergessen haben und daß das Vergnügen, das die Komödie, die Musik, und schlimmer noch, die fremden Besucher Ihnen bieten, der Grund dafür ist. Ich habe es ausgerechnet beim Herrn Kurprinzen erfahren müssen, wo ich heute gespeist habe ... Ich erschien in einer Verfassung zur Tafel, daß jedermann mich anstarrte. Der Herr Kurprinz persönlich war so gütig, mich zu fragen, was mir fehle, einen so jammervollen Eindruck machte ich auf ihn. Ich sagte zur Entschuldigung, ich hätte eine Kolik gehabt, die mich sehr gequält habe.«

Königsmarck braucht jemanden, dem er die Schuld an seinen Leiden geben kann, und wen findet er? Natürlich das Opfer, das sich ihm von selbst darbietet, das ihn viel zu sehr liebt, um sich zu wehren. In seinen Briefen schrieb er Sophie Do-

rothea, daß er niemals wahre Liebe empfunden habe, bevor er sie kannte. Man hat Mühe, es ihm zu glauben. Welche andere Frau hätte ertragen, was Sophie Dorothea ertrug?
Beim geringsten Anlaß gerät der Eifersüchtige in Wut; schon die Vorstellung, daß sich ein Mann in der Theaterloge der Prinzessin aufhält, versetzt ihn in Raserei. Sein Traum wäre es, die Geliebte in einen Käfig zu sperren, dem sich kein männliches Wesen nähern dürfte. Der Gedanke, ein Mann könnte sich ihr auch nur im geringsten körperlich nähern, ist ihm unerträglich. Er duldet es nicht einmal, daß der Botschafter Frankreichs der Prinzessin den Arm bietet, um sie die Treppe hinabzubegleiten.
Diese alles durchdringende und vergiftende Eifersucht, die allenfalls bei einem orientalischen Despoten verständlich wäre, befremdet im höchsten Grade bei diesem skandinavischen Edelmann, der sein ganzes Leben an den Höfen Europas verbrachte. Er spürt nicht einmal, wie seltsam dem Hof das zurückhaltende, ja, kalte Benehmen erscheinen muß, zu dem seine Eifersucht die Prinzessin zwingt, wie sehr es die Aufmerksamkeit auf Sophie Dorothea lenkt und sie in Gefahr bringt.
»Liebe ist kein ehrbares Gefühl«, bemerkte Sido, die Mutter der Colette, einmal. Wie sehr gilt das für Sophie Dorothea! Es ist erschreckend zu sehen, wie die Liebe ihren Charakter verändert hat. Sie hat keinen Gedanken, kein Wort mehr für ihre Kinder, sie haßt ihre Schwiegereltern und verabscheut beinahe ihre Eltern. Die Welt hat für sie jedes Interesse, jede Farbe verloren – eine traurige Öde, in der es nichts als eine einzige Flamme gibt, die sie verzehrt. Es gibt nur noch einen Gedanken für sie: sich in die Arme ihres Geliebten zu schmiegen und dort bis zum Tod zu ruhen. Wenn sie ihn nicht mehr hat, sind »vier nackte Wände« ihr einziger Wunsch – er wird ihr leider erfüllt werden!
Königsmarck ist der erste der drei großen Verführer, die aus dem Norden kamen. Sie gewannen die Liebe von Königinnen und endeten tragisch, aber auch ihre Geliebten starben einen elenden Tod: Königsmarck und Sophie Dorothea, Struensee und die Königin Mathilde von Dänemark[1], schließlich Graf Fersen und Marie Antoinette.

Fünftes Kapitel

Der Briefwechsel zwischen Sophie Dorothea von Celle und dem Grafen von Königsmarck

Taub für alle Warnungen schrieben sich die beiden Liebenden unablässig Briefe.

Ihre Zahl geht in die Hunderte, ein Brief glühender und gefährlicher als der andere.

Die Geschichte dieser Briefe ist ein Roman für sich. Ohne die Ergebenheit eines Sekretärs und einer Vertrauten, ohne die Pietät einer Familie hätten wir nichts in der Hand, um den bereits reichlich romanhaften Bericht, den die Zeitgenossen von der Liebesgeschichte und ihrem tragischen Ende im Juli 1694 gegeben haben, mit Tatsachen zu stützen. Das Haus Hannover war überzeugt, alle Briefe und alle Beweise des Skandals vernichtet zu haben; es hatte alles durchsucht und die Zimmer von Königsmarck und Sophie Dorothea um und um gekehrt. Es hatte das Tagebuch, das Sophie Dorothea in ihrer Haft führte, sowie alle anderen Aufzeichnungen von ihrer Hand, die man nach ihrem Tode in Ahlden fand, beschlagnahmt und sorgfältig alles verbrannt, was an die unselige Geschichte erinnern konnte. Georg Ludwig ließ sogar, als er als Georg I. König von England geworden war, die Berichte des englischen Gesandten am hannoverschen Hof aus den britischen Staatsarchiven verschwinden. Wie erstaunt wäre er gewesen, wenn er erfahren hätte, daß ein versiegeltes und im fernen Schweden aufbewahrtes Paket das ganze tragische und düstere Geheimnis dieser Geschichte barg! Der kleinste der in ihm enthaltenen Liebesbriefe hätte die Thesen zum Einsturz gebracht, die die Juristen mühsam konstruiert hatten, um die Ehre des Hauses Hannover zu retten.

Sophie Dorothea und Philipp Christoph bedienten sich in ihrer Korrespondenz einer Verschlüsselung. Sie war indessen von solcher Einfachheit, daß man sich fragt, wie irgend jemand hätte glauben sollen, dieser durchsichtige Schleier vermöchte ihr Geheimnis zu verbergen. Die Eigennamen von Personen und Örtlichkeiten sind teils durch Decknamen, teils durch Zahlen ersetzt. So ist, zum Beispiel, Georg Ludwig »le Réformeur«, der »Reformer«, Ernst August »Don Diego«, der Herzog von Celle »le Grondeur«, der »Polterer«, und die Herzogin von Celle »le Pédagogue«, der »Schulmeister«. Kurfürstin Sophie bekommt die Zahl 200, Prinz Max 112, Königsmarck 120, Sophie Dorothea 201; Herrenhausen ist 302, Celle 305 usw. Schnath hat ein vollständiges Verzeichnis dieses Code hergestellt. Noch kindlicher ist der allen Schülern geläufige Trick, zwischen die Silben eines Namens eine ausgedachte stereotype Buchstabenfolge einzuschieben: Sophie Dorothea verwendet die Silben »illy«.

Die Decknamen charakterisieren ihre Träger. Ein Name wie »Abenteurerin« (l'Aventurière) oder »Sultanin« (la Sultan) genügt, uns die berühmte Aurora von Königsmarck in Fleisch und Blut vor Augen zu stellen. Der Name »Tircis« gibt uns ein besseres Bild von Königsmarck, als ein Porträt in voller Lebensgröße. Le Pédagogue – wer könnte das anderes sein als die arme Herzogin von Celle mit ihren Mahnungen, die auf taube Ohren stießen. »Coeur gauche« ist Sophie Dorothea, wie sie leibt und lebt, in ihrer harmlosen Ungeschicklichkeit und ihrem unheilvollen Starrsinn. Die Platen tut, weiß Gott, alles, sich den Namen »la Grosse Dondon«, etwa »Dicke Berta« zu verdienen, und der freundliche, hilfsbereite Marschall von Podewils wird über seinen Namen »Bon Homme«, »Biedermann«, nicht böse sein.

Der erste Brief Königsmarcks, der später im Auszug mitgeteilt wird, trägt das Datum: Ath, 1. Juli 1690.

Um auch dem deutschen Leser eine Vorstellung von der haarsträubenden französischen Orthographie in seinen Briefen zu geben, bringen wir als Probe einen Brief in seiner Originalform. An vielem Kuriosen ist der germanische Sprachakzent des Schreibers schuld, so wenn er zum Beispiel (nicht in diesem Brief) »bake« für »paquet« schreibt.

Berlin 23 avril 1691

mais Maistresse m'aurais émpesché de sonjer à vous, aux Dieux est il possible, que vous croje cela, et si je vous avois poin écris de tous (quo que celci est la 4me lettrere) vous devries jamais avoir eus telle penses, ce postil que vous croje que j'aime quel autre que vous, non je vous proteste qu'apres vous je n'aimeray jamais plus, il ne seras pas for difficile de tenir parolle, car appres con vous à addorer, post on trouver d'autre Famme jolie, vous vous faites tors, decroire telle schose, et comment pourie vous faire une comparaison de vous et les autres et se post il c'apres avoir aimé une Deessé, lon pusse regarder les Mortels, non énverité je suis de tros bong gous, et je ne suis poin de ses jang qui voilje s'encanailjser; je vous addore scharmante brunetté, et je moureray avec ses sentiment, si vous m'oblije pas, je vous jure que je vous aimeray toute ma vie je n'atten plus de vos lettres, parceque, je pretemps d'aistre bientos aupres de vous, et mon unique occupation allors seras de vous montre, que je vous aime à la follie, et que rien m'ay plus schaire que vos grace, adieux, $\frac{\text{le } 3^{me}}{23}$

... je vois que le plaisir que je maitait fais à vous émbrasser s'évanuit entieremens puisque l'incomode à paru si brusquement, je vous avoue que se visaje m'a bien deplus can je lay appersu, un cous de foudre m'auray pas plus pus surprendre, mais jl faux qui ly aye toujor des faschos visajes, qui empesche, un doux éntretien comme celuy que nous devien croir, selong tous épparance devray aître, ouy j'an nay eus l'idé si remplis de joy, que je nay pus dormir toute la nuit, mais helas tout est vanuis, et il faux que je passe la seconde nuit sans dormir, et avec du jagrein aux lieux que la premiere me rejouissay, j lay sur qu'a moin que vous n'aje la bonté de me consoler, je me bienjeray dans mes larmes, consolé moy dong divine bosté, et soulajes un homme ...

Berlin, 23. April 1691

Meine Geliebten, schreiben Sie, wären schuld, daß ich nicht genügend an Sie denke? O Gott, ist es möglich, daß Sie solches glauben? Selbst wenn ich Ihnen überhaupt nicht geschrieben hätte (dabei ist dies bereits der vierte Brief), dürften Sie niemals solche Gedanken haben. Können Sie wirklich glauben, daß ich eine andere als Sie liebe? Nein, ich beteuere Ihnen feierlich, daß ich nach Ihnen nie mehr lieben werde. Es wird mir nicht schwer fallen, mein Wort zu halten, denn kann man noch eine andere Frau begehrenswert finden, wenn man Sie angebetet hat? Sie sind sehr ungerecht gegen sich, wenn Sie so etwas glauben, und wie können Sie sich mit anderen Frauen auf eine Stufe stellen? Kann man, wenn man eine Göttin angebetet hat, die sterblichen Weiber noch eines Blickes würdigen? Nein, wirklich, ich habe einen zu guten Geschmack und gehöre nicht zu den Leuten, die es nach schlechter Gesellschaft verlangt. Ich bete Sie an, meine bezaubernde brunette, und ich werde bis zu meinem Tode nichts anderes fühlen. Wenn Sie mich nicht vergessen, werde ich Sie, das schwöre ich Ihnen, mein ganzes Leben lang lieben. Ich erwarte keine Briefe mehr von Ihnen, denn ich gedenke bald bei Ihnen zu sein, und mein einziges Trachten wird dann sein, Ihnen zu beweisen, daß ich Sie bis zum Wahnsinn liebe und mir nichts teurer ist als Ihre Zuneigung. Leben Sie wohl!

(Undatiert, 1691)

Ich sehe, daß meine Vorfreude, Sie zu umarmen, völlig dahin ist, da der Incommode (der »Störenfried«, einer der Decknamen für Georg Ludwig) so unvermutet erschienen ist. Ich gestehe Ihnen, daß der Anblick dieses Menschen mir höchst zuwider war, ein Blitzschlag hätte mich nicht ärger überraschen können; aber es muß wohl immer irgendein verhaßtes Gesicht geben, das eine süße Unterhaltung wie diese unterbricht. Ja meine Phantasie war schon so freudig erregt, daß ich die ganze Nacht kein Auge zutun konnte, aber ach, nun entschwindet alle Hoffnung, und ich muß eine zweite Nacht schlaflos und diesmal kummervoll verbringen, während ich in der ersten so voller Freude war. Wenn Sie nicht die Güte haben, mich zu trösten, werden meine Tränen gewiß reichlich fließen. Trösten Sie mich also, göttliche Schöne, und erleichtern Sie den Kummer eines Menschen...

Weltberühmte Liebesbriefe sind vor allem eine reiche Fundgrube an schönen Äußerungen des Gefühls. Man findet in ihnen den hohen Schwung menschlicher Leidenschaft, eine aus übervollem Herzen kommende Beredsamkeit führt dem Schreibenden die Hand und adelt seine Gedanken. Ganz anders diese Briefe, die meistens undatiert sind. Die Wärme menschlicher Körper schlägt uns entgegen; mit ihrer heillosen Verwirrtheit, ihren Widersprüchen, ihrer inneren und äußeren Unordnung, dem Fehlen fast jeder Datierung, mit ihrem zwischen den Zeilen stehenden Geheimtext, ihrer stümperhaften Namensverschlüsselung. In ihren plötzlichen Stimmungswechseln, Wiederholungen und fast unlesbaren Schriftzügen weht uns selbst aus dem Papier noch der Hauch unmittelbaren Lebens an, wir glauben den Körpergeruch zu spüren, das stoßweise Atmen der Frau, die Angst vor der Entdeckung hat, das Keuchen des Mannes auf der Flucht vor möglichen Spionen ... Wir sind Zeugen, Mitverschworene, Komplicen, es ist ein Stück Leben, an dem wir teilnehmen.
Was ist ein Liebesbrief anderes als ein Dokument des Leidens, ein schriftliches Zeugnis, daß zwei Wesen, die die Trennung voneinander wahnsinnig macht, den ganzen Kreuzweg der Liebesleiden, Stufe für Stufe, mit allen Stationen der Eifersucht, des Verdachtes und der Angst, zurückgelegt haben? Wir seufzen mit, wenn der Liebende an verschlossene Türen klopft, wir fühlen, Jahrhunderte danach, Mitleid beim Anblick der vom Schmerz entstellten Züge, deren Bild vor unserem Auge verschwimmt ...
Herzergreifend sind diese Zeilen, die uns heute so wirr vorkommen und deren Feuer die Zeit doch nicht hat auslöschen können. Unter der Einwirkung von Wärme tauchen aus dem weißen Papier plötzlich jene mit sympathetischer Tinte geschriebenen Zwischenzeilen auf. Sobald sie dieses ihr Geheimnis preisgegeben haben, sind diese Briefe verzweifelte Aufschreie unter dem Stammeln einer verschlüsselten Sprache, dem Durcheinander von Decknamen, die nächtens beim

flackernden Schein einer Kerze mühsam entschlüsselt wurden ... Die Sprache der Liebe vermischt sich mit den alltäglichen Beschäftigungen der Schreibenden, den Empfängen am Hofe, den Schlachten und Militärparaden, dann wieder unterbricht Leidenschaft die Aufzählung des Tagesgeschehens. Das Irdische vermengt sich mit dem Ewigen.
Manchmal sind die Briefe zu lang. Sie wiederholen sich oft, aber welche Liebe spricht aus ihnen! Sophie Dorothea schreibt:

»... Ich könnte nie aufhören, Sie zu lieben, und alles Unglück meines Lebens wird mir von Ihnen kommen, so wie ich alles Glück von Ihnen empfangen habe ...«
»... Ohne Sie wäre mir das Leben unerträglich, und vier nackte Wände würden mich glücklicher machen als ein Leben in der Welt ...«
»... Ich fühle eine Leidenschaft, die die ganze Wonne und das ganze Unglück meines Lebens ist. Ich übertreibe nicht, wenn ich sage, daß es die einzige ist, die ich je gefühlt habe, und sie wird erst mit meinem Tode enden ...«
»...Wenn ich darauf verzichten muß, Sie zu sehen, will ich auch auf die ganze Welt verzichten ...«
»... Ich bin geboren, Sie zu lieben ...«
Und Königsmarck antwortet, sein Schicksal voraussehend:
»Der Schmetterling, der sich an der Kerze verbrennt: das wird mein Los sein. Ich kann meinem Schicksal nicht entgehen.«

Eifersucht und Angst spielen in dem Verhältnis der beiden Liebenden die beherrschende Rolle. Seltsam, daß dieser schöne, angebetete, geliebte Mann, der seiner Geliebten nichts vorwerfen kann, eifersüchtig ist. Aber alle Männer sind mehr oder weniger eifersüchtig und oft vielleicht um so mehr, je weniger Grund dazu vorliegt.
Sophie Dorothea: Bei ihr ist es die Angst, die einen Schatten auf ihre Liebe wirft. Heimlich, während die Knesebeck auf Horchposten steht und auf das geringste Geräusch achtet, schreibt Sophie Dorothea, umgeben vom Schweigen des alten Schlosses, ihre Briefe und vertraut sie am Morgen ir-

gendeinem mit einem Auftrag abgehenden Offizier, einem ihr zuverlässig scheinenden Postkutscher, einem gutbezahlten Lakaien oder auch einem Reisenden an, der nicht ahnt, was für eine gefährliche Bombe er in seinem Gepäck mitführt ... Welche Ängste, vermehrt durch ihre Einsamkeit, steht Sophie Dorothea zwischen den feindseligen Mauern des Schlosses aus! Diese Angst um das Schicksal des Abwesenden, die bei jeder Nachricht von einer Schlacht sofort wach ist! Diese Alpträume von Sturmangriffen mit gezogener Waffe, von Kanonenkugeln, die Köpfe zerschmettern ... Und kehrt der Geliebte glücklich einmal aus dem Kriege heim, so kommt ihre Angst nicht etwa zur Ruhe, sondern verzehnfacht sich durch seine nächtlichen Besuche, bei denen er sich verspätet oder sich allzu zögernd im Morgengrauen von ihr losreißt; bei jeder Liebesfreude das Zittern vor möglichen Spionen!
So schrecklich ist die Qual, daß Sophie Dorothea sie nicht mehr ertragen kann und an ihr zerbricht. Es kommt der Tag, wo sie sich fallen läßt und nur noch den Wunsch hat, aus Hannover zu fliehen.

Briefe von Königsmarck
An Sophie Dorothea

(nach den Originalen
im Besitz der Universität Lund/Schweden
und des Geheimen Staatsarchivs Berlin)
(Beginn des Briefwechsels: Juli 1690)

Königsmarck schreibt in zunächst noch respektvoller Verliebtheit:

*Ath, 1. Juli 1690 [1]**
Es steht mit mir gegenwärtig zum Äußersten, und ich weiß kein anderes Mittel, mich zu retten, als ein Wort von Ihrer

* Da der Verfasser die Briefe nicht in chronologischer Reihenfolge bringt – er hält sich offenbar an die älteren Ausgaben der Korrespondenz, in denen Datierungsprobleme noch nicht gelöst waren –, geben wir jeweils die – der Chronologie entsprechenden – laufen-

unvergleichlichen Hand. Wenn ich so glücklich wäre, eines zu erhalten, wäre ich wenigstens ein bißchen getröstet. Ich hoffe, Sie werden barmherzig genug sein, mir diese Gunst nicht zu verweigern, und da Sie es sind, die meine Leiden verursacht, ist es nur gerecht, daß Sie sie auch lindern. Es liegt also nur bei Ihnen, mich in dem Kummer zu trösten, den die verwünschte Trennung mir bereitet, und ich werde daran auch sehen, ob ich auf das bauen kann, was Sie mir einige Male in Ihrer Güte gesagt haben. Wenn ich nicht an eine Person schriebe, für die ich ebensoviel Achtung wie Liebe empfinde, würde ich Worte finden, die meine Leidenschaft besser ausdrückten. Aber ich unterdrücke sie aus Furcht, Sie könnten sie mir übelnehmen, und bitte Sie nur, mich ein wenig in Ihrer Erinnerung zu bewahren und versichert zu sein, daß ich bin Ihr untertäniger Sklave.

Hamburg, 24. Januar 1691 [2]

Ich habe Ihre Antwort heute erhalten – urteilen Sie selbst, in welcher Unruhe ich diese ganze Zeit gewesen bin. Ich kann Ihnen versichern, dies ist der Grund dafür, daß meine Krankheit so lange andauert, denn die Angst, in der ich mich befand, von Ihnen völlig vergessen zu sein, war die Ursache meiner tödlichen Schmerzen. Aber nun, da ich sehe, wie sehr ich mich geirrt habe, habe ich schon wieder soviel neuen Mut geschöpft, daß ich hoffe, bald wieder bei Ihnen sein zu können.

Im übrigen: wenn man Ihren Worten Glauben schenken darf, so werde ich gegen Sie unwandelbar der gleiche bleiben, wofern Sie mich nicht zum Gegenteil zwingen. Wie glücklich werde ich sein, mein Glück wäre alsdann vollkommen, und ich werde mir kein anderes auf der Welt wünschen. Aber Ihre Worte wollen viel heißen, und ich weiß nicht, ob sie gehörig überlegt sind. Wenn Sie mir die Gnade erweisen wollten, mir mit zwei Worten zu antworten, würde ich rascher gesund.

den Nummern der Ausgabe von G. Schnath, Der Königsmarck-Briefwechsel, Hildesheim 1952, an, nach der auch die Einzeldatierung der Briefe, wo nötig, korrigiert wurde (Anm. d. Ü.)

(Linsburg?[1], 20. April 1691?) [7]

Kein Sterblicher hat je solche Freude gefühlt wie ich, als ich bei meiner Ankunft hier Ihren Brief erhielt. Ich schmeichle mir jetzt, Ihre Gunst zu besitzen, und zugleich schwindet jeder Rest von Argwohn in mir, der mein Herz noch beunruhigt hatte ...

Mein hoher Gefährte[2] wird Ihnen sagen können, in welchem Zustand er mich alle Tage sieht. Ich verberge ihm natürlich, wie Sie mir glauben dürfen, den Grund davon. Sie werden es vielleicht nicht glauben, aber, auf mein Ehrenwort, ich war mehrere Male so außer mir vor Schmerz, daß ich zu vergehen glaubte, und gestern abend, als ich spazierenging, schlug mir bei dem Gedanken, daß ich so viele Tage verbringen muß, ohne Sie zu sehen, das Herz so wild und mit solcher Unruhe, daß ich gezwungen war, das Haus aufzusuchen; was ohne meinen Kammerburschen, der mir Balsam brachte, mit mir geschehen wäre, weiß ich nicht. Ich konnte mich eine ganze Weile nicht wieder erholen, und ohne Ihren teuren Brief wäre ich ein toter Mann. Leben Sie wohl, mein liebenswertes braunes Kind, ich umfasse Ihre Knie.

Undatiert (1691) [4]

Wenn Sie sich nicht schuldig fühlten, hätten Sie mir nicht die Gnade erwiesen, mir zu schreiben, aber trotz allem, was Sie mir angetan haben, kann ich doch nicht anders als Sie anzubeten. Indessen hat Ihr hochmütiges Benehmen mich den Entschluß fassen lassen, morgen abzureisen. Wenn Sie einem von Eifersucht gequälten Herzen noch einen Trost gönnen wollen, so erlauben Sie mir, Sie zu treffen – Sie wissen schon, wo. Da dies vielleicht der letzte Beweis Ihrer Gunst ist, um den ich Sie bitte – denn ich hoffe, daß der liebe Gott mich eher aus dieser Welt nehmen wird, als mich derart leiden zu lassen –, beschwöre ich Sie, verweigern Sie ihn mir nicht. Aber obwohl Sie mich zwingen, andere Beschlüsse zu fassen, werde ich niemals aufhören, Sie zu lieben.

Die Prinzessin hat ihm ohne Zweifel die erbetene Gunst gewährt, denn Philipp Christophs Ton wechselt rasch von dem

[1] S. Anm. auf S. 66.
[2] Ernst August, der jüngste Sohn des Kurfürsten.

eines zaghaften Liebhabers zu dem eines Mannes, der sich in seiner Liebe bestätigt weiß und bereits wieder fordert, denn die Zurückhaltung, mit der sie ihn notgedrungen in der Öffentlichkeit behandelt, empört ihn.

... Ach, ich liebe meine eigene Zerstörung und nähre in meiner Brust ein Feuer, das mich bald verzehren wird.
Ich weiß, daß ich zugrunde gehen werde — denn ich habe zu lieben gewagt, wo ich nur hätte verehren dürfen.

Und also liebe ich mein Verderben
und häge ein feuer in meiner brust
daran ich doch zulest mus sterben.
Mein Untergang ist mir gar wol bewust;
Das magts ich habe lieben wollen,
Was ich viel mehr anbäten sollen[1].

Da Königsmarck es wünscht, verfaßt die Prinzessin einen täglichen Rechenschaftsbericht über ihr Tun und Treiben und schickt ihn jeden Tag ihrem Geliebten. Sie wagt ihm nichts abzuschlagen und überlegt überhaupt nicht, welcher Gefahr sie sich mit ihren Berichten aussetzt: ein einziger, den man abfinge, würde genügen, sie zu überführen.

Undatiert (1691) [11]

... Wenn Sie mir einen Gefallen erweisen wollen, so schreiben Sie mir, mit wem Sie sich bei Hofe unterhalten. Es ist nicht Eifersucht, weshalb ich es gern wissen möchte, sondern einfach Neugier. Wenn Sie mir die Gnade erweisen wollen zu antworten, wird derselbe Mann am selben Orte Ihren Brief in Empfang nehmen. Sollten Sie zufällig im großen Saal[2] *spielen, wird mein Bedienter, damit man ihn nicht sieht, sich auf dem Gang aufhalten, der zu Ihren Gemächern führt.*

[1] Königsmarck zitiert hier mit leichten Veränderungen die fünfte (Schluß-)Strophe eines Gedichts von Benjamin Neukirch (1665 bis 1729), die auch Wilhelm Raabe im achten Kapitel seines Romans »Das Odfeld« literarisch verwertet hat, ohne den Autor zu nennen. (Anm. d. Ü. nach Schnath, wie auch die folgenden.)

[2] Gemeint ist wohl der mit den Gemächern der Prinzessin durch einen Korridor verbundene Rittersaal im Mitteltrakt des Leineschlosses.

Undatiert (1691) [12]

... Sie haben mir ein Gebot auferlegt, das schwer zu halten sein wird, aber da Sie es so wünschen, muß ich mich ihm beugen. Ich hoffe indessen, daß Sie mir die Erlaubnis geben werden, heute abend zu Ihnen zu kommen; wenn Sie darauf nicht eingehen wollen, erwarte ich Sie bei mir. Lassen Sie mich wissen, was Sie lieber wollen. Wenn Sie sich zum zweiten entschließen, so versichere ich Ihnen, daß Sie von meinen Leuten niemand mehr wach finden werden. Die Tür wird unverschlossen sein. Treten Sie unbesorgt ein, Sie brauchen nichts zu fürchten. Ich sterbe vor Ungeduld, Sie zu sehen. Geben Sie mir bald Antwort, damit ich weiß, woran ich bin. Adieu, mein liebes Herz, ricorda li cor mio ...

Undatiert (Mai 1691?) [15]

... Es ist wahr, ich bin ein wenig unglücklich über das kalte Benehmen, das Sie mir gestern bezeigten, ich habe deshalb eine recht schlechte Nacht verbracht. Mir war so elend zumute, daß ich die Tränen nicht zurückhalten konnte. Diese ganze Aufregung bewirkte, daß ich fast drei Stunden lang fieberte. Ich kann Ihnen versichern, meine göttliche Schöne, daß ich, seit ich mich erinnern kann, nicht in einer so bejammernswerten Verfassung war. Wollen Sie wissen, was ich zu mir selbst sagte? »Der liebe Gott bestraft mich mit dieser Krankheit, aber nicht genug damit, er verhärtet auch das Herz meiner Göttin gegen mich: das ist zu grausam, und ich kann es nicht ertragen.« Ich warf mich mit Tränen in den Augen vor Gott auf die Knie, um ihn zu bitten, mir den Tod zu schenken, wenn es wahr ist, daß Sie mich nicht mehr lieben.

Undatiert, »Mittwoch« (12. April 1691? Braunschweig?) [22]

Ich lebe hier in mein Zimmer vergraben, ohne einen Menschen zu sehen, und rühre mich nicht hinaus; meine Gedanken sind weit entfernt von allem Irdischen und weilen nur bei Ihnen. Wenn zufällig ein Offizier mich in einer Regimentsangelegenheit sprechen will, bin ich wütend, daß ich soviel Zeit verliere, in der ich nicht an Sie denken kann ... Jetzt muß ich Ihnen aber doch gestehen, daß ich mir hier etwas angeschafft habe – aber nicht ein schönes Mädchen, *sondern einen Bären, den ich in meinem Zimmer halte und mit der Absicht aufziehe, mir von ihm das Herz aus der Brust reißen zu lassen, wenn Sie mir untreu werden. Ich richte ihn schon mit Hammeln und Kälbern dazu ab, und er stellt sich nicht ungelehrig an dabei. Sollte es mich je nach seinen Tatzen verlangen, wovor Gott mich bewahren möge, so werde ich wenigstens keine langen Qualen erleiden. Adieu, denken Sie an mich.*

Undatiert, »Donnerstag« (Januar 1693, Hannover) [172]

... Sie sagen, daß Sie niemand sehen. Nichts kann mein Herz mehr erfreuen, aber Sie sehen umsomehr den Réformeur (= Georg Ludwig). Das läßt mich befürchten, daß Sie sich nach und nach an seine mittelmäßigen Zärtlichkeiten gewöhnen werden, und er wird Sie so oft umarmen, daß ich vor Gram sterbe, sobald ich nur daran denke. Wenn Sie sich selbst achten, so beschwöre ich Sie, gewöhnen Sie sich nicht an seine Liebkosungen. Denken Sie immer daran, wie sein Betragen gegen Sie ist — Sie, die Sie jede ehrenhafte, freundliche und achtungsvolle Behandlung verdienen. Aber ich sehe nur s e i n e Mängel und vergesse dabei, daß ich der schlimmste Verbrecher bin: Sie haben es mir selbst gesagt, daß der Réformeur zu Zeiten eine weniger unfreundliche Art hatte als ich. Ich sterbe, wenn ich nur daran denke, daß es mein Unglück ist, Sie so zärtlich zu lieben, und daß diese so übergroße Leidenschaft mich Ihnen so verhaßt macht. Ich beschwöre Sie, denken Sie nicht mehr an das Vergangene. Leben Sie wohl, ach, leben Sie wohl.

Undatiert (Januar/Februar 1693) [177]

Ihre Fenster standen offen (der Réformeur verließ gerade Ihr Ankleidezimmer), aber Sie selbst sah ich nicht, obgleich ich hin und her gehend laut geredet habe, aber nichts, keine lebende Seele zu sehen. Ich glaube, da es schon spät war, waren Sie schon bei der Romaine [»Römerin«, Deckname für Kurfürstin Sophie]. Ich wäre untröstlich, wenn ich nicht die Hoffnung hätte, Sie heute abend um sechs Uhr zu sehen. Wie gering sind meine Wünsche geworden, ich halte es schon für das größte Glück der Welt, Sie auf tausend Schritte zu sehen.

Sonnabend, 8. Juli 1693. Hannover [228]

Da ich vielleicht Order bekommen werde, nach Lüneburg zu marschieren, so geben Sie mir doch Nachricht, ob ich nicht über Celle reisen kann, ohne Verdacht zu erregen; wenn Sie nicht dort weilen, erfordert es die Schicklichkeit ... Vielleicht irre ich mich, aber beim Wiederlesen Ihres Briefes Nr. 11 finde ich ihn weder so zärtlich noch so aufrichtig wie Nr. 10. Lassen Sie mich wissen, ob ich mich täusche ... Vielleicht finden Sie es nicht liebevoll von mir, daß ich Sie nicht bitte herzukommen, aber bedenken Sie, was mich davon abhält. Wenn Sie es aber dennoch wünschen, würde ich Sie natürlich darum bitten, es zu tun. Aber ich wäre vielleicht nur zwei Tage hier, und dann wird Ihr Nachbar[1] freie Bahn haben. Er hat Sie geliebt, er ist Ihnen sogar früher nicht gleichgültig gewesen. Ich bin in beständiger Furcht seinetwegen, obwohl es kaum etwas zu fürchten gibt. Aber daß er auf sehr vertrautem Fuße mit Ihnen gestanden hat, genügt, mich mit gutem Grund seine Dreistigkeit fürchten zu lassen, und wäre es nur das Ärgerliche, einen Menschen in Ihrer Nähe zu wissen, der Sie durch zwanzig kleine Löcher beobachten kann, nicht zu reden davon, daß er jedes Wort, daß Sie sagen, hören kann ...

Ich weiß, was man einer Mutter, die man liebt, schuldet; aber wenn sie Sie vor eine solche Situation stellt, erfordert es gleiche Klugheit, ihr widerstehen zu können. Ich bin außer mir, wenn ich mir vorstelle, daß Ihre Mutter, um sich am Kurprinzen zu rächen, Sie dazu bringen könnte, daß Sie ihn zum Hahnrei machen, und wenn mir der Gedanke in den Kopf kommt, ob Sie jemals diese Zärtlichkeiten einem andern als mir erwiesen haben, gerät alles Blut in meinen Adern in Wallung ... Großer Gott, wenn ich sähe, daß Sie einen andern mit ebensolcher Leidenschaft umarmen, wie Sie sie mir geschenkt haben, und mit ebensolcher Lust »das Roß besteigen«, dann will ich verflucht sein, wenn ich nicht wahnsinnig werde – sehen Sie, mir zittert die Hand beim Schreiben dieser Worte, und ich habe Mühe fortzufahren, sprechen wir von etwas anderem...

[1] Prinz Maximilian Wilhelm, dessen Zimmer neben dem Sophie Dorotheas lag.

Aus dem beiliegenden Briefe werden Sie ersehen, wie man mich von neuem zu überreden sucht, die Tochter des Herrn Bielke [der schwedische Feldmarschall Niels Bielke, 1644 bis 1716] zu heiraten; aber meine Antwort war, daß ich lieber Hungers sterben würde, als daß ich dies täte, und daß ich ihn sehr bäte, mir nicht mehr von Heirat zu sprechen, denn das würde uns auseinanderbringen ...
Wenn Sie warten wollen, bis Prinz Max sich langweilt, werde ich Sie wohl lange nicht sehen, denn wenn er bei der Kurfürstin und Seiner dürftigen Göttlichkeit(?) ist, ist er zufrieden wie ein König; ich hätte nicht geglaubt, daß dieser Hundsaffe mir soviel Verdruß macht, ich wollte, er wäre im hintersten Ungarn, dann würde er mir nicht mehr solches Herzeleid bereiten.
Man könnte nicht liebenswürdiger über diese Aussicht, Hungers zu sterben, sprechen, als Sie es tun. Aber glauben Sie, daß – obgleich es mir ein großer Trost wäre, Sie an meiner Seite zu sehen – ich Sie ins Unglück bringen möchte? Nein, nein, glauben Sie nur das nicht, Sie sollen glücklich und zufrieden leben, während ich irgendwo einen ruhmvollen Tod suche, um mein Elend abzukürzen und als Geliebter der Kurprinzessin zu sterben ...
Ich würde niemals zugeben, daß Ihre Leidenschaft größer ist als die meine, und ich wäre untröstlich, wenn ich Ihnen nicht deutliche Beweise davon gegeben habe – könnten Sie doch glauben, ich liebte Sie nur aus Eitelkeit, weil Sie eine Prinzessin sind. Nein, ich schwöre es Ihnen, auch wenn Sie die Tochter des Henkers wären, würde ich Sie ebenso glühend lieben ...

23. Juli 1692, Lager von Hal[1] [87]

Ich hatte eigentlich vor, Ihnen morgen zu schreiben und Ihnen auf Ihre Briefe Nr. 13, 14 und 15, die ich mit der gleichen Post erhalten habe, in einem zu antworten. Aber ich sehe mich dieses Vergnügens verlustig gehen, da der König [Wilhelm III. von England] den Entschluß gefaßt hat, morgen die französische Armee anzugreifen, die zwei Stun-

[1] Städtchen in der Provinz Brabant, 15 Kilometer südwestlich von Brüssel.

den von uns entfernt steht bei dem Ort Enghien. Zu jeder anderen Zeit hätte mich diese Nachricht gefreut ... Ich habe mein Leben hundertmal aufs Spiel gesetzt, aus Torheit oder aus Übermut, und ich kenne mich genug, um zu wissen, daß der Tod mich nie geschreckt hat – aber, meine Göttin, was aus mir einen Hasenfuß macht, ist die Angst, Sie nicht wiederzusehen ... Glauben Sie dennoch nicht, daß Sie einen Hasenfuß zum Geliebten haben. Nein, meine Liebste, da es nun einmal heißt, in die Schlacht zu gehen, werde ich mich mit Anstand schlagen, und ich hoffe, sogar mit Auszeichnung. Aber, mein Herz, vergönnen Sie mir eine Bitte, nämlich diese: wenn mein Schicksal es so böse mit mir meinen sollte, daß ich einen Arm oder ein Bein verliere, so vergessen Sie mich nicht und haben Sie ein wenig Güte für einen Bedauernswerten, dessen einzige Wonne es war, Sie zu lieben ..., für einen Menschen, der eine aufrichtige Anhänglichkeit für Sie empfunden hat und bis an sein Lebensende empfinden wird, wenn auch meine blindgeschossenen Augen, die von den Ihren so bezaubert waren, diese vielleicht nicht mehr sehen werden. Ich kann nicht daran denken, ohne Tränen zu vergießen. Ach, wie wenig Gewinn habe ich davon, von Ihnen geliebt zu werden, und wieviel Qualen verursachen Sie mir!
Es schlägt zwölf Uhr vom Turm in Hal. Man schleppt schon Kugeln, Pulver und Lunten herbei, es ist der Prolog für das Stück, das wir morgen spielen sollen. Die Pflicht ruft mich, leben Sie wohl, mein liebenswürdiges Kind. Ach, wie bin ich zu beklagen!

Die Prinzessin antwortet:

4. August 1692. Celle [100]

Ich bin von allem, was Sie mir schreiben, entzückt. Seien Sie überzeugt, daß Sie, welcher Unfall auch immer Ihnen zugestoßen wäre, deshalb nicht weniger geliebt worden wären. Meine zärtliche Liebe duldet keinen Zweifel, und wenn Ihnen nichts unversehrt bliebe als Ihr Kopf, so werde ich Sie doch immer bis zum Wahnsinn lieben und würde mir ein wahres Vergnügen daraus machen, der Welt zu entsagen, um mit Ihnen zu leben, wo immer Sie wollten. Indessen bin ich sehr erleichtert, daß Sie heil und ganz zurückgekehrt sind. Alles an Ihnen ist so hübsch und so liebenswert, daß nichts davon verloren gehen darf. Bewahren Sie sich, ich beschwöre Sie.

Der eifersüchtige Königsmarck schreibt:

Undatiert (1691) [9]

Um mein Unglück voll zu machen, muß ich hören, daß mein Busenfreund mit seinem lästigen Kumpan das Vergnügen hatte, Ihnen Gesellschaft zu leisten ... Seit diesem Vorfall habe ich mir verrückte Dinge in den Kopf gesetzt und bin töricht genug zu glauben, daß der gestrige Vorfall ein Vorzeichen meines Unglücks ist und daß das derselbe Mensch ist, der mir all diesen Kummer gemacht hat ... Ich werde ihn scharf beobachten lassen, und falls man mir das Geringste berichtet, so seien Sie versichert, auf mein Ehrenwort, daß ich Sie niemals wiedersehen und eher das hinterste Lappland aufsuchen werde, als noch einmal in diese Augen zu blicken, die mich so bezaubert haben ... Andernfalls hätte ich Ihnen mit Freuden gedient, stattdessen muß ich mitansehen, wie ein Mann diese Wonne genießt, den ich verabscheue und der unverschämt genug ist, es mir eben selbst zu erzählen und mich über den Zustand zu unterrichten, in dem Sie sich befanden: fast entkleidet, ohne Nachthaube, das offene Haar auf Ihren köstlichen Busen herabhängend – o Gott, ich kann vor Wut nicht weiterschreiben!

... Meine Freude über die Abreise des Réformeur wurde getrübt durch den Kummer, Sie krank zu wissen ... Ich hoffe, Sie morgen abend in meinen Armen zu halten; ich warte auf das gewöhnliche Zeichen, und inzwischen werden mich die bösen Stunden nicht hindern, mir die Wonnen Ihrer Umarmungen auszumalen.

Instruktion der Prinzessin:

Er möge sich um acht Uhr abends an der Tür des großen Saales aufhalten, wo die Prinzessin gewöhnlich ihr Spiel macht. Er wird sie dort ganz ungestört wiedersehen können, niemand geht dort vorbei, weil morgen Sonntag ist.

Königsmarcks Antwort:

Er wird zur genannten Stunde dort sein. Zweifeln Sie nicht an seiner Treue.

21. (?) Juli 1692, Feldlager bei Wavre [84]

... Was mich am meisten betrübt, ist, daß Sie mich beim Wiedersehen ebenso häßlich finden werden wie alle hier. Der Kurfürst [von Bayern, Max Emanuel, Generalgouverneur der Spanischen Niederlande 1692/93] hat es mir gesagt, und alle meine Freunde finden mich so elend, daß sie Mühe haben, mich wiederzuerkennen; jeden Tag fragt man mich, ob ich krank sei. Aber meine Krankheit kommt nur von der Liebe, kleine Grausame! Ich hoffe wirklich, daß Sie mit mir zufrieden sein werden, wie ich es mit Ihnen bin. Jetzt, wo alles vorbei ist, kann ich Ihnen wohl sagen, daß jener eifersüchtige Verdacht, den ich gegen Sie hatte, mich so heruntergebracht hat, daß sogar meine Bedienten Mitleid mit mir hatten und glaubten, ich hätte eine Kolik. Ich versichere Ihnen, wenn Sie sich mir gegenüber verändert hätten, hätte der Schmerz mich umgebracht...

6. August 1692, Hal [103]

... Wenn ich habe, was ich suche (?), werde ich mir Hoffnung machen können, Sie zu sehen, Sie in meinen Armen zu halten ...
Ich muß Ihnen eine ordinäre Geschichte erzählen, die der Herzog von Richmond [Charles Lennox, Herzog von Richmond (1672–1723), natürlicher Sohn Karls II. von England und der Louise de Keroualle] anstellen wollte. Er und der Herzog Friedrich [Friedrich August, Kurprinz von Sachsen, der spätere August der Starke] trieben es toll mit Dirnen; der Höhepunkt war, nachdem sie alle möglichen Schweinereien durchprobiert hatten, daß der Herzog von R. die Mädchen zwingen wollte, es sich von einer großen Deutschen Dogge besorgen zu lassen, Sie verstehen mich. Ich meine, das heißt die Ausschweifung etwas zu weit treiben ... Der Herzog von Sachsen hat mir versprochen, zum Karneval nach Hannover zu kommen ...

Dienstag, 1. August 1693 [251]

... Ich war in Celle an der herzoglichen Tafel. Die Hoheiten fragten, ob »die Frau Prinzessin« noch in Hannover sei. Ich sagte ihnen, daß ich die Ehre gehabt hätte, mit ihr und der Frau Kurfürstin am Samstag zu spielen, und ich sie seitdem nicht mehr gesehen hätte. Herr von Bülow [Joachim Heinrich von Bülow, Geheimer Rat und Obermarschall in Celle, 1650–1724] gab mir soviel zu trinken, daß ich einen ordentlichen Rausch hatte. Man brachte mich dann zu Frau von Boisdavid [Frau des cellischen Generals Anton Simon Marquis de B.], aber ich entsinne mich nicht mehr, was ich dort tat oder sagte.

Sophie Dorothea ist oft bei ihren Eltern zu Besuch, in Celle oder in Bruchhausen (Amtshaus und Jagdschloß in der Grafschaft Hoya), Königsmarck seinerseits begleitet den Kurfürsten, dessen Gunst er zu jenem Zeitpunkt noch genießt, nach Braunschweig. Aber diese Trennungen sind nur kurz, und Königsmarck gelingt es immer wieder, sie noch mehr zu verkürzen, indem er heimlich nach Celle kommt – selbstverständlich ohne daß die Herzogin von Celle etwas davon erfährt.

... Was würde ich dafür geben, daß es schon Mitternacht schlüge! Halten Sie etwas ungarisches Rosenwasser bereit, falls mich vor allzu großer Freude eine Ohnmacht überkommt. Ist es wahr? Heute abend werde ich die bezauberndste Frau der Welt umarmen, ihre süßen Lippen küssen ... Ich werde aus Ihrem eigenen Munde hören, daß ich Ihnen nicht gleichgültig bin, ich werde Ihre Knie umfassen, meine Tränen werden Ihre wunderbaren Wangen benetzen, und Sie werden es ihnen nicht verbieten, meine Arme werden voller Seligkeit den schönsten Leib der Welt umarmen ...

Königsmarck ist in einer verzweifelten Lage. Er hat ungeheure Schulden, und seine Gläubiger in Flandern lassen es ihm nicht geraten erscheinen, auf den Kriegsschauplatz zurückzukehren. Seine Güter in Schweden sind in Gefahr, durch königlichen Befehl konfisziert zu werden (es handelt

sich um die sogenannte »Domänenreduktion« Karls XI. von Schweden, d. h. die Wiedereinziehung der an den Adel ausgegebenen Krongüter). Auf die vorteilhaften Angebote, die man ihm an fremden Höfen macht, kann er nicht eingehen, weil das bedeuten würde, Hannover zu verlassen, und er hat Sophie Dorothea sein Wort darauf gegeben, niemals fortzugehen. Es ist keine Lüge, wenn er schreibt, er habe ihr alles geopfert. Sie hingegen hat ihm bisher nur ihre Seelenruhe geopfert.
Ihre Korrespondenz besteht nur noch aus Klagen. Was die Briefe der Prinzessin vor der Monotonie rettet, ist die leidenschaftliche Liebe, die aus ihnen spricht. Bei Königsmarck ist es die unverwüstliche Fröhlichkeit; er lacht trotz allem, ist selber amüsiert, wenn er seiner Geliebten die kleinen Begebenheiten aus dem Lagerleben erzählt: die Geschichte von dem alten roten Bändchen, von dem erstaunlich geschäftstüchtigen Verführer, von einer seltsamen Ausschweifung des Herzogs von Richmond, eines natürlichen Sohnes Karls II. und der schönen Louise de Keroualle, oder auch wenn er seinen Freund Friedrich August, den zukünftigen Kurfürsten von Sachsen, beschreibt oder tausend neue verrückte Pläne schmiedet, um seine Prinzessin wiedersehen zu können; so will er sich zum Beispiel als Bettler verkleiden und an der Schloßpforte um Almosen betteln, und Sophie Dorothea wird ihren Handschuh abstreifen und ihm ihr Scherflein geben müssen.

6. November 1692. Diest [147]

. . . Ich habe ein Lied auf meine Schöne gemacht, in deutscher Sprache. Als ich es bei einem Gelage vorsang, fragten mich viele, wer denn die Besungene sei. Ich sagte ihnen, sie heiße Léonisse[1]*. Alle haben mich beschworen, zuerst auf diesen Namen zu trinken, wenn ich das Glas auf die Anwesenden erhöbe. Das versetzte mich in recht lustige Stimmung, und ich betrank mich mit den anderen. Um den Wein mehr zu genießen, tat ich ein altes rotes, schon ziemlich schmutziges*

[1] Frauengestalt aus dem mehrbändigen Roman »Jean de Bourbon, Prince de Carency«, der sich unter den von Herzog Georg Wilhelm von Celle hinterlassenen Büchern befand.

Band, das ich in meiner Taschenuhr trage, in das Glas. Sie wissen, von wem ich es habe. Es war der erste Tag in drei Wochen, an dem ich ein wenig Spaß hatte ...

15. August

... Ich habe Ihnen berichtet, daß ich betrunken gewesen bin. Glauben Sie aber deswegen nicht, daß ich fähig wäre, Ihnen untreu zu sein. Nein, mein Engel, nie ist mir auch nur der Gedanke daran gekommen. Daraus können Sie ersehen, daß der einzige Grund, weshalb ich mich manchmal betrinke, ist, einen Vorwand für irgendeinen Schabernack zu haben ...

20. Oktober 1692. Sechs Stunden von Charleroi [140]

... Wenn ich der Herr der Schöpfung wäre, so würde ich sie [die Gräfin Platen] dem Bären zum Fraß vorwerfen, Löwen müßten ihr Hexenblut trinken und Tiger ihr das niederträchtige Herz aus der Brust reißen. Tag und Nacht wäre ich auf der Suche nach neuen Folterqualen für sie ...

13./15. Juli 1692. Wavre [78]

... Seit sechs Tagen stehen wir nur vier Meilen vor Brüssel, aber ich habe bisher nicht einmal daran gedacht, die Stadt zu besuchen. Gestern gab es dort ein großes Fest, das man »Fest der Wunder« nennt, und alle hohen Herren und Generäle sind mit der Post hingefahren, auch mehrere von den erlauchten Damen. Meine Soldaten sind ebenfalls hingegangen, aber ich habe nicht einmal mit dem Gedanken gespielt, ich schwöre es Ihnen, meine teure Léonisse ... Der Herzog von Portland [Hans Wilhelm Bentinck, Earl of Portland, Vertrauter Wilhelms III.] war sehr liebenswürdig und hat mir versichert, daß der König [Wilhelm III. von England] viel von mir halte, aber ich denke nicht daran, meinen Vorteil daraus zu ziehen. Die Unterhaltung des Königs mit unserem Prinzen verlief sehr verdrießlich, denn beide sind Menschen, die nicht gern reden ... Gestern hat unser Prinz Seiner Majestät einen Besuch in seinem Feldquartier gemacht, ich gehörte nicht zu seinem Gefolge, aber morgen werde ich den Prinzen zum Kurfürsten von Bayern begleiten ...

Prinz Friedrich August wird von allen übers Ohr gehauen.

Sie betrügen ihn beim Pferdekauf und nehmen ihm beim Kartenspiel sein Geld ab; er hat schon tausend Pistolen verloren. Niemand steht ihm ratend zur Seite, und so ruiniert er sich.

... Gestern bin ich bei der Großen Armee gewesen. Wir haben dem Kurfürsten von Bayern unsere Aufwartung gemacht und sind danach erneut mit dem König zusammengetroffen, der einen Spaziergang durch das Feldquartier machte. Um ihn war ein zahlreiches Gefolge von vornehmen Personen, die aber alle recht unbedeutend aussahen. Der gute Kurfürst zeigte sich sehr gnädig gegen mich. Sein Benehmen war von vollkommener Höflichkeit und Freundlichkeit. Der Erbprinz ist in großer Sorge um seine Truppen; man sieht sehr wohl, daß er nicht allzu geeignet ist, sie zu kommandieren ...

21. August 1692. Lager bei Deynze
[in der Provinz Ostflandern, unweit Gent] [113]

Ich schwöre Ihnen, daß mich nicht im mindesten beeindruckt hat, was mir der Herzog Friedrich über die »Marionette« [Deckname der Herzogin Sophie Charlotte von Sachsen-Eisenach, geb. Prinzessin von Württemberg, 1671–1717] erzählte. Sie hatte schon früher mein Mißfallen erregt; ihr Benehmen paßt ganz zu der Art Frau, die sie ist ... Ich habe zum Herzog kein Wort über Sie gesagt. Er hat sich mit seinem Säbel verletzt und sich eine große Kopfwunde beigebracht, als er einem Hammel den Kopf abschlagen wollte. Ich besuche ihn täglich, er fühlt sich sehr elend und liegt in einem schmutzigen Bett; mit all den Bandagen um den Kopf und seinem gräßlich zugerichteten Mund ist er kein erfreulicher Anblick. Aber er gehört zur guten Sorte Prinzen. Ich wünschte, er würde Kurfürst [von Sachsen], ich würde dann bei ihm sehr in Gunst stehen.
Von dem Skandal um Ferdinando [Familienname wahrscheinlich Chiacanelli; Sänger und Violinist, Liebhaber Sophie Charlottes von Brandenburg] haben Sie erfahren. Nicht genug, daß er sein gesamtes Vermögen im Spiel verloren hat, er hat auch noch Schulden in Höhe von zweitausend Pistolen, die er an die Hugenotten verloren und noch

nicht bezahlt hat. Diese gingen mit ihrer Klage zum Fürsten von Anhalt [Johann Georg II. von Anhalt, Statthalter in den Marken], der dem ob seines allerhöchsten Liebesverhältnisses Berühmten befahl, seine Schulden zu bezahlen, vorher dürfe er Berlin nicht verlassen. Ferdinando geriet darüber in große Wut und begab sich geradewegs zur Kurfürstin [Sophie Charlotte, 1668–1705, Tochter Ernst Augusts von Hannover, Gemahlin des Kurfürsten Friedrichs III. von Brandenburg, späteren Königs Friedrichs I. in Preußen]. Die Kurfürstin war sehr verärgert über die ihrem Günstling zugefügte Beleidigung und ließ dem Fürsten von Anhalt mitteilen, sie sei höchst erstaunt über die Freiheit, die er sich herausnehme, und werde sich beim Kurfürsten beklagen. Der Fürst bat untertänigst um Verzeihung. Und jetzt kommt das Verrückteste: die Kurfürstin beschloß, Ferdinando nach Linsburg mitzunehmen, das Dumme ist nur, er hat eine Geliebte, und die bat, man möge ihr doch ihren Ferdinando lassen, sie werde seine Schulden bezahlen. Die Kurfürstin schrie, sie nehme F. zu ihrem Vergnügen mit, und wenn sie genug habe von ihm, werde sie ihn der anderen zurückschicken. Was für ein beneidenswerter Mann!

3. September 1692. Deynze [116]

... Ich kehre eben von einem Spaziergang mit dem König zurück, der Herzog von Richmond war auch dabei, er war aber voll wie eine Haubitze und trieb tausend Narrheiten ...

Meine süße Dicke, nur von Ihnen erwarte ich mein Schicksal, von Ihnen hängt meine Seligkeit ab, Sie sind meine Göttin.

16. September 1692. Deynze [124]

... Der Herzog von Richmond macht sich einen Spaß daraus, sich zu besaufen, und erfindet ganz neue Flüche. Neulich, als ich mit ihm beim Grafen von Egmont speiste, erfand er den folgenden abscheulichen: »Beim Bauche Gottes, vollgestopft mit Aposteln!« [»Ventre Dieu farci d'apôtres!«] Da haben Sie, woran sich unsere Jugend vergnügt. Ich bin ihr Schulmeister und spare nicht mit Tadel.

20. September 1692. Deynze [125]

... Die »Boule« [»Kugel«, Deckname der Kurfürstin Sophie Charlotte von Brandenburg] und Montalban [Graf M., Kavalier und Poet am hannoverschen Hof] haben sich überworfen. Der Grund ist, daß sie sich über ihn lustig gemacht hat, weil er angeblich seine Waden künstlich ausstopft.

Tags darauf erscheint er wieder bei der Kurfürstin. Sie zieht ihn erneut mit seinen Waden auf. Er ereifert sich, stellt sein Bein auf ein Tischchen und sagt: »Alle, die Ihnen das erzählt haben, sind Lügner!«

Die arme Krosigk [Christiane Antonia von Krosigk, Hofdame der Kurfürstin] fand, seine Unverschämtheit gehe zu weit und wollte ihn veranlassen, sein Bein von dem Tisch herunterzunehmen, aber ehe sie sichs versah, erhielt sie einen Nasenstüber, daß ihr das Blut aus dem Mund trat und sie unterlaufene Augen bekam. Das ging der Kurfürstin denn doch zu weit, und sie befahl Montalban, ihr Haus sofort zu verlassen und sich niemals mehr blicken zu lassen. Aber sie blieb nicht lange bei diesem Entschluß, denn einige seiner Freunde baten für ihn, und die Sache wurde gütlich beigelegt ...

... Bei Ovenair [so schreibt Königsmarck den Namen des hannoverschen Generals Georg Friedrich von Öffener, 1622 bis 1693] war vorgestern abend eine große Orgie, der Kurfürst [von Bayern], der Erbprinz, Busch [wohl der hannoversche General Johann von dem Bussche, der Mann der mehrmals erwähnten Frau von dem Bussche], der Graf Schlippenbach [nicht weiter bekannt], Königsmarck (sic!) und ein gewisser Simiony [Ferdinand Freiherr von Simeony, Diplomat in kurbayrischen Diensten] waren da, außerdem fünf Freudenmädchen, von denen zwei sehr hübsch waren. Aber ich war die Sittsamkeit in Person und beschränkte mich aufs Essen und Trinken. Der Kurfürst ist bei dieser Art Orgien einer der angenehmsten Menschen, er zog die armen Mädchen auf, bis ihnen die Tränen kamen. Sie wußten nicht, wer er war, und sagten ihm tausend Unverschämtheiten, das ging so bis zwei Uhr nachts. Der Kurfürst gehört nicht zu den stärksten Männern ...

25. Juni 1692 [68]

Der ins Hauptquartier entsandte Leutnant brachte mir einen großen Packen Briefe mit; ich war außer mir vor Freude, denn ich glaubte fest, ich würde auch Post von Ihnen darunter finden. Aber ich wurde arg enttäuscht, es waren nur Briefe von Prinz Ernst und dem Feldmarschall [von Podewils] dabei. Die ganze Welt schreibt mir, nur Sie nicht. Aber ich habe Ihnen schon soviel darüber gesagt, daß ich nichts mehr hinzufügen mag. Sie haben auf dem Ball bei Colt [Sir William Dutton Colt, gestorben 1693, britischer Gesandter in Celle und Hannover] getanzt . . .

1692 ist das Jahr des Krieges der Alliierten gegen Ludwig XIV., mit unaufhörlichen Belagerungen, endlosen Märschen und Gegenmärschen und weit in die gute Jahreszeit verlängerten Winterquartieren. Die Liebenden sind verzweifelt über die Trennung. Königsmarck stellt ein Urlaubsgesuch nach dem anderen, angeblich wegen Krankheit, in Wirklichkeit, um nach Hannover zu eilen. Aber der hannoversche Hof ist nicht blind, er hat seine Gründe, sich den unbequemen »Chevalier« vom Leibe zu halten, und während rund um Königsmarck ein wahrer Segen von Beurlaubungen niedergeht, werden sie ihm erbarmungslos verweigert. Schließlich hält er es nicht mehr aus. Eines Abends erscheint er plötzlich, schweißgebadet und voller Schmutz von der Reise, im Alten Schloß; er hat sich nicht einmal die Zeit genommen, erst seine Wohnung aufzusuchen, um die Kleider zu wechseln, so groß ist die Sehnsucht, seine Léonisse wiederzusehen. Sechs Tage und Nächte ist er geritten. Er wäre über die Leiche eines jeden, selbst des Kurfürsten gegangen, der ihm den Weg zu ihr versperrt hätte. Den Urlaub, den man ihm nicht geben wollte, hat er sich aus eigener Machtvollkommenheit genommen, er schützt einfach eine Krankheit vor und verschwindet heimlich. Er weiß, wenn man ihn entdeckt, wird er als Deserteur behandelt. Aber sorglos und leichtsinnig wie er ist, zählt Philipp Christoph auf sein Glück. Das Glück trägt diesmal den Namen »Bon Homme« [»Biedermann«], das ist der Feldmarschall von Podewils. Er rettet Königsmarck, indem er ihm nicht nur eine reguläre Urlaubsgenehmigung ausstellt, sondern ihm

sogar »Order« gibt, in Hannover zu bleiben. Welche Freude!
Die Herzogin von Celle ist sich im klaren über die Gefahr, die Königsmarck für ihre Tochter darstellt: er ist bankrott und beim Hof in Ungnade gefallen. Sie bemüht sich nach Kräften, ihn mit einer reichen Erbin zu verheiraten und auf diese Weise von Sophie Dorothea zu trennen.

Undatiert (März 1692) [40]

Die Confidente [Deckname für Eleonore von dem Knesebeck] wird Ihnen sagen, daß ich seit gestern mit Ihnen zufriedener bin, obwohl mein ganzes Vergnügen darin bestand, Ihnen die Hand zu drücken. Der Zwang, dem wir unterworfen sind, hat auch seinen Reiz: seit einer Woche sehe ich Sie nur noch an Orten, wo kaum die Sprache der Augen erlaubt ist, und doch gab es für mich sehr kostbare Augenblicke. Welch ein Vergnügen, mein geliebtes Kind, sich in Gegenwart von tausend Leuten ungestraft zu sagen, daß man sich liebt . . .
Ich habe eine lange Unterhaltung mit der Herzogin von Celle gehabt. Ich halte sie für die falscheste Frau der Welt: sie sagt mir tausend liebenswürdige Dinge und wendet gleichzeitig ihren ganzen Einfluß auf, mich bei Ihnen schlecht zu machen . . .

Königsmarck hat irgendeine riesige, nicht ganz geklärte Ungeschicklichkeit begangen, denn er bittet demütig um Verzeihung:

Undatiert (Anfang 1692) [51]

. . . Wenn Sie sähen, in welcher Verzweiflung ich bin, würden Sie mir den Fehler verzeihen, den ich begangen habe. Ich hatte einen Groll gegen Sie, ich gestehe es, weil Sie mich in der Komödie keines Blickes gewürdigt haben, obwohl ich mich Ihnen gegenüber setzte. Das verdiene ich denn doch nicht, und das Opfer, das ich Ihnen mit der Herzogin von Eisenach brachte, verdiente wohl besseren Dank. Sie sehen, daß ich sie kaum beachte, und wenn sie das Wort an mich richtet, antworte ich ihr so kurz wie möglich, um kein Gespräch aufkommen zu lassen. Ihre Kammerfrau hat mir bereits gesagt, daß sie mich sehr verändert finde, und noch

tausend andere Dinge. Aber genug davon, es lohnt nicht die Mühe, darüber zu sprechen. Ich bitte Sie herzlich, verzeihen Sie mir, Prinzessin, und erlauben Sie mir, Sie morgen zu sehen.

. . Ich habe wie in Abrahams Schoß geschlafen, und ich hoffe sehr, Sie auch. Welche Freude, welche Wonne, welches Entzücken habe ich in Ihren Armen genossen! Großer Gott, was für eine Nacht habe ich mit Ihnen verbracht, sie läßt mich allen Kummer vergessen . . .

Sonntag/Montag, 2./3. Juli 1693. Hannover [222]

. . 202 [die Gräfin Platen] schlug gestern bei ihrem Abendempfang eine Landpartie mit Einkehr in einem Wirtshaus vor, jeder sollte seine Dame dabeihaben. 120 (ich) sagte sofort: »Ich nehme die Cupstein [Clara Elisabeth von Koppenstein, geb. von Cramm, 1656–1721, die Gattin des Oberschenken und Oberhofmeisters Nikolaus von K. Sie war für ihre Häßlichkeit bekannt].« 202 wurde purpurrot vor Zorn und schrie laut: »Und ich nehme Monsieur de Ballati [Luigi B., gestorben 1696, Diplomat und Poet am hannoverschen Hofe, Feind Königsmarcks]!« Sie hatte während des ganzen Diners eine so schlechte Laune, daß viele es bemerkten, und ich würde mich sehr täuschen, wenn sie 120 diesen Hieb verzeiht . . .
Kommen Sie und besänftigen Sie meinen Kummer.

19. Februar 1692 [33]

. . . Nachdem ich Sie verlassen hatte, fand ich eine ausgelassene Gesellschaft bei der Gräfin vor: alles zechte beim Klang von Pauken und Trompeten. Aber ich langweilte mich so sehr, daß ich lieber zwanzig Meilen weit weg gewesen wäre. Ich konnte meine schlechte Stimmung so wenig verbergen, daß M. B. [= Monsieur Bielke] mich fragte, was ich hätte; denn ich wollte nicht einem einzigen Glas Wein die Schuld daran geben und tat es auch nicht . . . Das Klirren der Gläser, der Krach der Pauken und Trompeten, vermischt mit dem süßen Ton der Flöten und dem lautem Geschrei der Betrunkenen, bildeten die verrückteste Harmonie von der Welt und verschafften mir die Gelegenheit, mich in einen Winkel zu verkriechen, um mich der Träumerei hinzugeben,

während die anderen tanzten, sich teilweise auszogen und auf die Tische sprangen ...

21. Juni 1692. Venlo [66]

Ich hatte bisher keinen Grund zu der Befürchtung, daß Sie mich vergessen haben. Aber seit der piemontesische und der österreichische Graf angekommen sind, kann ich an Ihrer Unbeständigkeit keinen Zweifel mehr hegen. Grausame Barbarin, ist das Ihre Absicht, wenn Sie die Herzen der Männer in Fesseln legen? Sie haben es mit einem Mann zu tun, der Sie bis zum Wahnsinn geliebt hat, und Sie haben mich in dem Glauben gewiegt, daß Sie mich ebenso lieben. Ich habe meine Karriere und mein Glück für Sie vernachlässigt, und es reut mich nicht; aber jetzt behandeln Sie mich so, es ist unerhört! Glauben Sie jedoch nicht, daß ich dies so hinnehme. Nein, nein, mein Herz ist zu stolz, als daß es sich von Ihnen so hintergehen ließe, ich werde mich rächen oder sterben. Ja, ich werde mich auf eine Art rächen, daß die ganze Welt staunen soll ...
Sie wollten in Ihren Zimmern bleiben und über meine Abreise weinen! Aber Ihre Zimmer, das war das Opernhaus, und Ihre Tränen, die kamen Ihnen, weil Sie zuviel lachen mußten. Und anstatt im Lesen meiner Briefe Trost zu finden, fanden Sie ihn in den Schmeicheleien anderer. Es ist genug, ich kann nicht mehr daran denken.

... Sie scheinen die Leidenschaft, die Sie für mich empfinden, als ein Verbrechen anzusehen, da Sie glauben, daß Gott Sie dafür bestrafen wird. Gerechter Himmel, was für ein Gedanke! Ich flehe Sie an, setzen Sie sich nicht solche Vorstellung in den Kopf, die Sie mir entfremden könnte. Sie wissen, worauf unsere Liebe beruht: unsere Wünsche sind in Übereinstimmung mit dem göttlichen Gesetz.

Donnerstag, 2 Stunden nach Mitternacht
(18. Dezember 1692. Hannover) [164]

Ihr Benehmen ist wenig liebenswürdig. Erst gewähren Sie ein Stelldichein, und dann lassen Sie den, der auf das verabredete Zeichen wartet, in der Kälte halbtot frieren. Nehmen Sie zur Kenntnis, daß ich von halb zwölf bis ein Uhr nachts wartend auf der Straße gestanden habe. Ich weiß nicht, was ich davon halten soll; aber kann ich nach diesem starken Beweis noch länger an Ihrer Unbeständigkeit zweifeln? Sie haben mich den ganzen Abend keines Blickes gewürdigt. Haben Sie nicht absichtlich vermieden, mit mir zu spielen? Sie wollen mich los sein, aber i c h werde den Anfang machen und mich von Ihnen trennen. Leben Sie denn wohl, ich reise morgen nach Hamburg ab.

(Auf der Rückseite mit veränderte Schriftlage:)
Ich konnte die ganze Nacht nicht schlafen und hatte Zeit, Überlegungen anzustellen, die mich todtraurig stimmen. Aber dann habe ich mich erinnert, daß ich Ihnen geschworen habe, Sie nicht Hals über Kopf zu verlassen, sondern Ihre Gründe anzuhören, bevor ich von Ihnen scheide. Das ist der Grund, weshalb ich heute noch hier bleibe.

9. Juli 1692. Bei Diest [71]

... Sie schreiben mir in Ihrem Brief: »Wir wollen uns ewig lieben.« Haben Sie darüber nachgedacht, was diese Worte bedeuten? Sie schrieben sie zur gleichen Zeit, als Sie, glaube ich, von dem Gedanken erfüllt waren, dem Herrn Kaiserlichen Rittmeister zu gefallen. Offenbar hat er nicht versäumt, Ihnen zu sagen, daß er aus der hintersten Türkei eigens gekommen sei, um Ihre Schönheit zu bewundern. In Wahrheit war der Zweck seiner Reise der, ein paar Hundert Dukaten zu ergattern, um seine vor Großwardein verlorene Ausrüstung zu ersetzen ...

Wird aus Königsmarck plötzlich ein d'Urféscher Held [Honoré d'Urfé, 1567–1625, der Verfasser von »L'Astrée«, dem berühmtesten Schäferroman des 17. Jahrhunderts]? Diese Rolle steht ihm schlecht zu Gesicht:

..Welche Mühe hat mein Herz, bei mir zu bleiben! Es möchte sich von mir trennen und zu Ihnen eilen, um sich bei seiner Herrin für die Fesseln zu bedanken, in die sie es geschlagen hat ... Ich fürchte, daß ich es ganz verliere, es wird nicht mehr an seinen alten Platz zurückkehren wollen, wenn Sie es so zärtlich behandeln. Aber ohne Herz kann ich nicht

leben. Seien Sie gnädig und barmherzig, geben Sie mir das Ihre, ich kann ohne das eine wie das andere nicht leben.

Philipp Christophs Briefe sind Aufschreie der Leidenschaft, untermischt mit höfischer Ziererei im Geschmack jener Zeit und schlechten Versen, die er aus damals beliebten Liedern übernimmt.

(ca. 30. Juni 1692. 4 Meilen von Venlo) [65]

... Ich schreibe Ihnen diese Zeilen unter Seufzen und Zittern. Ich weiß nicht, woran ich bei Ihnen bin, ich habe bisher erst einen einzigen von Ihren Briefen erhalten.
Wenn ich an die früheren Wonnen denke, erscheint mir mein Unglück noch größer. Ich denke dann bei mir: Wie? Nie mehr sollst Du diese strahlenden Augen küssen, diesen göttlichen Mund, diesen köstlichen Busen? Ach, ich werde nie wieder in diesen Armen ruhen, die mich mit solcher Lust umfingen, und ich werde alles verlieren, wenn ich Sie verliere!

Undatiert (29. Dezember 1692. Hannover) [166]

Kurprinzessin! Man darf Sie jetzt so anreden, denn vermutlich wird der Kurprinz Sie letzte Nacht mit diesem Ehrentitel »investiert« haben [die Nachricht von der am 19. Dezember 1692 in Wien vollzogenen Investitur mit der Kurwürde war am 28. Dezember spät abends in Hannover eingetroffen, ganz kurz nach der Rückkehr Ernst Augusts und Georg Ludwigs von einer Reise nach Berlin]. Sind seine Umarmungen schöner, seit er diesen Rang innehat? Ich kann nicht schlafen vor lauter Wut, daß ein Kurprinz mich der Wonnen meiner bezaubernden Geliebten beraubt.

Königsmarck kommt heimlich nach Bruchhausen. In einem Haus der Nachbarschaft verborgen, wartet er auf die Einladung der Prinzessin zum Stelldichein und macht sich so schön wie möglich. »Mein Bart«, schreibt er ihr, »ist gestutzt, ich sehe prächtig aus, man könnte mit dem Lied sagen: der Herr geht auf Eroberung aus. Das übliche Zeichen wird Ihnen sagen, daß ich da bin: ich werde die ›Folies d'Espagne‹ pfeifen.«

30. Juni 1693. Hannover [208]

Ich habe Ihnen weiter nichts zu berichten, als daß meine Reise ohne Zwischenfall vonstatten gegangen ist, außer daß ich beim Heraustreten aus der Hecke zwei Männer sechs Schritt von mir spazierengehen sah. Da ich mich nicht umzudrehen wagte, weiß ich nicht, wer sie waren. Eine von Ihren Kammerfrauen leuchtete mit einer Kerze aus dem Ankleidezimmer, an dem ich vorbeiging, aber welche es war, weiß ich ebenfalls nicht, weil ich mich nicht umzudrehen wagte. Das, mein geliebtes Herz, ist alles, was passiert ist.

29. September 1693. Artlenburg[1] *[272]*

... Es kümmert meine Liebe wenig, daß Sie blaß, abgemagert und von der Krankheit mitgenommen sind. Ich wäre übel daran, wenn sie nur an Ihre Schönheit gebunden wäre: von einem Tag zum anderen kann die sich in Häßlichkeit verwandeln, und was täte ich dann? Nein, meine Liebe gründet sich auf beständigere Werte, bei denen ich niemals eine Veränderung erleben werde. Und würden Sie achtzig Jahre alt, die Schönheiten Ihres Wertes dauern ewig.
Ich schwöre Ihnen, ich kann mich nicht erinnern, daß meine bisherigen Liebesabenteuer mich auch nur eine Viertelstunde lang meine innere Ruhe gekostet hätten, jetzt dagegen finde ich oft die halbe Nacht hindurch keinen Schlaf ... Vom ersten Tage an, seit ich Sie kenne, habe ich mich Ihnen ganz gegeben. Mein Verstand mochte mir tausendmal sagen, daß ich eines Tages fortgehen müsse, ich hörte nicht auf ihn, und mein Herz sagte mir, daß ich recht daran täte.
Der Schmetterling, der sich an der Kerzenflamme verbrennt; das wird mein Los sein. Ich kann meinem Schicksal nicht entgehen.
Sie wollten wissen, ob ich noch den Dienst quittieren will. Meine Antwort darauf ist: das hängt einzig von Ihnen ab. Da ich einmal beschlossen habe, ganz Ihnen zu gehören, mit Herz, Leib und Seele, haben Sie auch zu befehlen, wie ich es in dieser Sache halten soll.

[1] Hier, bei Lauenburg an der Elbe, stand Königsmarck von August bis Oktober 1693 mit seinem Dragonerregiment, um den schon lange drohenden Angriff der Dänen auf cellisches Gebiet abwehren zu helfen. Es kam jedoch, außer dem Bombardement von Ratzeburg, zu keinen weiteren Kampfhandlungen.

Mittwoch, 1. Juli 1693. Hannover [209]

Der beiliegende Brief [seines Sekretärs Hildebrandt] zeigt Ihnen, wie es um meine schwedischen Angelegenheiten steht. Aber ich habe einen Besitz errungen, der mir weit teurer ist, und ich wette, dieser Barbarenkönig [spielt an auf die Einziehung seiner Güter durch Karl XI.] wird ihn mir nicht wegnehmen können: ich habe Ihre geliebte Person, ich besitze Ihr Herz. Wenn ich Sie nicht hätte, Léonisse, würde ich vor Verzweiflung sterben: aber so trage ich es mit Geduld und großer Seelenstärke.

Ich denke, daß ich Ende des Monats abmarschieren werde. Man gibt mir (zu meinen Dragonern) noch eine Abteilung von tausend Mann Infanterie dazu und den Oberbefehl über dieses kleine Korps. Ich weiß nicht, ob ich das als eine Gunst auffassen soll ...

Eine hübsche Geschichte hat sich in diesem Winter in Brüssel zwischen einer jungen Kaufmannstochter und einem dort in Garnison stehenden holländischen Leutnant zugetragen. Der Leutnant war der Liebhaber der jungen Dame und verstand es so gut, ihre Gunst zu erringen, daß sie einen mit ihrem Blut unterzeichneten Vertrag schlossen: der Leutnant verpflichtete sich, der Schönen für jede nächtliche Visite fünf Reichstaler zu geben, das Mädchen versprach seinerseits dem Leutnant zehn Reichstaler, so oft sie ihn kommen ließe oder ihm ein Stelldichein gäbe. Der bedauernswerte Vater, der ein großes Vermögen besaß, war bei diesem Kontrakt der Betrogene, denn der Galan machte seine Sache so gut, daß er während seines Winterquartiers sechstausend Reichstaler gewann, die das Mädchen nach und nach dem Vater stibitzte. Der gute Mann brachte seine Klage vor die Generäle. Diese beriefen einen Kriegsrat ein und kamen zu der Ansicht, das Geld sei wohlverdient; man gab dem Vater den Rat, seine Tochter mit einer Mitgift von zwölftausend Reichstalern dem Leutnant zur Frau zu geben, was er denn auch tat, denn sie war schwanger.

... Befreien Sie mich von meinem Argwohn und erlauben Sie nicht, daß er sich in dieser wunderlichen und eifersüchtigen Stimmung festsetzt, die ich gegen die Welt hege. Leben Sie wohl, meine kleine Geliebte!

Freitagmittag, 10. Juli 1693. Hannover [218]

Das Leben, das ich seit der Rückkehr des Hofes führe, muß Ihnen viel Anlaß zur Eifersucht geben, denn ich spiele jeden Abend mit Damen, die, ohne daß ich mich dessen rühmen will, weder häßlich noch von niedrigem Rang sind. Ich bitte Sie um Verzeihung dafür, aber ich kann nun einmal ohne dieses Vergnügen nicht leben. Und da eine dieser Damen Ihnen ähnlich sieht [wohl eine scherzhafte Anspielung auf die kleine Tochter Sophie Dorotheas], kann ich auch keine andere Beschäftigung finden, um mit ihr zusammen zu sein. Sie werden sicherlich neugierig sein, zu erfahren, wer das ist, aber ich werde es Ihnen nicht sagen, aus Furcht, Sie könnten mir verbieten, ihr den Hof zu machen, und darüber wäre ich untröstlich.

Sonntag, 12. Juli 1693. Hannover [221]

... Sie bitten mich, Ihnen zuliebe nicht zur Armee zu gehen. Ich werde Ihnen blind und ohne zu zögern gehorchen, unter der Bedingung freilich, daß Sie mir doch die Erlaubnis dazu geben, wenn meine Ehre mich zwingen sollte, es zu tun ...

Undatiert (Februar 1693) [176]

Was werden Sie sagen, Madame, wenn Sie erfahren, daß man mir gestern diesen tödlichen Schrecken eingejagt hat, den ich so sehr gefürchtet habe. Herr von Podewils war der erste, der mich warnte, vorsichtiger in meinem Benehmen zu sein ...

Der Innocent [Deckname für Prinz Ernst August, den jüngsten Sohn des Kurfürsten] hat mich ebenfalls gewarnt, und da er nicht soviel Rücksicht nimmt wie der Marschall, hat er mir offen gesagt, daß die Unterhaltungen, die ich gelegentlich mit Ihnen hätte, unangenehme Folgen für mich haben könnten. Ich war unfähig, länger im Vorzimmer zu bleiben, so sehr fürchtete ich, ich könnte bei diesen Nachrichten in Ohnmacht fallen.

Sonntag, 12. Juli 1693. Hannover [222]

Mein Brief war schon abgegangen, als ich den Ihren erhielt. Aber wie betrübt war ich, als ich aus ihm ersah, daß Ihre Mutter sich so heftig mit Ihrem Vater überworfen hat. Wir dürfen uns nicht verhehlen, daß wir auf der schwächeren Seite stehen und nichts mehr hoffen können. Sie werden gezwungen sein, sich mehr denn je an den Erbprinzen zu binden, und ich werde mir irgendeinen Winkel in der Welt suchen müssen, wo man mir zu essen gibt, damit ich nicht Hungers sterbe. Ich gestehe Ihnen freimütig, daß mich das Benehmen Ihres Vaters überrascht; kein Zweifel, das geht auf das Konto der Platen, die den Bernstorff völlig beherrscht, dessen Einfluß auf Ihren Vater wiederum allmächtig ist. Ihr letzter Brief hat mich mit großer Freude erfüllt, schien es doch so, als wollte Bernstorff sich für Sie verwenden. Aber er ist falsch wie der Teufel ... In unserem Jahrhundert darf man die Leute nicht für solche Dummköpfe halten.

Undatiert (Oktober 1693) [281]

Um zwei Uhr erhielt ich die niederschmetternde Nachricht, daß der Prinz in Ihren Armen ruht. In welche Verzweiflung hat mich seine Ankunft gestürzt! Ich bin außer mir, und nur der Tod kann mich von den Qualen befreien, die seine Anwesenheit mir bereitet.

... Lassen Sie mich an Ihrer Miene erkennen, daß die verhaßte Rückkehr des Prinzen auch Sie unglücklich macht, und lassen Sie mich vor allem erkennen, daß die Umarmungen des Heimgekehrten Ihnen im tiefsten Herzen zuwider sind.

1. Oktober 1693. Artlenburg [280]

Ich schreibe an Marschall von Podewils und bitte ihn um drei Tage Urlaub. Ich werde in Celle sein, bevor Sie es verlassen, ich komme verkleidet. Warten Sie zwei Nächte bis elf Uhr an der kleinen Treppe auf mich. Ich kenne den Weg bis zur Geheimtreppe und werde auf das Zeichen warten ... Leben Sie wohl.

Mittwoch 6 Uhr abends (18. Februar 1693?), Hannover [178]

Meine Treue bewährt sich gegenwärtig außerordentlich angesichts sämtlicher schönen Damen der Welt. Die junge und schöne Gräfin von Lippe [die schöne, aber unglücklich verheiratete Gräfin Johanna Sophie von Schaumburg-Lippe, geb. von Hohenlohe, 1673–1743; ihre Anwesenheit in Hannover zum Karneval 1693 bezeugt ein Brief der Aurora von Königsmarck an die Königin von Schweden], die die Gunst des Hofes genießt, hat mich nicht im mindesten in Versuchung bringen können; bisher habe ich ihr noch keinen Besuch gemacht. Allerdings werde ich es aus Höflichkeit tun müssen, doch wollte ich Ihnen immerhin diesen Beweis meiner Liebe geben.

... Ich sah Sie gestern ankommen, wie groß war meine Freude! Ich war gerade beim Feldmarschall, als ich die Trommeln der Schloßwache hörte.

Montag, 27. Juli 1693. Hannover [239]

... Wenn Sie hier nicht so nahe beim Prinzen Max wohnen müßten, sähe ich es zweifellos lieber, daß Sie hier wären als bei Ihrer Närrin von Mutter: wenigstens hätten Sie dann keinen Vorwand, zu sagen, Sie hätten auf ihre Weisung jemand in Ihrem Zimmer empfangen müssen. Mir scheint, jeden Tag in die Komödie zu gehen, sieht ein wenig nach Vergnügungssucht aus, aber ich neide es Ihnen nicht; im Gegenteil, ich freue mich, daß Sie diesen Genuß haben, und vorausgesetzt, daß niemand in Ihre Loge oder sonst in Ihre Nähe kommt, um Ihnen Schmeicheleien ins Ohr zu flüstern, bin ich entzückt, daß Sie sich amüsieren. Ich werde mich bemühen, es gleichfalls zu tun ...

Ich weiß sehr wohl, daß es in dem bewußten Zimmer nur eine Tür gibt; aber ist das, in Verbindung mit der Tür zur Geheimtreppe, nicht genug, falls jemand böse Absichten hätte? Doch ich schwöre Ihnen: selbst wenn es dreißig Türen gäbe, würde mir das nichts ausmachen, und alles, was ich darüber sagte, ist nur ausgesprochen worden, damit Prinz Max nicht jedes Wort hört, daß Sie sprechen oder Sie, durch irgendein Loch, im Hemd oder gar nackt sieht, wenn Sie es gerade wechseln.

Samstag, 1. August 1693. Hannover [248]

... Ich bin Herrn Stubenfol [Hans Christoph von Stubenvol, Kammerjunker in Hannover] für seinen schönen Bericht über mein Fest sehr verbunden. Bisher hat seine Aufschneiderei mich nicht gestört, aber jetzt erkenne ich die

Wahrheit dessen, was mir viele Leute über ihn gesagt haben. Sie kennen diesen Menschen und wissen nur zu gut, daß er aus jedem Furz einen Donnerschlag macht. Es wundert mich nicht, daß er mein Souper schön fand: er hat allein sechs Rebhühner gegessen und eine ganze Flasche Sherry getrunken. So etwas ist dann natürlich für ihn das schönste, prächtigste und eleganteste Fest. Setzen Sie ihm die gleichen Genüsse in einem Schweinestall vor: er wird für ihn zum schönsten italienischen Blumengarten [Anspielung auf Stubenvols italienische Frau Laura di Montecalvo (= Calenberg), eine natürliche Tochter Ernst Augusts].
Ich gehe jetzt schlafen, es ist schon zwei Uhr nachts. Wenn ich weiterschriebe, müßte ich Ihnen einige Grobheiten sagen, die ich einer Dame gegenüber ungern in den Mund nehmen würde.

31. Juli 1693. Hannover [245]

... Ich kann nur hoffen, daß mir das, was ich in der vergangenen Nacht geträumt habe, nicht wirklich zustoßen wird: man schlug mir den Kopf ab, weil man mich mit Ihnen überrascht hatte. Ich litt schlimmere Qualen als eine Seele im Fegefeuer; das Schlimmste war, daß ich nicht wußte, was aus Ihnen geworden war. Meine Richter waren der Erbprinz und Bon Homme [Podewils]. Um alles in der Welt möchte ich nicht eine zweite Nacht wie diese verbringen. Ich erwachte schweißgebadet, und mein Kammerdiener erzählte mir, ich hätte laut weinend gerufen: Wo ist sie, wo ist sie? Ich hatte keine Angst vor dem Tod, meine größte Pein war vielmehr, nichts mehr von Ihnen zu wissen, vor allem nicht, was man mit Ihnen gemacht hatte. Man erkennt in solchen Träumen, wie sehr man einander liebt ...

Samstag/Sonntag, 18./19. Juli 1693. Hannover [228]

... Bon Homme ist von der Konferenz [die Hauskonferenz vom 18. Juli 1693 in Engensen zwischen Hannover und Celle, in der die beiden Herzogtümer sich über die gemeinsame Abwehr des drohenden dänischen Angriffs einigten] heimgekehrt und hat mir die Ordonnanzdragoner ohne Befehle zurückgeschickt; deshalb glaube ich, daß wir diese Woche noch hierbleiben werden. Morgen diniere ich bei ihm, da

hoffe ich Näheres zu erfahren, ich teile es Ihnen dann sofort mit. Sehen Sie inzwischen zu, daß Sie das durchführen können, was ich Ihnen auf beiliegendem Zettel vorschlage [die Prinzessin soll an einem Wochenende von Celle nach Hannover kommen]. Die Kurfürstin ist in Linden [hier, vor den Toren Hannovers, lag das Platensche Schlößchen Monplaisir] gewesen, um die Gräfin Platen spazieren zu führen. Graf Stenbock, den Sie vor sieben Jahren hier gesehen haben, hatte den Wunsch, seine Aufwartung zu machen, ebenso Graf de la Gardie [welche der schwedischen Grafen dieses Namens gemeint sind, ist ungewiß], und ich brachte sie beide nach Linden. Die »alte Hexe« [la bonne pièce = Gräfin Platen] war so erhitzt, daß ihr die Schminke überall herunterlief. Der Anblick so vieler Fremder brachte sie derartig außer Fassung, daß sie ganz durcheinander war. Immerhin tat sie das Klügste: sie zog sich sofort zurück, um ihr Äußeres wieder in Ordnung zu bringen. Die Kurfürstin besitzt eine tüchtige Portion Bosheit, und besser hätte sie sich gar nicht an der Mätresse ihres Mannes rächen können.

13. August 1693. Artlenburg [256]

Am 12. habe ich dasselbe getan wie an den anderen Tagen, nämlich gegessen, getrunken und die Posten kontrolliert. Am 13. das gleiche; der Herzog von Celle kam zur Besichtigung... Nichts kann tugendhafter sein als mein Tageslauf; wollte Gott, ich könnte Ihnen durch mein Benehmen zeigen, daß alle meine Gedanken, alle meine Taten nur Ihnen gelten.
Den Brief Nr. 3 erhielt ich erst acht Tage nach dem mit der Nr. 4. Ich verstehe diese Verzögerung nicht, aber ich bin mir sehr wohl klar darüber, daß es gefährlich ist, wenn er so lange unterwegs ist.

Idolo mio, wann werde ich endlich so glücklich sein, Sie in meinen Armen zu halten? Ist es nicht, um einen Cato [Cato d. J., das Musterbild stoischer Ruhe, Gegner Caesars, gab sich als überzeugter Republikaner den Tod] zur Verzweiflung zu bringen, wenn ich sehe, daß Sie herkommen könnten, wenn nur Prinz Max es nicht unmöglich machte? Aber selbst wenn meine Sehnsucht, Sie zu sehen, mich meine Eifersucht *auf ihn vergessen ließe und ich Sie bäte herzukommen: wieviel Zeit könnte ich denn mit Ihnen zusammensein? Vielleicht zwei Tage, und danach würde ich Sie von Leuten umgeben sehen, die uns feindlich gesinnt sind oder sich einschmeicheln wollen. Glauben Sie nicht, mein Engel, daß meine Eifersucht der Ausfluß einer schlechten Meinung sei, die ich über Sie hätte — ich wäre ein Schurke, wenn es so wäre —; sie kommt vielmehr aus der Leidenschaft meiner Liebe, darum hoffe ich, daß Sie mir verzeihen, wenn diese Tollheit mich packt.*

Sonntag, 1. August 1693. Hannover [248]

... Gehen Sie nur, Grausame, und genießen Sie die Lust mit Ihrem neuen Bettschatz [am 20. Juli 1693 schreibt Sophie Dorothea aus Celle, ein »junger Baron aus Mainz, sehr elegant und prächtig anzuschauen«, habe ihr einen kleinen Trost geboten]. Es ist Ihnen nicht genug, mich um jede Ruhe zu bringen, nein, Sie müssen mir auch die Ehre, den guten Ruf und alles, was ich auf der Welt habe, rauben. Habe ich nicht für Sie alles aufgegeben? Sie wissen, wie schlecht es um meine Angelegenheiten steht. Für einen Kuß von Ihnen habe ich alles geopfert, und jetzt sehe ich mich auf so schnöde Weise belohnt ...

... M e i n e Festesfreuden sind von sehr anderer Art als die, bei denen Sie brillieren: es sind die täglichen Exerzierübungen mit meinen Dragonern; seit drei Tagen bin ich ständig auf Jagden und habe niemand gesehen. Ich habe wohl bemerkt, daß irgend etwas Sie zurückhielt, aber ich wußte nicht, daß es ein gut aussehender und elegant gekleideter junger Mann ist. Sie wünschen, daß ich Ihnen klar sage, was Sie tun sollen. Was, zum Teufel, soll ich Ihnen denn sagen? Wenn es mir um Ihre Gunst zu tun wäre, würde ich sagen: bleiben Sie und genießen Sie die Lust, die ein neuer Liebhaber Ihnen schenkt. Wenn ich Sie bäte herzukommen, würden Sie ja doch wieder einen Vorwand finden, sich mit mir zu entzweien, um bleiben zu können.

1. September 1693

... Warum schreiben Sie mir so zärtliche Briefe, wenn Sie doch so wenig daran denken, Ihre Versprechungen zu hal-

ren? Sie versichern mir, daß Sie alle Schwierigkeiten besiegen werden, daß Sie alles tun werden, mich zufriedenzustellen. Das sind schöne Worte, aber Sie handeln nicht danach. Ach, Sie sagen mir: Hoffen wir, daß die Zeit uns vielleicht eines Tages glücklich machen wird. Aber ich muß Ihnen sagen, daß die Zeit mich vielmehr zum allerunglücklichsten Menschen machen wird ... Ich glaube, man wird mich zwingen, Sie zu verlassen. Ich kann vor Kummer, Traurigkeit und Zorn nicht weiterschreiben. Leben Sie wohl, hassen Sie mich wenigstens nicht, denn, bei meinem Gott, das verdiene ich nicht in den Augen der Welt.

14. September 1693. Artlenburg [271]

... Ich spüre noch das ungarische Rosenwasser auf der Nase ... Ich fühle mich durstig und fiebrig. Ich werde mich zur Ader lassen, um der Krankheit zuvorzukommen. Herr von Spörcken [Gutsherr auf Marienthal bei Artlenburg] wird aller Wahrscheinlichkeit nach noch heute sterben. In meinem Regiment sind drei Hauptleute, fünf Leutnants und vier Fähnriche todkrank, mehr als dreihundert Infanteristen und Dragoner allein von unseren Truppen liegen danieder, die Luft ist von Krankheit verpestet, die gesündesten Leute stecken sich an. Dennoch hoffe ich, verschont zu werden, wenn ich weiß, daß Sie es überstanden haben ...

Die Belagerung von Charleroi wird den Kurprinzen noch eine Weile von hier fernhalten — Gott gebe in seiner Güte, daß sie uns von lästigen Personen befreie!

Man hält es hier für sicher, daß die Streitigkeiten [mit den Dänen] gütlich beigelegt werden, aber die Maßnahmen für die Pflege der Kranken lassen mich befürchten, daß wir noch einige Zeit hierbleiben müssen.

Ich bin um Ihretwillen betrübt, daß Sie so abgemagert sind, aber ich finde, wenn Sie erlauben, die Frage, die Sie mir stellen, lächerlich und absurd ... Wenn ich an Ihnen nur Ihre Schönheit liebte, würde ich sie Ihnen verzeihen. Aber es ist ja nicht nur die Schönheit, die ich an Ihnen verehre, weit mehr sind es Ihre inneren Werte ... Ich versichere Ihnen feierlich: selbst wenn Sie häßlicher wären als Frau von Koppenstein [s. dazu S. 97, Brief 222], so würde ich Sie keinen Deut weniger lieben ... Glauben Sie wirklich, daß eine Liebe wie die meine sich auf eine so vergängliche Sache wie Schönheit gründet? Obwohl Sie sehr schön sind, schöner als irgendeine andere Ihres Geschlechts, darf ich ohne Zögern sagen, daß nicht dies schuld ist an dem Gefühl, das ich für Sie hege. Ich leugne gar nicht, daß die Schönheit, die die Natur Ihnen geschenkt hat, mich entflammt hat, und ohne sie wäre ich vielleicht weniger glücklich gewesen, als ich es bin, aber was ich wahrhaft an Ihnen liebe, sind Ihr Geist, Ihre Aufrichtigkeit, Ihre feine Lebensart und vor allem die reichen Gaben und die Unbestechlichkeit Ihrer Seele. Wirklich, Léonisse, Sie betrüben mich sehr mit solchen Fragen. Wie konnten Sie fürchten, ich könnte der größten Schönheit unseres Jahrhunderts und dem Inbegriff der Tugend untreu werden wegen irgendwelcher hergelaufener Prinzessinnen, deren einziges Verdienst darin besteht, daß sie aus Paris kommen [gemeint sind die beiden Töchter der Witwe von Ernst Augusts Vorgänger auf dem hannoverschen Thron, Herzog Johann Friedrich, die 1693 mit ihrer Mutter aus Frankreich nach Hannover zurückkehrten] ... Glauben Sie etwa, daß mir das Neue, die Abwechslung und die Tatsache, daß jemand aus Paris kommt, soviel bedeuten können wie die Liebe zu Ihnen? Sie täuschen sich sehr in mir: ich kann mir nichts Schöneres denken als die Fesseln, die Sie mir angelegt haben, und würde sie nicht für das Reich des Großmoguls eintauschen.

Undatiert (Anfang 1692) [32]

... Ich muß Ihnen sagen, daß ich eine ganz schreckliche Nacht hinter mir habe: ich sah im Traum, daß Sie mich betrogen. Ich träumte, ich hätte Sie gebeten, einen gewissen hohen Herrn nicht zu sehen, Sie aber hätten ihn trotz Ihres Versprechens, es nicht zu tun, bei sich empfangen, um ihm Lebewohl zu sagen. Ich erfuhr davon. Unfähig, diese Treulosigkeit zu ertragen, drang ich, unter dem Vorwand, Ihnen einen Brief von Ihrer Frau Mutter überbringen zu wollen, unvermittelt in Ihr Zimmer ein und wurde Zeuge des schrecklichsten Schauspiels, das die Welt erleben kann: Sie lagen in den Armen jenes hohen Herrn und, was das Schlimmste war, niemand sonst war im Zimmer. Sie spielten ein wenig die Ärgerliche gegen Ihren Adonis und schalten

ihn zudringlich. Ich wollte mich natürlich zurückziehen, aber Sie riefen mich zu sich; ich war entzückt darüber, weil es mir Gelegenheit gab, Ihnen ins Ohr zu flüstern, daß Sie die undankbarste aller Frauen seien und daß dies das letzte Mal sei, daß ich mit Ihnen spräche. Wirklich suchte ich sogleich Herrn von Podewils auf, um ihn zu bitten, mich nach Ungarn zu schicken, was er auch tat. Ich bitte Sie um Verzeihung für diesen sündhaften Traum . . .

In dem Augenblick, als Königsmarck merkt, daß er beim Kurfürsten in Ungnade gefallen ist, befürchtet er das Schlimmste, nämlich unbarmherzige Ausweisung aus Hannover; da rettet ihn ein unerwartetes Ereignis: Dänemark, mit Schweden verbündet, schickt sich an, in das Herzogtum Celle einzumarschieren. Den Vorwand liefern die Befestigungen, die der Herzog von Celle in dem Grenzort Ratzeburg anlegen ließ. Der Übereifer eines dänischen Generals führt zur Beschießung der Festung und läßt die Feindseligkeiten offen ausbrechen. Die Dänen schlagen ihr Lager an der Elbe auf; Königsmarck erhält den Befehl über die Truppen, die den Feind am Übergang über den Strom hindern sollen. Seine Briefe sind bis zum September 1693 aus dem Lager bei Artlenburg datiert.

20. August 1693. Artlenburg [258]

Die Pflicht, meine Stellung und der Mangel an Offizieren, an dem wir leiden, sind der Grund, daß ich keinen Augenblick Ruhe gehabt habe. Jetzt, da ich Ihnen schreibe, ist es zwischen zehn und elf Uhr abends; um Mitternacht müssen wir wieder bis zum Morgen auf Wache. Von drei bis sieben Uhr schlafe ich. Um sieben bringt der Feldmarschall mir meine Befehle für den laufenden Tag. Urteilen Sie selbst, ob ich die Zeit habe, Ihnen so lange Briefe zu schreiben, wie ich gern möchte.

11. August 1693 [255]

. . . Seit vorgestern nacht zwölf Uhr war ich ununterbrochen im Sattel und habe mehr als zwölf Meilen zurückgelegt, ohne einmal den Fuß auf die Erde zu setzen. Es ist

noch nichts passiert, wir unterhalten uns sogar mit den Herren Dänen, denn nur der Fluß liegt zwischen uns.
Soviel über den Krieg, sprechen wir lieber von der Liebe ...

17. August 1693 [257]

... Auf meinen Patrouillenritten Tag und Nacht habe ich reichlich Gelegenheit zum Nachdenken. Ich sehe Sie immer vor mir, ich betrachte Sie im Geist vom Kopf bis zu den Füßen und finde alles an Ihnen vollkommen. Wenn man auch, nachdem man diese Welt verlassen hat, lieben kann, so seien Sie überzeugt, daß alle Schönheiten des Jenseits mich nicht in meiner Liebe zu Ihnen wankend machen können.

1. September 1693 [264]

... Ich muß Ihnen noch sagen, daß ich Ihnen zwei Briefe an die Adresse von 131 [Hans Friedrich von Metzsch, Schwager der Knesebeck] geschrieben habe, den ich in Celle glaubte. Ich muß wissen, ob Sie sie bekommen haben. Drei weitere Briefe waren an den Postmeister in Celle adressiert, und zwar Brief Nr. 9 vom 20. August, Nr. 12 vom 26. August und Nr. 14 vom 30. August; es wäre auch gut, wenn Sie nachschauten, ob Sie Brief Nr. 13 haben. Ich bitte Sie, geben Sie mir rasch Nachricht darüber, Sie können sich einfach an die Reihenfolge der Briefe halten, denn ich bin ganz sicher, daß ich dieses Mal habe Genauigkeit walten lassen. Sie werden erstaunt sein, daß ich in meiner jetzigen Lage solche Überlegungen anstelle, aber, meine Geliebte, wir haben soviel Unglück, daß wir uns nicht noch welches dazu aufladen müssen ... Wir wollen uns ewig lieben und uns von neuem unverbrüchliche Treue schwören, um einmal zusammen zu leben.

3. September 1693, Artlenburg [266]

Ich glaubte, mich rühre der Schlag, als ich beim Öffnen Ihres Briefes eine andere Handschrift sah. Ich hatte gehofft, Sie würden mir mitteilen, daß es Ihnen besser gehe, und nun sind Sie immer noch krank. Glauben Sie aber nicht, daß ich ärgerlich bin, daß dieser Brief nicht von Ihrer Hand ist, ganz im Gegenteil, ich beschwöre Sie, machen Sie es weiter so ... Ich liege immerfort auf den Knien und bete für Ihre

völlige Genesung. Schließlich, so hoffe ich, wird der Himmel Mitleid mit mir haben, meine Gebete kommen aus einem zu ehrlichen Herzen, als daß sie unerhört bleiben könnten ... Mein Plan, von dem ich nur noch nicht weiß, wann ich ihn werde ausführen können, ist, einen Fieberanfall vorzutäuschen; ich werde dann Bon Homme [Podewils] bitten, mich für drei Tage nach 317 [Lüneburg] zu beurlauben, angeblich, um zu vermeiden, daß das Fieber mich vollends befällt. In Wahrheit will ich mir ein Heilmittel verschaffen, das ich nicht in 317 finden kann: ich werde die Post nehmen und auf dem schnellsten Wege nach Celle eilen. Ich werde, denke ich, zwei Nächte bei Ihnen sein können. Welche Freude, welche Wohltat wird es sein, Ihre Füße mit meinen Tränen zu benetzen! Sie werden sehen, in welchen bejammernswürdigen Zustand mich Ihre Leiden gestürzt haben ...
Hier greift die Krankheit von Tag zu Tag mehr um sich, meinen alten Oberstleutnant C. und zwei Leutnants hat sie heute gepackt; ich weiß nicht, wie ich es mache, daß sie mich verschont, es ist ein Wunder.

Königsmarck schreibt aus dem Artlenburger Feldlager einen verzweifelten Brief nach dem anderen. Er weiß, daß der Kurprinz sich bei seiner Gemahlin aufhält. Sollte sie wieder ein Kind von ihm erwarten, will er sich in der Elbe ertränken (Brief vom 19. September 1693).
Im gleichen Brief schreibt er:

... Es sind jetzt acht Wochen, seit ich Hannover verlassen habe. Ich halte Fasten, lebe wie ein Kapuziner, versäume keine Sonntagspredigt, habe meinen Bart nicht mehr stutzen lassen ... Ach, könnte ich doch diese Augen wiedersehen, die so zufrieden waren, wenn sie mich unter ihnen vor Wonne vergehen sahen; könnte ich doch diesen kleinen Schoß küssen, der mir so viele Freuden geschenkt hat ... Wenn ich im Bett liege, habe ich Ihr Bild vor meinen Augen und an meinem Munde — dann bin ich kein Kapuziner mehr.

20. August 1693. Artlenburg [258]

...Wäre ich ganz sicher, daß Sie mit mir fliehen würden, wenn die Dänen über die Elbe kommen, ich glaube, ich

ließe sie hinüber. Aber ich befürchte, mein Engel, wenn es dazu käme, würden Sie nicht bereit sein, es auch zu tun, wie Sie jetzt behaupten, denn man muß zu leben haben – daran wird alles scheitern.

Schnath zufolge ist der letzte Brief Königsmarcks – drei unbedeutende Fragmente ausgenommen – vom November 1693.
Von dem, was nach diesem Zeitpunkt geschrieben wurde, hat sich kein Stück erhalten.

Briefe von Sophie Dorothea An Königsmarck

(nach den Originalen im Besitz der Universität Lund/Schweden und des Geheimen Staatsarchivs Berlin)

Sophie Dorothea schreibt aus Einbeck:

(März 1692)

... Ich könnte Ihre Abwesenheit nicht ertragen, ohne vor Kummer zu vergehen, hätte ich nicht die Hoffnung, Ihnen durch mein Verhalten zu beweisen, daß nie jemand einen Menschen so geliebt hat wie ich Sie und daß nichts meiner Treue gleichkommt; sie hält jeder Probe stand, und was mir auch zustoßen mag, nichts auf der Welt wird mich von dem Gegenstand meiner höchsten Anbetung trennen können. Ja, mein Geliebter, meine Liebe kann erst mit meinem Tode enden.
Ich war heute so verändert und niedergeschlagen, daß sogar der Réformeur [Georg Ludwig] mich deswegen bedauerte; er sagte, daß ich krank aussähe und mich in acht nehmen solle. Er hat recht, aber meine Krankheit kommt nur von der Liebe, und ich will nie von ihr genesen.
Ich habe niemand gesehen, über den sich zu sprechen lohnte. Einen Augenblick war ich bei der Romaine [Kurfürstin Sophie]. Sobald es die Höflichkeit zuließ, begab ich mich in meine Zimmer, um das Vergnügen zu genießen [mit der Knesebeck], von Ihnen zu sprechen ...

Jetzt ist es acht Uhr, ich muß bei Hofe erscheinen. Großer Gott, was für eine törichte Person werde ich abgeben! Ich werde mich gleich nach der Tafel zurückziehen, um Ihre Briefe zu lesen, es ist meine einzige Freude in Ihrer Abwesenheit. Leben Sie wohl, mein angebeteter Geliebter, nur der Tod kann mich Ihnen entreißen, keiner Macht der Menschen wird es jemals gelingen . . .

Sonntag, 12. Juni 1692. Hannover [60]

. . . Ich hatte gehofft, Sie nach der Parade [der zum Abmarsch nach den Niederlanden bereitstehenden Truppen beim Dorfe Tündern, südwestlich Hameln] wiederzusehen, wir hätten es in aller Ruhe tun können, der Réformeur war nicht da. So sehr spukte diese Idee in meinem Kopfe, daß ich zwei Nächte wartend am Fenster stand; in jedem Vorübergehenden glaubte ich Sie zu erkennen. Die »Gouvernante« [= Fräulein von dem Knesebeck] hatte gut reden, ich wollte nun einmal keine Vernunft annehmen.
Aber ich muß Ihnen Rechenschaft ablegen über das, was ich getan habe: sofort nach dem Essen zog ich mich zurück; am Abend gab es Musik, und Ihr Coeur gauche [= Sophie Dorothea] hat mit Colt [s. dazu S. 95, Brief 68] gespielt.
. . . Die Romaine hat mir Ihre Schönheit und regelmäßigen Gesichtszüge sehr gelobt. Ich fürchte sehr, daß man Sie nur allzu schön finden wird und daß mich das noch manche Träne kosten wird.
Ich muß aufhören, es ist drei Uhr nachts, und ich muß mich zu Bett begeben. Zweifeln Sie niemals an meiner Treue, sie ist unverbrüchlich, und ich will bis zum Tode nur Ihnen gehören.

22. Juni 1692. Bruchhausen [67]

Wenn ich daran denke, daß noch vier oder fünf Monate vergehen werden, ehe ich Sie wiedersehe, verfalle ich in eine Melancholie, die ich nicht verbergen kann. Tausend trübe Gedanken suchen mich heim, ich fürchte, daß man uns trennt und mir den Weg zu meinem Glück versperrt. Ich fühle, wie ich am Rande des Abgrundes stehe; mit einem Wort, wenn Sie wüßten, in welcher Verfassung ich mich befinde, hätten Sie Mitleid mit mir . . .

... Ich war kaum angekleidet, da mußte ich zum Essen, danach war ich eine Weile beim Pédagogue [= Herzogin Eleonore] ... Der Grondeur [= Herzog Georg Wilhelm] kam, um mich zu sehen, und erwies mir tausend Freundlichkeiten. Ich spielte mit Chauvet [Jeremias Chauvet, cellischer Feldmarschall] und der Beauregard [Judith de Beauregard, Hofdame der Herzogin Eleonore]. Man speiste und danach zog ich mich zurück, ohne mit irgend jemand gesprochen zu haben.
Gute Nacht, ich gehe schlafen. Was für traurige Nächte, seit Sie fort sind! Wenn ich an die Freuden denke, die ich mit Ihnen genossen habe, und dagegen an meine jetzige Verfassung, überkommt mich tödlicher Schmerz. Bleiben Sie mir treu, mein Geliebter, mein ganzes Lebensglück hängt davon ab. Ich jedenfalls will nur noch für Sie leben.

Sonntag, 11. Juni 1693. Linsburg [198]

... Ich habe soeben einen Brief des Kurprinzen bekommen, in dem er mir erlaubt, mit der Kurfürstin nach Bruchhausen zu gehen. Er will aber nicht, daß ich lange dort bleibe, weil er sich darüber geärgert hat, daß die Kurfürstin — und die anderen Damen ebenfalls — Ihnen ein Fahnenband für Ihre Standarte geschenkt hat. Er schreibt wörtlich: »Sie haben offenbar Mangel an mitteilenswerten Neuigkeiten, da Sie mir von dem artigen Geschenk von Madame meiner Mutter erzählen; ich zweifle nicht, daß Sie ihrem Beispiel folgen werden!«

Dienstag, 13. Juni 1693. Linsburg [200]

Ich kam gestern abend sehr spät mit der Kurfürstin aus Bruchhausen zurück und hatte die Freude, Ihren Brief vorzufinden; ich habe ihn wenigstens zehnmal gelesen und hätte ihn noch vor dem Schlafengehen beantwortet, wenn es möglich gewesen wäre. Aber bevor ich es jetzt tue, muß ich Ihnen erzählen, wie der Aufenthalt in Bruchhausen verlaufen ist. Wir kamen dort Sonntagabend um neun Uhr an. Man speiste und dann zog sich jeder auf sein Zimmer zurück. Ich war bis zwei Uhr nachts mit meinem Vater und meiner Mutter zusammen, die sich ganz auf meine Seite stellen und keineswegs zufrieden sind, wie man mit mir umspringt.

Meine Mutter ist ganz so wie ich es wünsche, und wenn mein Vater auch so wäre, wäre ich restlos glücklich.
Der Kurprinz hat einen sehr höflichen Brief an meinen Vater geschrieben: er stellt es ihm frei, mich so lange hierzubehalten, wie er mag. Sie wissen, daß er mir das Gegenteil geschrieben hat. Das habe ich meinen Eltern gesagt, und ich soll ihn fragen, wie lange ich nun hierbleiben kann. Lassen Sie mich wissen, ob Sie damit einverstanden sind.
Den Montag habe ich zur Hälfte allein, auf dem Bett liegend, verbracht, zur anderen Hälfte mit der Kurfürstin und meinen Eltern.
Wären nicht die Kurfürstin und die Knesebeck hier, die einzigen Menschen, mit denen ich mich unterhalte, so würde ich den Gebrauch der Sprache verlernen.
Wir sind von Bruchhausen um sieben Uhr morgens aufgebrochen und kamen um elf Uhr in Linsburg an. Ich aß allein auf meinem Zimmer. Heute morgen badete ich, um einen Vorwand zu haben, nicht auszugehen. Ich habe niemand gesehen und werde heute auch den ganzen Tag zuhause bleiben. Nun wissen Sie alles, was ich gestern und heute getan habe.
Ich muß jetzt auf Ihren Brief eingehen. Es tut mir leid, daß der meine Sie so betrübt hat, wie Sie schreiben. Aber ich war so ärgerlich auf Sie, daß Sie nicht einmal so billig davongekommen wären, wenn ich Ihnen alles gesagt hätte, was mein Groll mir eingab. Indessen akzeptiere ich die Gründe, die Sie zu Ihrer Entschuldigung anführen. Es genügt mir, daß Sie versichern, Sie hätten nur aus taktischer Klugheit so gehandelt. Und doch würde ich ein Stück von meinem Leben hergeben, wenn Sie es nicht getan hätten. Nehmen Sie es mir nicht übel: wie konnten Sie, bei all Ihrem Geist, einen Vergleich zwischen dem Ball bei Colt und diesem Fest [bei der Gräfin Platen] ziehen? Jener Ball fand zwei Wochen nach Ihrem Fortgang statt, und ich ging nur hin, weil der Kurfürst und die Kurfürstin da waren; dieses Fest dagegen – und das ist es, was mich traurig macht – fand ganze zwei Stunden nach meiner Abreise statt, nachdem Sie so zärtlich Abschied von mir genommen hatten, daß ich alles andere eher erwartet hätte, als daß Sie auf eine vergnügte Gesellschaft gehen. Aber sprechen wir nicht weiter davon.

Ich liebe Sie und bin unfähig, Ihnen lange gram zu sein. Ich hatte Ihnen verziehen schon ehe Sie mir schrieben.

Mittwoch, 14. Juni 1693. Linsburg [202]

. . . Die Kurfürstin spricht bei jedem Spaziergang, den ich mit ihr mache, von Ihnen; ich habe Ihnen berichtet, daß ich immer mit ihr allein bin. Ich weiß nicht, ob sie es aus Schwärmerei für Sie tut, oder um mir eine Freude zu machen. Was immer ihr Motiv sein mag, mir ist es schon fast zuviel; selbst Ihren Namen kann ich nicht hören ohne eine innere Bewegung, die ich dann kaum bemeistern kann. Es gibt keine Tugend, die die Kurfürstin nicht an Ihnen entdeckt: sie findet ein solches Vergnügen daran, Sie zu loben, daß ich, wäre sie jünger, Eifersucht empfinden würde; ich glaube ganz ernsthaft, daß sie zärtliche Gefühle für Sie hegt. Ihr Verhalten beweist es mir nur zu deutlich, und es ist mir lästig.

Sophie Dorothea hat überhaupt nicht begriffen, daß die Kurfürstin nur ein Ziel verfolgt: hinter das Geheimnis ihrer Schwiegertochter zu kommen.

Freitag, 16. Juni 1693. Linsburg [204]

. . . Ich beginne mit dem, was mir am meisten am Herzen liegt, meiner Sehnsucht, Sie wiederzusehen. Ich habe Ihnen schon geschrieben, daß die Sache von meiner Seite aus leicht zu bewerkstelligen ist, denn in dem Zimmer neben dem meinen wohnt die Knesebeck; dort können Sie durch eine Hintertür eintreten und, wenn Sie wollen, vierundzwanzig Stunden ohne jedes Risiko bleiben. Ich gehe jeden Abend, nur von der Knesebeck begleitet, unter den Bäumen ganz nahe beim Haus spazieren. Wir werden dort von zehn Uhr bis Mitternacht auf Sie warten. Sie müssen sich mit dem üblichen Erkennungszeichen bemerkbar machen. Die Gartentür ist immer geöffnet. Vergessen Sie nicht, daß S i e das Zeichen geben müssen und daß ich Sie unter den Bäumen erwarte.

23. Juni 1693. Bruchhausen [212]

Ich bin sehr in Unruhe, daß ich noch immer keinen Brief von Ihnen habe. Ich warte voller Ungeduld darauf und ver-

gehe vor Begierde zu erfahren, wie sich Ihre Angelegenheiten entwickeln. Heute erhielt ich einen Brief des Kurprinzen; es ist die Antwort auf meinen Brief aus Linsburg, in dem ich ihm mitgeteilt hatte, daß man den Prinzen Max im Zimmer neben mir habe unterbringen wollen. Ich schrieb ihm auch, daß Sie an den Rhein gehen würden. Ich zitiere Ihnen seine Worte: »Sie haben sich gegen Prinz Max wie eine wahre Lukrezia benommen, und ich beginne einzusehen, daß die Ehre bei Ihnen sehr gut aufgehoben ist. Ich bin erstaunt zu erfahren, daß Königsmarck den Feldzug am Rhein mitmachen wird; das wird sich für ihn hier nicht gut auswirken, da er seine Schulden noch nicht bezahlt hat, und nach dem zu urteilen, was man hier darüber spricht, könnte er allerhand Unannehmlichkeiten wegen dieser Sache haben.«
Ich bin ganz betrübt darüber, und zusammen mit dem Schmerz, von Ihnen getrennt zu sein, versetzt es mich in eine sehr mißmutige Stimmung. Schreiben Sie mir, was ich dem Kurprinzen antworten soll. Ich bin überzeugt, daß er hämische Freude empfindet; ich weiß, er ist voller Neid und Haß gegen jeden, der charmant ist, der Verdienste und Vornehmheit besitzt wie Sie.
Ich bin ganz mit meinen Plänen beschäftigt. Meine Mutter hat eine Sache in Angriff genommen, die, wenn sie glückt, recht gut ist. Sie möchte, daß die Celler Stände mir ein Geschenk von dreißigtausend Talern machen. Sie hat mit Bernstorff darüber gesprochen, der sich voll dafür einzusetzen versprach.
Er hat mir tausendmal seine Ergebenheit beteuert und erklärt, ich brauchte mich seiner Hilfe nur zu bedienen. Er will mich aufsuchen, ich glaube, damit werden Sie einverstanden sein.
Wenn ich Bernstorff gewinne, sich für meine Interessen einzusetzen, so bin ich sicher, daß ich bei meinem Vater alles erreichen könnte, was ich will. Man muß jedes Mittel ergreifen. Die Sache liegt mir zu sehr am Herzen, als daß ich irgend etwas unversucht ließe; mein ganzes Lebensglück hängt von ihrem Gelingen ab.

Mittwoch, 28. Juni 1693. Celle [215]

Ich bin ganz verzweifelt, daß Sie nicht so zufrieden mit mir sind, wie Sie es sein sollten. Wenn ich Ihnen nicht geschrieben habe, daß ich mit Prinz Max sprach, so deshalb, weil ich es bisher noch nicht tat, erst gestern habe ich ihn gesehen. Sie tun mir Unrecht, wenn Sie glauben, ich hätte mich mit ihm unterhalten, und sei es auch nur kurz. Ich sagte ihm wörtlich nur: »Maxel, ich danke Ihnen für die Artigkeit, die Sie mir in Linsburg erwiesen haben.« Er antwortete mir, daß er nichts als seine Schuldigkeit getan habe und daß es ihm immer ein Vergnügen sein werde, mir in allem zu Diensten zu sein.

Ich schwieg verlegen, neben mir standen auf der einen Seite Bernstorff, auf der anderen meine Mutter. Ich kann beschwören, daß er weiter nichts zu mir gesagt hat und daß die Unterhaltung damit beendet war. Am selben Abend verabschiedete er sich von meinem Vater. Meine Mutter hielt mich an der Hand, sie gab ihm einen Kuß und wollte, daß ich es auch täte. Ich ließ sie brüsk stehen und ging ans andere Ende des Zimmers. Dann sagte ich lediglich ganz laut zu Prinz Max, daß ich ihn bäte, die Kurfürstin meiner Hochachtung zu versichern. Meine Mutter bat mich nachher um Verzeihung für ihre Zumutung. Ich erwiderte, sie möge doch so etwas in Zukunft nicht mehr von mir verlangen, weil es mir unangenehm sei. Sie versprach es.

Mittwoch, 5. Juli 1693. Celle [225]

... Nichts kann untadeliger sein als mein Benehmen. Trotzdem habe ich den Eindruck, daß Sie von meiner Aufrichtigkeit nicht so überzeugt sind, wie Sie es sein sollten, und daß Sie mir nicht glauben, daß ich meine Mutter brüsk stehen ließ, als sie von mir verlangte, ich solle Prinz Max küssen. Doch ich versichere Ihnen bei meiner Seligkeit, daß es so und nicht anders war und ich mich einige Schritte entfernte. Meine Mutter hat mich hinterher um Verzeihung gebeten, weil sie wohl bemerkt hat, in welche Verlegenheit sie mich gebracht hatte. Ich bin keineswegs überrascht, daß Sie dieses Benehmen nicht billigen, ich finde es genau wie Sie sehr unschicklich, aber Sie brauchen keine Angst zu haben,

daß sie mich jemals zu einer Handlung verleiten könnte, die Ihr Mißfallen erregen würde. Lieber würde ich mich mit ihr entzweien, als es auch nur im geringsten an dem fehlen zu lassen, was ich Ihnen schuldig bin; ich beschwöre Sie, seien Sie davon überzeugt und zermartern Sie sich nicht den Kopf mit solchen Vorstellungen.
Meine Mutter und mein Vater haben sich wieder völlig miteinander ausgesöhnt und sind einträchtiger denn je ...
Ich lasse die Hoffnung nicht fahren, das Gewünschte noch zu erhalten, und werde das Spiel nicht aufgeben; verweigert man es mir, werde ich den Mut trotzdem nicht sinken lassen. Im Augenblick freilich sind die Umstände meinem Plan nicht hold; man spricht nur vom Krieg und der Not, in der man sei. Mir scheint wir müssen einen günstigeren Zeitpunkt abwarten.
Mein Vater ist freundlicher als je zu mir, und meine Mutter überhäuft mich mit Güte aller Art.
Abgesehen von dem bewußten Verhalten, das Ihnen mißfiel, bin ich sehr zufrieden mit ihr. Jeden Tag versichert sie mir aufs neue, daß ich über alles, was sie habe, verfügen könne, und ich mache mir von ihrer Seite her keinerlei Sorgen. Wollte Gott, daß mein Vater ebenso zu mir spräche wie sie! Gerade heute ist er in schrecklicher Niedergeschlagenheit: die Dänen rücken weiter vor und sind mit allem ausgerüstet, das sie brauchen, um die Elbe zu überschreiten. Der Krieg wird mich noch weiter von Ihnen trennen. Alles hat sich verschworen, mich zur Verzweiflung zu bringen. Ich wage bei der jetzigen Lage der Dinge nicht, Druck auf meinen Vater auszuüben, denn wenn sie sich zum Schlechten entwickeln, bliebe ihm selber nichts ...

Die Leidenschaft und die Qualen des ewigen Getrenntseins – einmal länger als sechs Monate – haben die Liebenden, die sich bisher über den Wahnsinn eines Fluchtversuchs im klaren waren, jetzt so verblendet, daß sie jeden Sinn für die Wirklichkeit verlieren; sie denken nur noch daran, wie sie dem Herzog von Celle die Mittel ablisten können, die die Prinzessin braucht, um mit ihrem »Chevalier« im Ausland zu leben.

25. Juni 1692. Bruchhausen [69]

Pédagogue und Grondeur überhäufen mich mit Freundlichkeiten, was mich sehr beruhigt. Seit ich hier bin, haben sie mit mir kein Wort über Sie gesprochen. Das überrascht mich, tatsächlich scheint sie das, was ich ihnen gesagt habe, überzeugt zu haben. Gestern erfuhr ich von dem Tod von Lescours [Armand de Lescours, Hofmeister der Herzogin Eleonore], er hat mich sehr bewegt, weil ich dabei an meinen Chevalier denken mußte. Er war jung und gesund, und doch ist er jetzt tot. Sie können sich nicht vorstellen, in welch traurige Gedanken mich diese Nachricht versetzt hat. Ich ängstige mich mehr denn je Ihretwegen. Wenn Sie mich wirklich lieben, so schonen Sie sich für mich; was soll aus mir werden ohne Sie ... Ganz gewiß habe ich Sie nie so zärtlich und hingebungsvoll geliebt wie jetzt. Alles was mit Ihnen zu tun hat, läßt mein Herz ängstlich erzittern.

Ich mache mir ein Vergnügen daraus, mit niemand zu sprechen. Der Grondeur und der Pédagogue sind mir dankbar dafür: sie glauben, ich lebte ihretwegen so zurückgezogen. Sie wissen nicht, daß ich es tue, um Ihnen noch stärker meine Liebe und zärtliche Ergebenheit zu bezeigen.

30. Juni 1692. Bruchhausen [72]

Weit entfernt von jedem Gedanken an Flatterhaftigkeit, der Sie mich so ungerechterweise zeihen, kann ich vielmehr meine Tränen nicht zurückhalten beim Lesen all der harten Worte, mit denen Sie mich überhäufen. Welchen Anlaß habe ich Ihnen gegeben, daß Sie eine so schlechte Meinung von mir haben? Etwa weil ich Sie mit solcher Ergebenheit geliebt habe, weil ich alle Freunde, die ich auf der Welt hatte, vernachlässigt und mich weder um die Mahnungen meiner Eltern noch um all das Unglück, das mir zustoßen kann, bekümmert habe? Nichts ist mit dem Schmerz vergleichbar, den Sie mir zufügen, und ich könnte es nicht ertragen, daß Sie mich für fähig halten, nicht mehr zu all dem zu stehen, was ich Ihnen gelobt habe.

Sie machen mir lächerlicher Personen wegen Vorwürfe, daß ich sie zu Ihren Nebenbuhlern machte. Die Ehre, die Sie ihnen damit antun, verdienen sie gewiß nicht, und ich schäme mich, daß Sie mich zwingen, Sie ihretwegen zu beruhigen.

Ich habe kaum mit dem Piemontesen gesprochen und mit dem Österreicher überhaupt nicht. Ich habe Ihnen mit größter Genauigkeit alles geschrieben, was ich getan habe, und bin bereit, jeden Eid, den Sie wünschen, zu schwören, um Sie von meiner Unschuld zu überzeugen. So glauben Sie es doch endlich und prägen Sie es sich fest ein, daß nichts auf der Welt jemals mein Gefühl für Sie wankend machen kann. Ich liebe Sie mehr, als ich Ihnen zu sagen vermöchte, und selbst wenn Sie mir Veranlassung gäben, es zu bereuen, fühle ich wohl, daß ich nicht ablassen könnte, Sie zu lieben. Mein Herz gehört Ihnen bereits viel zu sehr, als daß ich es noch zurücknehmen könnte. Aber Sie – Sie wollen Dienste beim Kurfürsten von Bayern annehmen und mich verlassen, und das wegen eines völlig unbegründeten Hirngespinstes.

7. Juli 1692. Bruchhausen [74]

Wir reisen morgen nach Celle ab, wo ich Briefe von Ihnen zu finden hoffe – nichts brauche ich im Augenblick nötiger, damit ich aus meiner quälenden Unruhe befreit werde. Ich finde keinen Augenblick Ruhe. Ich zittere bei dem Gedanken, daß unser Geheimnis verraten sein könnte, aber am allermeisten fürchte ich Ihre Hitzigkeit, die jedes vernünftige Nachdenken verhindert; Sie werden mich verlassen, ohne sich auch nur zu vergewissern, ob ich wirklich schuldig bin. Die Unsicherheit, in der ich bin, macht mich ganz unglücklich, niemals habe ich soviel gelitten. Morgen werde ich wissen, woran ich bin.
Wenn ich keinen Brief von Ihnen vorfinde, bin ich verloren. Leben Sie wohl, niemals hat ein Mensch so geliebt, wie ich Sie liebe. Meine Leidenschaft wächst von Tag zu Tag, und ich werde eher sterben als Sie verlieren.

13. Juli 1692. Celle [77]

Gottseidank ist mein Gedächtnis besser als das Ihre; denn ließe es mich einmal im Stich, so daß ich Ihnen nicht über jede Kleinigkeit Rechenschaft ablegen könnte, so wären Sie imstande, mich wegen eines Fliegenbeins zu schikanieren ...
... Ihre Vorwürfe hinsichtlich meiner Koketterie machen mich ganz krank. Ach, ich habe für immer auf sie verzichtet, seit ich mich ganz Ihnen ergab ...
... Ich war fest überzeugt, daß ich verraten sei und daß das

»Fernrohr« [la Perspective = Gräfin Platen] damit zu tun hätte. Aber obwohl ich rettungslos verloren gewesen wäre, wenn sich meine Vermutung als wahr herausgestellt hätte, kann ich Ihnen schwören, ich habe nicht den geringsten Gedanken daran verschwendet – Sie allein erfüllten mein Herz mit Unruhe und Sorge. Ich hatte Angst, Sie zu verlieren, und hätte den Tod vorgezogen. Ich zitterte davor, daß Sie in der ersten Aufwallung Dienste beim Kurfürsten von Bayern nähmen; und hätten Sie das getan, so hätte es für mich bedeutet, Sie nie wiederzusehen. Nichts kommt dem Schmerz gleich, den dieser Gedanke mir verursachte.

15. Juli 1692. Celle [80]

Ich lese immer wieder Ihren Brief, alles in ihm gefällt mir, sogar Ihre Zornesausbrüche und eifersüchtigen Einbildungen. Nur schonen Sie bitte Ihr schönes Haar, die Locken stehen Ihnen zu gut, als daß sie der Schere zum Opfer fallen sollten.

Gerade habe ich einen furchtbaren Schrecken bekommen, der Pédagogue kam herein, obwohl ich hatte sagen lassen, daß ich schlafen wollte. Ich konnte gerade noch den Briefbogen umdrehen. Ich hatte solche Angst, daß sie vielleicht sehen wollte, was ich da schrieb, daß ich blaß wurde und zitterte. Aber sie fragte mich nur, ob es mir schlecht gehe, und ging dann gleich wieder. Mein Herz klopft noch heftig, ich habe mich von dem Schrecken noch nicht erholt ...

... Ich konnte die ganze Nacht nicht schlafen, die Gedanken an Sie waren angenehmer als der Schlaf ...

Niemand ist je so aufrichtig und zärtlich geliebt worden wie Sie.

Der piemontesische Graf, der Sie so beschäftigt, ist mir lästig; ich kann es mir nicht versagen, noch einmal von ihm zu sprechen, obwohl er es nicht wert ist, und ich schwöre Ihnen noch einmal, daß ich nicht die kleinste Unterhaltung mit ihm hatte, noch auch die geringste Lust zu einer solchen. Sie sollten sich schämen, sich wegen Leuten zu beunruhigen, die es nicht verdienen, daß man sie beachtet. Sie sollten Ihren eigenen Wert besser kennen; Sie stehen zu hoch über allen Menschen, als daß Sie einen Nebenbuhler zu fürchten brauchten ...

16. Juli 1692. Celle [81]

... Nachdem ich den Brief an Sie beendet hatte, legte ich mich zu Bett. Ich las alle Ihre Briefe wieder und glaubte mich in Sicherheit, weil ich hatte sagen lassen, daß ich schliefe. Aber der Pédagogue überraschte mich zum zweiten Male. Die Confidente konnte gerade noch Ihre Briefe unter meiner Bettdecke verstecken. Ich wagte mich nicht zu bewegen, aus Angst, das Papier könnte rascheln. Endlich ging der Pédagogue wieder, zu meiner großen Erleichterung, denn ich starb fast vor Angst. Ich hasse diese Überraschungen, aber ich kann sie nicht verhindern.

18. Juli 1692. Celle [82]

... Ich sterbe vor Sehnsucht, Sie wiederzusehen mit Ihrem großen Bart, und ich würde ein Stück meines Lebens darum geben, zwei Stunden mit Ihnen zusammenzusein ...

20. Juli 1692. Celle [83]

Ich weiß nicht, was ich von Ihrem Schweigen halten soll. Ich bin überrascht und kann mir keinen Grund vorstellen. Ich habe heute vom Réformeur einen Brief bekommen und bin unglücklich darüber, daß auf seine Briefe mehr Verlaß ist als auf die Ihren. Was ist aus Ihrem Eifer geworden? Gibt die Brüsseler Luft Ihnen diese Kälte ein, oder hat irgendeine neue Leidenschaft mich schon aus Ihrem Gedächtnis getilgt? Was ich auch anstelle, um mich über diesen Punkt zu beruhigen, ich bin nicht mehr Herrin meiner selbst, und ich fürchte in meiner Herzensangst, daß ich den wahren Grund nur zu gut errate. Erlegen Sie sich keinen Zwang auf, ich beschwöre Sie, und schreiben Sie mir nicht, wenn Ihnen nicht danach zumute ist. Sie haben zweifellos angenehmere Beschäftigungen, und es wäre unhöflich, Sie davon abzuhalten. Ich wünsche, daß Ihr Handeln gegen mich nur von Ihrer Zuneigung bestimmt wird. Alles, was Sie nur aus Schicklichkeit tun, interessiert mich nicht. Ich gestehe Ihnen, daß Ihre Gleichgültigkeit mich schmerzlich berührt. Ich führe jeden nur möglichen Entschuldigungsgrund zu Ihren Gunsten an, aber ich komme zu keinem befriedigenden Schluß; ich bin noch nie so empfindlich getroffen worden ...

... Ich finde eine Stelle in Ihrem Brief, die mir nicht gefällt. Sie schreiben: »Einzig die Gefahr, der ich Sie ausgesetzt sehe, könnte mir den Gedanken nahelegen, Sie zu verlassen; denn warum sollten wir, da keinerlei Hoffnung besteht, daß wir jemals zusammen leben werden, für einen so geringen Gewinn, das heißt dafür, daß wir uns zwanzigmal im Jahr sehen, unser ganzes Leben aufs Spiel setzen?« Wahrlich ein schöner Grund, mich zu verlassen! Verstehen Sie das unter Liebe? Lieben Sie mich überhaupt noch, oder suchen Sie nur einen Vorwand, mich zu verlassen? Ich zittere bei dem Gedanken, denn Sie können unmöglich glauben, daß sich in m e i n e n Gefühlen etwas ändern kann. Sie kennen Ihren Wert, Sie sind der liebenswerteste aller Männer, es ist unmöglich, nach Ihnen an einen anderen zu denken.

Die Briefe gehen fast täglich hin und her. Wenn Königsmarck einmal säumig ist, greift die Knesebeck ein und schreibt an ihn. Zum Beispiel:

»Ich bitte Sie, bemühen Sie sich, die Prinzessin zu beruhigen. Sie hat Angst, Sie könnten ihr untreu sein und sie um einer unbeständigen Laune willen verlassen. Den ganzen Tag tut sie nichts anderes als bald zu weinen, bald zu klagen und zu seufzen. Fürchten Sie keine Feindschaft von meiner Seite, aber ich muß Ihnen gestehen, daß sie mir sehr leid tut. Leben Sie wohl, mein Lieber, Sie haben sehr großes Unrecht begangen, daß Sie nicht geschrieben haben. Was soll man von Ihrem Schweigen halten?«

Dabei warnt das Fräulein von dem Knesebeck, das hier und da Augenblicke von großer Klarsicht hat, die Prinzessin vor der Gefährlichkeit dieser Korrespondenz. Die »Kluge Gouvernante« rät ihr von den allzu genauen Rechenschaftsberichten über das tägliche Einerlei ab, denn diese Einzelheiten können sie leicht verraten. Schon ist ein Brief verschwunden, keiner von den dreien weiß, wohin er geraten ist.
Eines Abends schreibt Sophie Dorothea an ihren Geliebten:

»Ich wurde an dieser Stelle auf die schrecklichste Weise von der Welt unterbrochen. Ich glaubte mich in völliger Sicher-

heit, denn ich hatte sagen lassen, daß ich schliefe. Ich hatte Ihr Porträt ganz dicht neben mir, es hing am Kaminschirm . . .« [der Schluß des Briefes ist verloren].

. . . Ich glaube nicht, daß ich Prinz Max umquartieren lassen kann. Ich habe keinerlei Vorwand dafür, denn die Zimmer sind völlig getrennt und haben lediglich Verbindung durch eine Tür, die ich nur verschlossen zu halten brauche, und außerdem sind alle meine Frauen um mich; kurz, ich fürchte, ich werde keinen Erfolg haben.

Samstag, 15. Juli 1693. Celle [238]

. . . Da die beiden Grafen [die schwedischen Grafen Stenbock und de la Gardie] abgereist sind, haben Sie keinen Vorwand mehr für einen Besuch, und daß Sie trotzdem kommen, halte ich für unmöglich. Ihr Plan, verkleidet zu kommen, findet nicht meine Billigung. Er erscheint mir zu gefährlich und würde, wie Sie mit Recht sagen, unsere Beziehungen für immer zerstören . . . Es wäre sehr unbillig von mir, hätte ich etwas gegen Ihre Reise nach Holstein einzuwenden; doch glaube ich, daß Sie nicht mehr genügend Zeit dafür haben werden, denn die Dänen rücken immer weiter vor und führen alles für eine Belagerung Nötige mit sich, so daß man hier in großer Unruhe ist.

28. Juli 1692. Celle [91]

. . . Nichts ist so liebenswürdig wie Ihr Entschluß, nicht nach Brüssel zu gehen, erlegen Sie sich indessen keinen Zwang auf. Ich möchte Ihnen auf keinen Fall unbequeme Fesseln anlegen; wenn Sie mir nur Ihr Herz bewahren, bin ich schon glücklich und zufrieden. Aber bewahren Sie es mir ohne Einschränkung und lassen Sie nicht zu, daß irgend jemand auf der Welt es mir streitig macht, denn dann würde ich sicherlich sterben.

29. Juli 1692. Celle [94]

Ich erfuhr beim Erwachen, daß eine furchtbare Schlacht [Schlacht von Steenkerke am 24. Juli 1692] stattgefunden hat und daß Sie an ihr teilgenommen haben. Stellen Sie sich mein Entsetzen vor! Ich bin in unvorstellbarer Sorge und

Aufregung und werde meine Ruhe nicht eher wiederfinden, als bis ich Sie außer Gefahr weiß. Mein augenblicklicher Zustand ist erbarmungswürdig. Es kommt mir so vor, als wenn jede Kugel Ihnen gilt und Sie ganz allein allen Zufällen dieser Schlacht ausgesetzt sind. Großer Gott, was soll aus mir werden, wenn Ihnen etwas zustieße? Ich wäre außer mir vor Erregung und würde zu Ihnen kommen, um Ihnen jeden Pflegedienst, den Sie brauchen, zu leisten und Sie nie mehr zu verlassen.

Als wahrhaft liebende Frau macht Sophie Dorothea sich gar nicht klar, daß sie einem Berufssoldaten zumutet, sich mit Schande zu bedecken, indem er nicht in den Krieg geht.

... Ich beschwöre Sie, setzen Sie mich in Zukunft nicht mehr ähnlichen Qualen aus. Ich flehe Sie an, lassen Sie mich nicht mehr allein, und wenn Sie mich wahrhaft lieben, so suchen Sie Ihr Glück darin, mit mir zu leben.
Wie ich den König Wilhelm hasse, der an all dem schuld ist! Was für Pein bereitet er mir, wenn er das Einzige auf der Welt, das ich liebe, in Gefahr bringt!

1. August 1692. Celle [98]

Ich habe Lust, mit Ihnen zu schimpfen, daß Sie sich so unsinnig und ohne Notwendigkeit der Gefahr ausgesetzt haben. Wollen Sie mich aus purem Übermut unglücklich machen? Wäre es nicht vielmehr Ihre Pflicht, sich für mich zu erhalten?
Es wäre mir nicht recht, wenn Sie etwas gegen Ihre Ehre täten, aber ich kann ihnen auch nicht verzeihen, daß Sie den forschen Jüngling spielen, wie Sie es getan haben.
Ich weiß nicht, wo der Kurfürst [von Bayern] seine Augen gehabt hat, daß er Sie häßlich fand. Hätte er Sie durch die meinen gesehen, so hätte er in Ihnen den bezauberndsten und liebenswürdigsten aller Männer entdeckt. Ich glaube nicht, daß irgend jemand Ihnen diesen Ehrentitel streitig machen kann; ich bin überzeugt, der Herzog von Richmond, was für Wunderdinge Sie mir auch von ihm erzählen mögen, müßte neben Ihnen verblassen.

5. August 1692. Celle [101]

... Eben haben mich der Grondeur und der Pédagogue beim Schreiben unterbrochen, ich konnte gerade noch das Blatt verbergen. Das wäre ein Fest für sie gewesen, wenn sie es gesehen hätten! Im übrigen erweisen sie mir tausend Freundlichkeiten, aber sie predigen mir unaufhörlich, mit dem Réformeur in gutem Frieden zu leben. In diesem Punkt versteht der Grondeur keinen Spaß, so daß ich nicht so ungehemmt mit ihm zu sprechen wage, wie ich es wohl möchte. Wenn Sie wüßten, wie sehr es mich verdrießt, Sie nicht zu sehen, hätten Sie sicher nicht die Härte, mich ein zweites Mal zu verlassen.

Ich bin geboren, um Sie zu lieben und Ihnen auf ewig zu gehören. Gute Nacht! Ich würde mein halbes Leben dafür geben, Sie in meinen Armen zu halten.

Freitag, 4. August 1692

Ich habe den ganzen Tag im Bett verbracht, nur am Abend bin ich spazierengegangen. Nach dem Abendessen habe ich mich gleich zurückgezogen, um mich an der Lektüre Ihres Briefes zu erfreuen. Zwei ganze Stunden habe ich damit zugebracht, und ich glaube, ich werde keinen Schlaf finden, so wach hat der Brief mich gemacht.

Einbeck, 12. August 1692 [108]

Es geschieht nichts, das berichtet zu werden verdiente, ich habe seit Antritt der Reise nichts anderes getan als gegessen, getrunken und geschlafen. Von morgens bis abends denke ich nur an Sie, es ist meine ausschließliche Beschäftigung und die einzige, an der ich Vergnügen finde.

Man hat mir erzählt, daß Sie beim Spiel Geld verloren haben; das tut mir leid, aber man kann nicht in allen Dingen gleichermaßen Glück haben, und das Glück in der Liebe muß Sie über das Unglück im Spiel hinwegtrösten.

.. Wenn Sie einen Ort geschaffen hätten, um mich vor der Welt zu verbergen, er hätte nicht geeigneter sein können als dieses Städtchen. Es ist von jedem Verkehr abgeschnitten und eine wahre Einöde. Früher hätte ich mich hier schrecklich gelangweilt, weil es hier niemand gibt und unsere Reisebegleitung alles andere als unterhaltsam ist. Doch da ich Sie

kenne, mache ich mir ein wahres Vergnügen daraus, so abgeschlossen zu leben; ja, ich wäre sogar unglücklich, wenn es hier interessante Menschen gäbe, denn dann würden Sie sofort glauben, ich hätte deswegen die Reise hierher gemacht. Ich muß zugeben, daß ich mich nicht wiederkenne und daß ich nicht begreife, wie ich mich so sehr verändern konnte. Heute fürchte ich Gesellschaft ebensosehr, wie ich sie einst suchte, und alles nur, um Ihnen zu gefallen; aber ich habe Ihnen schon tausendmal gesagt, daß ich nur noch d a r a n *denke und alles andere mir gleichgültig geworden ist.*

... In allen Ihren Worten äußert sich eine Kälte, die mir das Herz gefrieren läßt. Ich war so davon erfüllt, mich gegen Ihre ungerechten Verdächtigungen zu verteidigen, daß ich Ihnen kein Wort über den Kummer gesagt habe, den mir Ihre eisige Haltung verursacht hat.
Ich gehe jetzt schlafen. Gute Nacht! Sie sind der bezauberndste aller Männer, aber Sie sind niemals zufrieden.

... Heute vormittag ist die Post gekommen, jetzt ist es vier Uhr, und ich habe immer noch keinen Brief von Ihnen. Ich wage nicht mehr zu hoffen, daß heute noch einer kommt, und fühle mich ganz melancholisch. Seit einigen Nächten liege ich schlaflos. Sie spuken zu sehr in meinem Kopf, sobald ich einschlafen will, erscheinen Sie mir in all Ihrer Schönheit und machen mich so wach, daß ich an Schlaf nicht mehr denken kann. Sie werden mich magerer geworden finden; Sie nicht zu sehen und keine Briefe von Ihnen zu bekommen, ist nicht gerade das geeignete Mittel, mein Embonpoint wiederzugewinnen.

Donnerstag, 8. Juni 1693. Linsburg [195]

Ich bin in der traurigsten Stimmung von der Welt hier angekommen. Alle Qualen, die man sich nur vorstellen kann, sind nichts im Vergleich zu dem Abschiedsschmerz, nachdem ich Sie verlassen hatte. Ich werde Sie also nicht mehr sehen und drei Monate alles dessen beraubt sein, was die Freude und den Reiz meines Lebens ausmacht.
Zu allem Unglück hat man den Prinzen Max bei mir, im Zimmer des Réformeurs, einquartieren wollen [Schnath

macht dazu die Bemerkung: »gleich bezeichnend für die Primitivität der Raumverhältnisse in Linsburg und der Familiensitten«]. Ich hatte gehofft, mich gleich nach der Ankunft zu Bett begeben zu können. Kummer und Kopfschmerzen hatten mich so mitgenommen, daß ich mich kaum noch auf den Beinen halten konnte. Stellen Sie sich also mein Entsetzen vor, als ich alles in wilder Unordnung fand: meine Leute waren so verständig gewesen, nichts vorzubereiten, ehe sie nicht meine Meinung [zu der Einquartierung des Prinzen Max] erfahren hätten. Da ich die Ihre kenne und die Sache an sich schon eine Unverschämtheit ist, war ich so böse, wie ich mich nicht erinnere, jemals gewesen zu sein. Die ganze Gesellschaft saß an der Tafel, als ich ankam. Ich ließ dem Quartiermacher ausrichten, er möge diese prächtige Einquartierung rückgängig machen, ich wolle absolut nicht, daß das so bleibe. Er machte mir die lächerlichsten Einwendungen und entschuldigte sich mit entsprechenden Befehlen Don Diegos [= Kurfürst Ernst Augusts]. Schließlich ließ ich Koppenstein [Nikolaus von Koppenstein, hannoverscher Oberschenk und Oberhofmeister] von der Tafel holen. Sie wären sehr zufrieden mit mir gewesen, so laut und energisch sprach ich. Er begab sich sogleich zu Don Diego und kam mit der Auskunft zurück, daß das Zimmer mir a l l e i n zur Verfügung stünde, selbst wenn es dreimal so groß wäre; zugleich ordnete er an, Colin [= Prinz Max] im anderen Haus unterzubringen. Colin benahm sich, nach allem, was man mir erzählt hat, äußerst höflich.

10. Oktober 1692. Ebstorf [139]

... Und doch habe ich Ihre Zärtlichkeit nie mehr verdient als gerade jetzt. Wieviel Predigten ich auch über mich ergehen lassen muß und wieviel Furcht man mir auch einzuflößen versucht, nichts kann meinen einmal gefaßten Beschluß erschüttern, Sie ewig zu lieben und Ihnen so viele Beweise dafür zu geben, wie mir nur möglich ist. Man kann mich hindern, Sie zu sehen, aber man wird mich niemals hindern, Ihnen auf ewig zu gehören, seien Sie davon überzeugt, wie auch davon, daß Sie mir alles ersetzen. Man hat Don Diego erzählt, daß der Chevalier [= Königsmarck] seine Wohnung nur gewechselt habe, um die Aventurière

[= Aurora von Königsmarck] zu sich zu nehmen und auf diese Weise Coeur gauche [= Sophie Dorothea] anzulocken.

... Ich gehe allen Menschen aus dem Wege, spreche mit niemandem, mache mir wegen der lächerlichen Kleinigkeiten Gewissensbisse – und kaum bin ich abgereist, da vergessen Sie alles, was Sie mir versprochen haben, und trösten sich mit Damen, die mich tödlich hassen ... Nein, nichts auf der Welt kann Sie entschuldigen, nichts so unfreundlich sein. Großer Gott, wie wird es erst in einigen Monaten sein, wenn Sie schon am Tage unseres Abschieds so leicht zu trösten sind! Die Worte versagen mir, ich muß weinen.

Die Prinzessin hatte erfahren, daß Königsmarck noch am Abend ihrer Abreise zu einem Empfang bei der Gräfin Platen gegangen war. Die Szene, die sie ihm macht, ist die klassische Eifersuchtsszene.

Samstag, 10. Juni 1693. Linsburg [196]

Ich habe nicht geschlafen, meine Augen sind ganz verquollen vom Weinen, ich wage mich gar nicht zu zeigen. Die arme Knesebeck ist ganz blaß geworden, so hat mein Kummer sie mitgenommen. Sie schläft in der Kammer neben meinem Zimmer, und um fünf Uhr morgens habe ich sie geweckt. Ich bin noch im Bett vor lauter Verzweiflung über das, was Sie mir angetan haben. Es zeigt so wenig Zartgefühl, daß ich ganz untröstlich bin. Ich hatte nichts dergleichen von Ihnen erwartet; ein Blitzschlag hätte mich weniger überrascht. Ich wage Ihnen nicht zu sagen, was ich von Ihnen denke.
Leben Sie wohl, mein Herr, ich wünsche Ihnen alle Vergnügen der Welt, ich zweifle nicht, daß Sie jeden Tag neue finden werden.

Donnerstag, 20. Juni 1693. Celle [242, 2. Hälfte]

... Fühlen Sie sich also nicht gebunden, ich beschwöre Sie, denken Sie nur an Ihr Vergnügen und denken Sie nicht mehr an mich. Ich bin sicher, daß alle diese Feste mit einer völligen Versöhnung zwischen Ihnen und der Gräfin Platen enden werden, oder auch mit einer neuen Liebe, ohne sie ist ja keine Freude vollkommen, sie ist vielmehr das Salz jedes Vergnügens. Wenn Ihnen zu Ihrem Glück nichts als meine

guten Wünsche fehlen – die haben Sie in vollem Maße, ich wünsche Ihnen von Herzen jede Glückseligkeit.
Der Zufall scheint mir zu einer kleinen Rache verhelfen zu wollen: er schickt mir einen jungen, sehr eleganten und prächtig herausgeputzten Baron aus Mainz. Sie haben sicher nichts dagegen, daß ich mir, um nicht vor Langeweile zu sterben, ein wenig Unterhaltung mit ihm mache. Ich rechne immer noch zu sehr auf Ihre Freundschaft, als daß ich glauben könnte, Sie mißgönnten mir diesen kleinen Trost. Sie sehen, ich bin aufrichtiger als Sie, denn obwohl Sie mir eine Andeutung über Ihr Fest machten, sagten Sie mir nichts von den Damen, noch daß die Platen dabei war. Und doch ist all das nur ihretwegen so gekommen. Wahrlich, das ist der Lohn dafür, daß ich wie eine Einsiedlerin lebe und jedem, sogar Männern von sechzig Jahren, aus dem Weg gehe. Aber nun ist es genug, und ich will nicht mehr mit Ihnen darüber sprechen. Wenn Sie nur ein wenig über mein Verhalten Ihnen gegenüber nachdenken und darüber, wie Sie es mir lohnen, müssen Sie sich schämen, mich so zu behandeln.
Ich werde Ihnen keine Vorwürfe machen, das überlasse ich Ihnen selbst, aber ich komme zu der Erkenntnis, daß es selten eine Liebe gibt, die auch in der Trennung stark bleibt. Zu meinem Unglück wird die meine nicht schwächer, im Gegenteil, sie wird nur noch zärtlicher und tiefer. Lehren Sie mich doch, was ich tun muß, um so gleichgültig zu werden wie Sie.

Mittwoch, 19. Juni 1693. Celle [242, 1. Hälfte]

... Sie legen eine erstaunliche Gleichgültigkeit an den Tag für alles, was ich tue, aber ich versichere Ihnen, daß alles, was Sie betrifft, mich nicht weniger kalt läßt. Ich bin sehr glücklich, daß ich jetzt so denken kann, denn sonst hätte mich die Nachricht von dem Fest, das Sie gestern abend der Platen und den anderen Damen gegeben haben, todunglücklich gemacht. Stubenvol [s. dazu S. 105, Brief Nr. 248] hat bei der Tafel zum allgemeinen Entzücken darüber berichtet. Alle fanden, daß es aufs glücklichste geplant gewesen sei und die Höflichkeit und feine Lebensart des Gastgebers ins hellste Licht rücke. Ich bin nicht im mindesten überrascht, daß Sie sich selbst übertroffen haben: die Gäste waren gewiß so gro-

ßen Einsatzes wert, und wenn einen soviel weiblicher Charme beflügelt, kann der Erfolg nicht ausbleiben. Ich gestehe Ihnen, daß es mir nicht schwerfällt, Ihren Rat zu befolgen, und ich habe tatsächlich große Lust, hier so lange zu bleiben, wie es Ihnen gefällt.
Ich habe Ihnen sehr zu danken für alle Neuigkeiten, die Sie mir mitteilen ... Auch wünsche ich Ihnen weiterhin viel Freude bei Ihren Vergnügungen, und ich versichere Ihnen, daß ich unglücklich wäre, wenn ich sie durch meine Gegenwart stören würde. Ich weiß allerdings nicht, wie ich, Ihrem Wunsche folgend, Ihre eifrige Erkundigung nach meinem täglichen Tun und Treiben mit der Gleichgültigkeit in Einklang bringen soll, die Sie mir mit Ihrem Benehmen beweisen. Wenn Sie nur ein wenig Liebe und Rücksicht für mich hätten, würden Sie mich nicht so behandeln, wie Sie es tun. Ich meine die fortgesetzten Lustbarkeiten, die Sie veranstalten; alles, was mit ihnen zusammenhängt, ist so kränkend für mich, wie man es sich schlimmer nicht vorstellen kann. Aber was berechtigt mich zu klagen und mich über Ihre Lebensführung auszulassen, sie ist ja liebreich gegen mich und zeigt eine Zärtlichkeit und Treue, über die ich nur staunen kann. M e i n Lebenswandel ist es vielmehr, den Sie mit Recht tadeln können: jeden Tag gehe ich, sagen Sie, in die Komödie, man flüstert mir ins Ohr und schmeichelt mir, solange die Vorstellung dauert! Ach, Sie wollen nur Ihre Bögen füllen, darum erzählen Sie mir diese Märchen, denn es ist kein wahres Wort an ihnen. Seit ich hier bin, ist erst zweimal Komödie gewesen, und ich bin immer mit meinem Vater allein in seiner Loge und mache den Mund nur auf, wenn er mich etwas fragt.

5. Juli 1693. Celle [225]

... Ich vertraue mich Bernstorff nur mit der nötigen Vorsicht an. Meine Mutter drängt ihn jeden Tag, darauf hinzuwirken, daß die Celler Stände mir bald das Dreißigtausend-Taler-Geschenk machen, aber dieser verteufelte Krieg wird, glaube ich, die Sache in die Länge ziehen.

Ein immer wiederkehrendes Thema der Briefe ist Prinz Max: in mehr als zwanzig ist die Rede von ihm. Königsmarcks

Eifersucht spottet so sehr jeglicher Vernunft, daß er selbst sich verwundert die Frage stellt, wie er auf dieses »Affengesicht« eifersüchtig sein kann. Obwohl sie vor Begierde nacheinander vergehen und immer seltener Gelegenheit haben, sich zu sehen, lassen die beiden Liebenden, wenn sich einmal eine bietet, sie ungenützt verstreichen: Prinz Max könnte – er denkt nicht im Traum daran – durch »kleine Löcher« in der Tür zwischen seinem Zimmer und dem der Prinzessin diese »ganz nackt« sehen, während sie ihr Hemd wechselt. Und Sophie Dorothea treibt, aus lauter Angst vor Philipp Christophs Vorwürfen, diese unsinnige Komödie noch auf die Spitze, indem sie wegen ihres angeblich beleidigten Schamgefühls Szenen macht; damit erntet sie freilich bei der ganzen herzoglichen Familie nur Spott, angefangen bei ihrem Gatten, der sie sarkastisch eine »neue Lukrezia« nennt.

Freitag, 30. Juni 1693. Celle [219]

... Ich war gestern Zeuge einer Auseinandersetzung zwischen meinem Vater und meiner Mutter, über die ich viel nachdenken mußte. Man kann sich nichts Unfreundlicheres und Bittereres vorstellen als die Worte, die sie sich gegenseitig hinschleuderten ... Ich zitterte bei dem Anblick, wie zwei Menschen, die allein die Liebe zusammengeführt hat, wegen Kleinigkeiten so in Zorn gerieten, daß sie sich schließlich sogar androhten, einander zu verlassen. Es endete zwar nach zwei Stunden mit einer Versöhnung, aber meine Mutter blieb weiter sehr verstimmt über meinen Vater, und sie hat nicht unrecht.

Sie können sich leicht vorstellen, daß sie wenig Einfluß hat, da sie sich in einer Sache, die ihr so sehr am Herzen liegt, nicht durchsetzen kann. Das läßt mich auch für den Erfolg meiner Angelegenheit fürchten, denn ich hatte meine ganze Hoffnung auf s i e gesetzt, aber nun sehe ich, es genügt, daß sie einen Wunsch hat, damit er mit Sicherheit n i c h t erfüllt wird. Mein Vater ist über alle Begriffe hart. Ich habe eine schlechte Stütze an ihm, an seinem Benehmen gegen meine Mutter habe ich erkennen müssen, daß man auf seine Güte nicht zählen darf. Alles das bewirkt, daß ich heute in sehr schlechter Stimmung bin ...

1. Juli 1693. Celle [220]

... Wenn ich nicht einen Brief von 205 [Anna Katharina von Harling, gestorben 1702, die alte Hofmeisterin der Herzogin Sophie, Erzieherin ihrer Söhne und der Liselotte von der Pfalz. Sie war schon so sehschwach, daß Liselotte in einem ihrer Briefe schrieb: »Warumb spillt sie nicht mit dem Brill auf der Nas, so würde sie besser sehen.«] v o r dem Ihren erhalten hätte, so hätte Ihr Bericht von Ihren Vergnügungen und den Damen, mit denen Sie spielten, mir wohl Fieber eingetragen. Jenem ersten Brief verdanke ich es, daß ich wieder ruhig bin. Hören Sie, was 205 mir schreibt: »Alle Damen waren gestern anwesend, aber sie müssen wohl recht langweilig sein, denn unsere Herren vom Hofe waren, soweit ich sah, matt und wenig engagiert. Bedeutet es nicht, aller Vergnügungen überdrüssig zu sein, wenn man nur noch mit Kindern spielen mag? Das tat nämlich K ö n i g s m a r c k den ganzen Abend: er baute der kleinen Prinzessin [Sophie Dorotheas kleiner Tochter] und der kleinen Chevallerie [Tochter des hannoverschen Oberschenken Simeon de la Ch.] Kartenhäuser. Ich war ihm sehr dankbar dafür, aber außerdem hatte ich den Eindruck, daß er seiner Geliebten, wenn er eine hat, keinen Grund zur Eifersucht geben wollte. Bei seiner Schönheit und guten Figur ist es wahrscheinlicher, daß er eine Geliebte hat, als anzunehmen, daß er keine hat.«

5. August 1693. Hannover [252]

Welches Unglück, o mein Gott, und welche Schande, Sie zu lieben und nicht wiedergeliebt zu werden! Und doch ist das mein Schicksal: ich bin geboren, Sie zu lieben, und ich werde Sie lieben, solange ich auf der Welt bin. Wenn es wahr ist, daß Ihre Gefühle für mich sich geändert haben, was zu befürchten ich tausend Gründe habe, so will ich keine andere Strafe für Sie, als daß Sie nirgends, wo auch immer Sie sein mögen, solche Liebe und Treue finden wie bei mir. Mögen Sie sich mitten in dem Vergnügen, das Ihnen neue Eroberungen bereiten werden, voller Sehnsucht an die Gefühle und Beweise meiner Liebe erinnern! Nirgends auf der Welt werden Sie eine so innige und aufrichtige wiederfinden.

Ich liebe Sie mehr, als je eine Frau einen Mann geliebt hat, und mit einer Zärtlichkeit, wie sie außer mir niemand so besitzt. Aber ich sage Ihnen zu oft die gleichen Dinge, und Sie müssen es schon leid sein, sie anzuhören. Nehmen Sie es mir nicht übel, ich beschwöre Sie, und verwehren Sie mir nicht das einzige, was mir als Trost noch bleibt: mich bei Ihnen über Ihre Härte zu beklagen. Sie tut mir so weh, daß ich gegen alles andere gleichgültig geworden bin. Dennoch sollte ich es nicht ruhig hinnehmen, daß Sie mir trotz aller meiner Nachforschungen nach dem Verbleib des Briefes, den Sie mir nach Celle geschrieben haben, nicht eine einzige Antwortzeile geschrieben haben. Alles scheint sich verschworen zu haben, mich unglücklich zu machen: Sie lieben mich vielleicht nicht mehr, und ich spüre, daß ich bald ganz verloren sein werde. Das alles ist zuviel Kummer auf einmal, ich muß daran zugrunde gehen. Ich muß schließen... Leben Sie wohl, ich verzeihe Ihnen alles, was Sie mir an Leid zufügen.

.. Mein Gott, wenn Sie mich verlassen, will ich nicht weiterleben. Was soll ich noch auf der Welt, wenn Sie mich nicht mehr lieben! Ich lebe doch nur für Sie. Ich muß Ihnen sehr danken für das liebenswürdige Benehmen, das Sie mir gegenüber zeigen. Aber ich fürchte, wenn Sie die Platen zum äußersten treiben, wird sie sich rächen. Hofieren Sie sie also ein wenig, aber auch wieder nicht zu sehr. Ich bin unglücklich über meine übermäßige Empfindlichkeit, ich sehe wohl, daß sie mir schaden wird, aber ich liebe Sie mit solcher Leidenschaft, daß es mir unmöglich ist, vernünftig zu sein.

Unlogisch, wie nur eine Liebende sein kann, drängt die Prinzessin ihren Geliebten, die allmächtige Gräfin Platen mit Auszeichnung zu behandeln und ihren Einladungen Folge zu leisten, und macht ihm dann Vorwürfe, wenn er es wirklich tut:

Ich bin böse mit Ihnen, daß Sie nicht zur Platen gegangen sind. Sie müssen es tun, es ist wichtig. Die andere hochnäsige Gans macht mir weniger Sorgen.

Begehen Sie nur nicht die Dummheit, die Platen nicht mehr zu besuchen, es ist unbedingt notwendig, ihr schönzutun, und ich beschwöre Sie um unserer Liebe willen, gehen Sie wie bisher zu ihr.

Montag, 17. Juli 1693. Celle [240]

. . . Ich bedaure Sie aus vollem Herzen, daß Sie so sind, wie Sie sind. Wenn ich ein Mittel wüßte, Sie zu heilen! Und müßte ich es mit meinem ganzen Blut bezahlen, ich vergösse es mit tausend Freuden. Aber sagen Sie mir selbst, was ich tun muß, um Sie von Ihrer krankhaften Eifersucht zu befreien. Ich glaube, daß ich alles versucht habe. Wenn ich mir den Vorwurf machen könnte, das Geringste versäumt zu haben, würde ich es mir nicht verzeihen. Aber mir scheint, man kann nicht mehr tun, als ich getan habe. Ich wage nicht, Ihnen zu sagen, daß ich die ganze Nacht nicht geschlafen habe. Ich habe Angst, Sie glauben mir nicht und machen sich obendrein lustig über mich, dabei ist es die reine Wahrheit.

Ihr fortwährendes Mißtrauen hat mich bis ins Innerste getroffen, und Sie wollen, daß ich S i e beklage, wo ich doch tausendmal mehr zu beklagen bin. Wenn Sie wüßten, wie weh es tut, unschuldig verdächtigt zu werden, dann würden Sie erkennen, daß es keine grausameren Qualen gibt als jene, die Sie mir zufügen. Wenn ich eine Möglichkeit sähe, diesen Verdächtigungen und diesem Mißtrauen ein Ende zu setzen, wenn ich mir ein Mittel vorstellen könnte, Sie davon zu heilen: ich würde gern mein Leben dafür hergeben.

Aber ich muß die Hoffnung fahren lassen, daß Sie sich jemals davon frei machen. Es ist stärker als Sie, und die geringste Kleinigkeit, die Ihre Einbildungen zu bestätigen scheint, nährt Ihre Eifersucht und Ihren Argwohn immer aufs neue. Ich zürne Ihnen deswegen nicht einmal; ja, ich beklage Sie, denn ich sehe, daß Sie nicht wider Ihre Natur können. Aber mir scheint, niemand auf der Welt ist so unglücklich wie ich. Es ist unmöglich, daß Sie mich so lieben, wie ich es mir ersehne, solange Sie offenbar sehr wenig Vertrauen zu meiner Liebe haben.

Ich kann so nicht leben: immer verdächtigt, immer der Unaufrichtigkeit und Verstellung angeklagt von dem Menschen,

der mir der liebste ist und der mir mehr Gerechtigkeit widerfahren lassen sollte.
Ich zittere davor, daß alle diese Einbildungen schließlich dazu führen werden, Ihre Liebe zu zerstören. Sie kann unmöglich dauern, wenn Sie weiterhin so denken wie jetzt.

Mittwoch, 19. Juli 1693. Celle [243]

... Ich habe gestern meinen Heiratsvertrag durchgelesen: er könnte nicht ungünstiger für mich sein. Der Prinz ist Herr über mein gesamtes Vermögen. Selbst die Bestimmungen über die Rente, die er mir geben muß, sind so unklar abgefaßt, daß man sie mir leicht mit allerhand Kniffen vorenthalten kann. Ich war aufs unangenehmste überrascht, denn das hatte ich nicht erwartet. Ich war so niedergeschlagen, daß mir die Tränen in die Augen traten.
Meine Mutter behandelt mich auf die freundlichste Weise von der Welt, und ich finde es nicht recht von Ihnen, sie als »Närrin« zu bezeichnen, ich habe sie noch nie so geliebt wie gestern und heute. Aber vielleicht interessiert Sie das alles gar nicht, denn ich weiß nicht, ob ich überhaupt noch an einen Rest von Liebe bei Ihnen glauben darf; der Ton Ihres Briefes läßt mich sehr daran zweifeln.

1 Stunde nach Mitternacht

Gleich nachdem ich mich angekleidet hatte, kam meine Mutter zu mir, um mir eine Spazierfahrt vorzuschlagen. Sie rief Stubenvol, der sich im Vorzimmer aufhielt, um ihm zu zeigen, wie ich untergebracht bin. Ich gestehe Ihnen, ich hätte viel darum gegeben, wenn er sich in einen hübschen und eleganten Marquis verwandelt hätte; in der gedrückten Stimmung, in der ich augenblicklich bin, bedauerte ich, daß er nur ein dummer Kerl und wenig geeignet ist, Sie eifersüchtig zu machen. Ich habe einen solchen Groll auf Sie, daß es mir Freude machen würde, wenn Sie es wären ...

Samstag, 22. Juli 1693. Celle [247]

Ich hatte erwartet, Sie würden sich tausendmal entschuldigen und mir die liebenswürdigsten Dinge von der Welt sagen, um mich zu versöhnen. Ich war nicht schlecht überrascht, in Ihrem Brief das genaue Gegenteil zu finden: an-

statt mich um Verzeihung zu bitten, spielen Sie den Beleidigten. Ich konnte das Lachen nicht zurückhalten, als ich sah, wie schön Sie mir in die Falle gegangen sind und welches Interesse Sie an meinem Baron nehmen. Der Spaß, den mir Ihr Zorn macht, läßt mich beinahe meinen eigenen Groll vergessen. Ich bin entzückt, daß es mir gelungen ist, mich an Ihnen zu rächen, und meine Achtung vor mir selbst ist ungeheuer gestiegen. Ich hoffe, daß Sie sich wieder beruhigt haben, noch ehe dieser Brief Sie erreicht. Ich habe Ihnen die Person beschrieben, das genügt.

Mittwoch, 31. Juli 1693. Hannover [249]

... Meine Mutter hat mir wegen Prinz Max geantwortet. Ich gebe Ihnen ihre Worte wieder: »Ich rate Ihnen, sich nicht wegen seiner Nachbarschaft aufzuregen. Wenn er zuviel Lärm macht, brauchen Sie nur Ihr Bett ins Vorzimmer stellen zu lassen, und Sie werden vor dem Herrn und seinem Lärm Ruhe haben.« Heute abend werde ich wissen, woran ich bin. Meine Mutter schrieb mir auch, die Kurfürstin habe sich bei ihr dafür bedankt, daß sie mir erlaubt habe, nach Hannover zurückzukehren, und es sei ihr eine Freude, mich wiederzusehen. Meine Mutter hat der Kurfürstin geantwortet — wie sie es auch mir ans Herz legte —, daß es nach all den Freundlichkeiten, die die Kurfürstin mir erwiesen habe, nicht mehr als recht sei, wenn ich meinen Vater und sie verlasse, um ihr aufzuwarten ...

Dienstag, 1. August 1693, elf Uhr. Hannover [250]

Die Platen war bei mir. Wir haben drei Stunden in privatem Gespräch verbracht. Der entscheidende Punkt der Unterhaltung ist einmal, daß sie weiß, daß die Kurfürstin mir vor mehr als einem Jahr Ihretwegen Vorhaltungen gemacht hat; daß ferner nicht der Kurfürst mit der Kurfürstin gesprochen hat, wie diese mir hat einreden wollen, sondern umgekehrt s i e ihm in den Ohren gelegen hat, der Kurfürst dagegen ihr niemals ein Wort darüber gesagt hat: und schließlich, daß die Kurfürstin zu mehreren Personen gesagt hat, sie habe mich wegen meines Umgangs mit Ihnen gewarnt, weil ich mir sonst schaden würde. Weiter ermahnte die Platen mich, mein Benehmen zu ändern; ich führte ein

so zurückgezogenes Leben, daß alle Welt vor den Kopf gestoßen sei, man beklage sich, daß ich niemand Beachtung schenkte und mit keinem Menschen spräche; ich machte mir keine Vorstellung, was man alles über mich rede, denn man finde es unnatürlich, daß eine junge Frau wie ich auf jeden Verkehr verzichte, und man suche nach dem Grund dafür.
Ich antwortete der Gräfin, wenn ich mit irgend jemandem eine Ausnahme machte und mich nicht gegen jedermann gleich benähme, hätte man recht, mich deshalb zu tadeln; aber da ich mich mit keinem Menschen unterhielte, wer es auch sei, – was ich absichtlich täte, um niemand zu kränken –, so habe man unrecht, sich zu beklagen, denn ich behandelte ja alle gleich. Mehrmals sprach sie auch von Ihnen, sie tut es nur allzugern. Schließlich trennten wir uns in aller Herzlichkeit, und niemals wurde eine Freundschaft durch so viele Schwüre bekräftigt, wie sie mir schwor.
Ich habe heute mein Zimmer nicht verlassen und an meinem Tagebuch geschrieben, es wird bald abgeschlossen sein. Ich muß jetzt zu Bett gehen, ich schlafe schlecht und das entkräftet mich. Aber wie soll man schlafen, wenn man einen großen Jungen wie Sie im Kopf hat?

Freitag, 21. Juli 1693. Celle [244]

Da Sie es wünschen, muß ich es Ihnen wohl glauben, daß Ihr Fest seriös war und die Gäste sich zu früher Stunde zurückzogen. Stubenvol hat mir allerdings erzählt, daß man noch nie so ausgelassen fröhlich beisammen gewesen sei und sich erst nach Mitternacht getrennt habe.
Ich will nicht mehr daran denken ... Ich will mich nur noch an das halten, was Sie mir von Ihrer Liebe schreiben. Ach, es tut mir wohl, es entzückt mich, es schenkt mir eine innere Freude, die ich Ihnen kaum beschreiben kann. Wenn Sie doch immer so zärtliche Gefühle hätten, sie sind das ganze Glück meines Lebens. Wie liebe ich es an Ihnen, daß Sie so sensibel sind. Wie gerät Ihr Blut in Wallung bei dem Gedanken, ich könnte Sie weniger lieben. Sie sind dann so erregt, daß Sie nicht weiterschreiben können? Ach, diese Stelle tut es mir an, sie erscheint mir so zärtlich und zeigt so sehr Ihr wahres Wesen, daß sie meine Liebe verdoppelt. Ich

habe sie zwanzigmal gelesen und habe immer noch nicht genug von ihr.

3. *Juli 1692. Bruchhausen [73]*

... Es tut mir leid, daß Sie etwas dagegen haben, daß ich auf den Ball von Mr. Colt gegangen bin, aber ich konnte mich dem nicht entziehen, er hatte mich zu hartnäckig darum gebeten. Die Fremden haben mich jedenfalls nicht in Hannover zurückgehalten: sie waren schon einige Tage vorher abgereist. Ich habe Ihnen bereits geschrieben, daß ich fast kein Wort mit ihnen gesprochen habe, und ich habe Sie im übrigen genau über mein Tun und Treiben informiert. Wenn Sie mir nicht glauben, so bin ich bereit, Ihnen jeden Eid, und sei er noch so schrecklich, darauf zu schwören. Ich bin unfähig, Sie zu betrügen. Ich liebe Sie leidenschaftlich, und kein Unglück der Welt kann mich jemals von Ihnen losreißen. Aber ich rede vergebens – Sie glauben, daß ich Sie verrate, und Sie wollen mir nicht mehr schreiben. Ach, Sie machen mich unglücklich.

Dienstag, 1. August 1693. Hannover [250, Anfang]

... Ich erhielt heute morgen ein Billett von der Kurfürstin über das bekannte Thema. Ich teile Ihnen mit, was sie mir schreibt: »Der Kurfürst hat mir dasselbe gesagt, was ich Ihnen gestern sagte, nämlich daß es lächerlich von Ihnen sei, auf Grund so unbegründeter Bedenken nicht nach Herrenhausen zu kommen; er stehe dafür ein, daß es keinerlei übles Gerede geben werde; Max werde Ihnen nicht zu nahe treten; es liege nur bei Ihnen, die Tür verschlossen zu halten. Es wird also von Ihnen abhängen zu kommen, wann Sie mögen.« Das Billett schließt mit vielen freundlichen Worten ...

2. *September 1692. Wiesbaden [122]*

Es war so spät, als ich Ihnen zuletzt schrieb, daß ich nicht auf alle Einzelheiten Ihres Briefes eingehen konnte. Ich habe ihn mehrmals gelesen, er ist eine Mischung aus Zärtlichkeit und Ironie, die mich sehr amüsiert; welche Miene Sie auch dazu machen, meine Reise scheint Ihnen zu mißfallen ... Ich glaube nicht, daß ich nach Frankfurt zur Messe gehen

werde, ich werde jedenfalls mit keinem Wort die Rede darauf bringen. Mir scheint, es sollte Sie davon überzeugen, daß ich keinesfalls Gesellschaft suche. Ich denke, wir werden in vierzehn Tagen heimreisen, der Pédagogue hat es heute beschlossen. Ich kehre mit ihm zurück, um den Grondeur zu besuchen ... Bezüglich Göhrde [Jagdschloß im ostniedersächsischen Kreis Dannenberg an der Elbe, wo der Celler Hof sich im Herbst aufzuhalten pflegte] kann ich Ihnen noch nichts Genaues sagen, ich glaube jedoch nicht, daß ich noch dorthin gehe, die Jahreszeit ist so weit vorgeschritten, daß der Réformeur sicherlich schon in Hannover sein wird ... Wir werden uns bald wiedersehen können, an Ihrem Eifer werde ich sehen, wie sehr Sie mich lieben. Aber ich beschwöre Sie, richten Sie es so ein, daß ich Sie das erste Mal allein sehe. Ich könnte Ihren Anblick in der Öffentlichkeit nicht ertragen, die Freude würde mich verraten.
Man sagt, die Franzosen könnten uns leicht von hier entführen: um so mehr wünsche ich die Abreise herbei. Ich habe nicht die geringste Lust, gefangen zu werden, sondern möchte Ihnen Ihre Eroberung erhalten.

13. September 1692. Wiesbaden [130]

Anstatt mich mit der tiefen Freude zu erfüllen, die mir Ihre Briefe sonst bereiten, hat der, den ich heute abend erhielt, mir das Herz durchbohrt. Man kann sich nichts Kränkenderes vorstellen als Ihre Worte ... Was in meinem Leben hat mir nur die schlechte Meinung, die Sie von mir haben, eingetragen! Gottseidank fühle ich mich innerlich so adlig, wie ich sein muß; ich will Ihnen nichts weiter auf Ihre Vorwürfe erwidern, denn ich könnte Ihnen dann böse sein, und ich hasse Bitterkeit.
Nur soviel auf die vier Klagepunkte, die Ihnen so arg zu schaffen machen: ich müßte mich sehr täuschen, wenn ich Ihnen nicht berichtet habe, daß Sparr [ein nicht weiter bekannter Graf Sparre] in Celle gewesen ist; sollte ich es wirklich nicht getan haben, so ist es sicher aus Vergeßlichkeit geschehen und weil ich es nicht der Mühe wert fand, mich daran zu erinnern ... Was den Messebesuch angeht, so versichere ich Ihnen, daß ich mit keinem Wort darauf hingearbeitet habe, aber, um aufrichtig zu sein, will ich Ihnen

gestehen, daß ich ihn nicht bereut habe. Und schließlich mein »neuer Liebhaber« [Herzog Friedrich Karl von Württemberg, Bruder der »Marionette« Sophie Charlotte von Sachsen-Eisenach]: Sie sind ein Narr, sich seinetwegen zu beunruhigen; er ist weit weg, und aller Wahrscheinlichkeit nach werde ich ihn überhaupt nicht zu Gesicht bekommen ... Ich bin überzeugt, daß er nicht nach Hannover kommen wird. Und sollte es doch geschehen, werde ich ihn eher grob behandeln als seine Besuche dulden – vorausgesetzt, ich bin dann zufriedener mit Ihnen als heute abend. Ich bin eine rechte Törin, daß ich auf alle Ihre Einbildungen eingehe – während Sie dies so wenig tun bei allem, was mich betrifft ... Es ist wahr, hinterher wollen Sie Ihren Fehler immer wiedergutmachen, aber das ist nicht genug, und damit bin ich nicht zufrieden, denn ich will Ihre Achtung, und von der finde ich zu wenig in Ihrem Verhalten.

Frankfurt, 14. September 1692

Seit zwei Stunden bin ich hier. Der Pédagogue ist bei der Herzogin von Tarento abgestiegen, wo ich nur langweilige Gesichter gesehen habe. Von dort gingen wir auf die Messe, ohne jedoch irgend jemand aus unseren Kreisen zu treffen. Die Marionette und Ihre Halbschwester [Christine Charlotte Fürstin von Ostfriesland, geb. Prinzessin von Württemberg] sind hier, ich sehe sie aber erst morgen, worüber ich sehr froh bin, denn so werde ich mich ausruhen können; das habe ich dringend nötig, da ich die ganze Nacht kein Auge zugetan habe: die halbe Nacht habe ich damit zugebracht, Ihnen zu schreiben, und die andere Hälfte, mich über die eine Stelle in Ihrem Brief zu grämen ... Ich hoffe, daß ich weder den Landgrafen [von Hessen] noch sonst jemanden zu sehen brauche, jedenfalls habe ich keinerlei Verlangen danach ... Alles Schöne in Ihrem Brief kann mich nicht dazu bewegen, Ihnen die verletzende Stelle zu verzeihen. Sie dürfen beruhigt über mein Benehmen sein, ich werde mich wie eine Heilige verhalten, dafür stehe ich Ihnen ein.

Sechstes Kapitel

Der Rosenkavalier verschwindet spurlos ...

Sophie Dorothea und Philipp Christoph von Königsmarck – gejagt und umstellt wie edles Wild. Warum diese unbarmherzige Jagd? Warum konnte ihr Ehebruch nicht das gute, altbekannte Liebesverhältnis sein, wie es damals alle Höfe duldeten und sogar anerkannten, wenn es sich als beständig erwies? Warum konnte die kurfürstliche Schwiegermutter nicht versöhnlicher, der Kurfürst nicht ganz zufrieden sein, daß sein Sohn betrogen wurde? Weshalb erkaufte sich dieser Sohn den häuslichen Frieden nicht durch Schweigen, da er selber sich eines Zusammenlebens mit seiner Mätresse zu schämen hatte? Nahmen sich diese kleinen deutschen Fürstenhöfe nicht Versailles zum Vorbild, wo es doch wahrlich genug Mätressen und außereheliche Kinder gab? Warum hat Hannover nicht auch hierin den Sonnenkönig nachgeahmt? Wozu am Vorabend des zivilisiertesten Jahrhunderts unter zivilisierten Menschen dieses einer einfacheren Zeit würdige Drama?

Aber da gab es diese Frau voller Haß und herzloser Tücke, die diese Liebenden unermüdlich überwachte, jeden ihrer Schritte ausspionierte, ihre Briefe abfing und das Netz um sie immer enger zog. Obwohl sie die erklärte Mätresse des Kurfürsten war, deren Schönheit und Einfluß am hannoverschen Hof als unbestritten galten, obwohl sie sogar Anerkennung und freundliche Behandlung durch die Kurfürstin erfuhr, die über kleinliche Eifersucht erhaben war, konnte die Gräfin Platen sich ihres Lebens nicht freuen neben der bezaubernden jungen Prinzessin, die sie an Rang und Schönheit in den Schatten stellte. Gewiß, sie war die erklärte Mätresse, aber diese Stellung brachte viele Kränkungen und heimliche Demütigungen mit sich und weckte geheime Ränke und tödliche Wünsche in ihr. Von der Prinzessin überstrahlt, aber dennoch in der Gunst des Kurfürsten triumphierend und von den Beweisen seiner Huld überhäuft, hätte die Platen schließlich vielleicht doch mit Sophie Dorothea Frieden geschlossen, wäre nicht Königsmarck erschienen ...

Kein Zweifel, sie liebte ihn, versuchte ihn der Prinzessin abspenstig zu machen, wünschte ihn sich leidenschaftlich zum Geliebten, zum Schwiegersohn, zum Freund oder wozu er sonst bereit gewesen wäre – wenn er nur bei ihr an ihrem kleinen Hof von Monplaisir bliebe. Und er hat sie genommen, dann aber zurückgestoßen und gedemütigt. Da rächte sie sich.

Von der Gewalt ihrer Leidenschaft verblendet, gaben die Liebenden sich immer mehr Blößen, auch daran kann kein Zweifel sein. Verräterische Vorfälle häuften sich. Die Platen zog ihren Nutzen daraus, um auf den Kurfürsten einzuwirken. Gelegentlich unterdrückte sie wohl auch zum Schein ihren Haß: Palmblad führt zwei sehr merkwürdige Briefe Sophie Dorotheas an, in denen sie von der Hilfe spricht, die sie durch die Gräfin Platen erfahren habe ...

Was es auch damit auf sich haben mag, der Kurfürst ließ Königsmarck kommen und gab ihm höflich und schonend zu verstehen, daß man seinen Aufenthalt in Hannover nicht mehr so lebhaft wünsche wie bisher. Königsmarck verstand den Wink, und da sein Freund August von Sachsen gerade den Thron bestiegen hatte, bat er um Urlaub, um seine Glückwünsche in Dresden persönlich zu überbringen.

Der sächsische Hof hatte gerade eine häßliche Geschichte hinter sich. Der letzte Kurfürst, Johann Georg IV., ein älterer Bruder Augusts, war mit fünfundzwanzig Jahren zur Regierung gekommen. Schon bald hatte er sich leidenschaftlich verliebt in das Fräulein Sybille von Niedschütz, eine bildschöne Wienerin, und sie mit ihrer Mutter, der Generalin von Niedschütz, nach Dresden geholt. Die beiden Damen machten sich ohne viele Umstände an die Ausplünderung Sachsens: Güter, Schlösser, Geld – nach allem streckten sie die Hand aus. Um diesem Skandal ein Ende zu machen, beschloß die Kurfürstinmutter, eine Tochter des Königs von Dänemark, ihr Sohn solle heiraten. Er machte auch keine

Einwände, aber in der Kutsche, mit der er seiner Braut bis an die sächsische Grenze entgegenfuhr, saß neben ihm seine Mätresse. Es wurde schließlich so toll, daß nun auch der jüngere Bruder dem Kurfürsten ernste Vorhaltungen machte. Wütend zog dieser seinen Degen, freilich nicht gegen den Bruder, dessen Körperkraft ihm wohlbekannt war, sondern gegen seine arme Frau und wollte sich auf sie stürzen, um sie zu durchbohren. August hatte indessen wenig Mühe, seinen Bruder zu bändigen. Er hob ihn einfach hoch, trug ihn auf seinen Armen bis zu seinem Bett und warf ihn dort brutal nieder.

Da Johann Georg IV in der Folge doch wohl ein wenig Scham und Reue fühlte, hatte er nichts dagegen, als sein Bruder den Wunsch äußerte, eine Reise durch die europäischen Staaten zu machen. Er versah ihn sogar großzügig mit den nötigen Mitteln. August hatte inzwischen Königsmarck kennengelernt; er schloß Freundschaft mit ihm und nahm ihn erst nach Venedig, darauf nach Spanien, Portugal und Frankreich mit.

Währenddessen befestigte das Fräulein von Niedschütz, das zur Reichsgräfin von Rochlitz aufgestiegen war, ihre Herrschaft über den Kurfürsten. Sie forderte sogar, daß er sie heirate und in den Rang einer zweiten Gemahlin erhebe. Johann Georg IV. wagte nicht, sich zu widersetzen. Den Widerstand seiner Minister versuchte er mit dem Hinweis auszuräumen, daß keine Stelle des Alten Testaments verbiete, zwei Frauen zu haben; im Gegenteil, es gebe manche Belegstellen für die Doppelehe.

Zum Glück befreiten die Pocken im Jahre 1694 Sachsen von seiner schönen Blutsaugerin. In wahnsinniger Verzweiflung schlang der Kurfürst die Arme um den Leichnam seiner Geliebten und weigerte sich wie ein Rasender, sich von ihr zu trennen. Er ließ erst von ihr ab, als sich das Volk, im Glauben, der Fürst sei das Opfer einer Hexerei geworden, zusammenrottete und das Schloß belagerte. Schließlich erhielt die Mätresse ein beinahe königliches Begräbnis und wurde hinter dem Hochaltar der Sophienkirche beigesetzt.

Kurz nach dieser letzten gotteslästerlichen Komödie starb der Kurfürst ebenfalls an den Pocken. Sein Volk war fest überzeugt, daß die »Hexe« ihn sich geholt hätte.

Nun wurde August zur großen Freude seiner Untertanen Kurfürst von Sachsen. Er besaß alles, um der Menge zu gefallen: er war sehr schön, hatte leuchtende Augen und so viel Kraft, daß man ihm den Beinamen »der Starke« oder auch »Herkules des Nordens« gab. Er war klug, tapfer und voller guter Vorsätze. Aber er besaß leider auch im Übermaß jene Fehler, die einen Monarchen zwar beliebt machen, ihn aber zum Ruin führen: er war großzügig, ja verschwenderisch, liebte den Genuß und die Frauen – letztere allzusehr.

Seinem Freund Königsmarck bereitete er einen begeisterten Empfang. Er zahlte ihm zwar die dreißigtausend Taler, die er ihm schuldete, nicht zurück, gab ihm dafür aber ein Kommando in seiner Armee und ernannte ihn zum General.

Königsmarck nahm an sämtlichen Lustbarkeiten anläßlich der Krönung teil, an den Maskeraden, Bällen, Bären- und Wolfsjagden, den Schaukämpfen der kurfürstlichen Flotte. Er fuhr Equipagen, die mit gelbem Atlas ausgeschlagen waren, und trat bei den höfischen Turnieren in mittelalterlicher Rüstung auf.

Zwei Monate, vom April bis Juni 1694, hielt Königsmarck sich in Sachsen auf. Kein einziger Brief ist aus dieser Zeit erhalten. Haben die Liebenden einander, durch die Entfernung zur Ruhe gekommen, nicht geschrieben? Hatte der Sturm ihrer Leidenschaft sich gelegt? Die beiden Dresdener Monate waren für Philipp Christoph eine letzte Frist. Er war überall der strahlende Mittelpunkt. Auf einem ihm zu Ehren gegebenen Offiziersessen, auf dem er zuviel getrunken hatte, neckten ihn seine Kameraden mit seinem Glück bei den Frauen; das stachelte ihn an, ein karikaturistisches Porträt der Damen des hannoverschen Hofes zu entwerfen, insbesondere der Gräfin Platen. Er hätte besser getan, daran zu denken, daß diese Dame ihre Spitzel überall hatte, natürlich auch in Dresden: es war eine ehemalige Kammerfrau Sophie Dorotheas, die man wegen schlechten Lebenswandels aus Hannover gejagt hatte. In seiner zunehmenden Betrunkenheit hat er vielleicht eine Anspielung auf seine baldige Flucht mit der Kurprinzessin gemacht ... Wenn das stimmt, so unterschrieb er in diesem Augenblick sein eigenes Todesurteil. Aber von einer solchen Ungeschicklichkeit kann man ihn

wohl freisprechen. Keine derartige Äußerung Königsmarcks wird in den Berichten des englischen Gesandten am Dresdener Hof, Stepney, mitgeteilt, auch nicht andeutungsweise, ja, der Diplomat wußte zu diesem Zeitpunkt nicht einmal etwas von Königsmarcks Verhältnis mit Sophie Dorothea.
Zu allem Unglück beließ es Königsmarck bei diesem unseligen Bankett nicht bei Sticheleien gegen die verwelkten Reize der Gräfin Platen, ihre Verjüngungstricks, Schminkkünste und Milchbäder, sondern sprach auch über andere Damen des hannoverschen Hofes und in besonders beleidigenden Ausdrücken über Melusine von der Schulenburg.
In Hannover erfuhr man bald davon. Die sonst so friedfertige Melusine war diesmal bis aufs Blut gereizt und beklagte sich bei Georg Ludwig. Der begab sich auf der Stelle in die Gemächer seiner Frau und machte ihr Vorwürfe wegen ihres Umgangs mit Königsmarck. Die Prinzessin erwiderte, daß er selber sich durch sein öffentliches Auftreten mit der Schulenburg zum Gespött ganz Europas gemacht habe. Bei dieser Gelegenheit sprach Sophie Dorothea zum ersten Male von Scheidung. Da war es mit der phlegmatischen Ruhe Georg Ludwigs vorbei; wütend stürzte er sich auf seine Frau, schlug sie und riß sie an den Haaren.
Sophie Dorothea entschloß sich nach dieser Szene, sofort zu ihren Eltern zurückzukehren; sie fragte nicht einmal ihren Schwiegervater um die Erlaubnis, Hannover verlassen zu dürfen. Die Ankunft seiner Tochter stürzte den Herzog von Celle in höchste Verwirrung, denn da er von Hannover militärische Unterstützung gegen die Dänen erwartete, wagte er nicht, ihre Partei zu ergreifen. Sophie Dorothea wurde krank, blieb, von ihrer Mutter gepflegt, einen vollen Monat in Celle und begleitete dann ihre Eltern nach Bruchhausen. Diese fanden schließlich, die Abwesenheit ihrer Tochter habe lange genug gedauert, und drangen in sie, nach Hannover zurückzukehren. Zwischen Vater und Tochter gab es erregte Auseinandersetzungen, die mit einer Mißstimmung des Herzogs gegen die Prinzessin endeten. Der Kurfürst und die Kurfürstin von Hannover, die keineswegs verkannten, daß ihr Sohn sich schwer ins Unrecht gesetzt hatte, schrieben nach Bruchhausen, sie würden glücklich sein, wenn ihre Schwiegertochter zurückkäme, und erwarteten sie in Herren-

hausen. Es war eine deutliche Geste der Versöhnung und Abbitte, die der stolzen Kurfürstin gewiß nicht leicht gefallen war. Herrenhausen lag am Wege nach Hannover; in dieser Situation dort keinen Besuch zu machen, war schlimmer als eine Ungezogenheit: es war eine Herausforderung und fast ein bewußt vollzogener Bruch.
Man hörte in Herrenhausen, wie sich die Reisekutsche der Kurprinzessin näherte ... Sie hielt nicht an. Unter den Augen ihrer erstaunten Schwiegereltern setzte Sophie Dorothea ihre Fahrt fort ...

Warum verbrannten die Liebenden ihre Briefe nicht? Warum beschleunigten sie das Unheil durch das Übermaß ihrer Korrespondenz? Immer haben andere ihre Briefe gelesen, feindlich gesonnene Zeitgenossen oder zudringliche Historiker, deren Neugier vor nichts haltmacht.
Haben Sophie Dorothea und Königsmarck während ihrer Trennung in den ersten Monaten des Jahres 1694 einander Briefe geschrieben? Briefe, die sie mehr und mehr bloßstellten? Die Tatsache, daß beide in einem Abstand von nur zwei Tagen nach Hannover zurückkehrten, beweist zur Genüge, daß sie sich verständigten.
Mit einem Leichtsinn, der seiner Schwatzhaftigkeit in nichts nachstand, kam Königsmarck Ende Juni 1694 aus Dresden zurück. Zwar war ihm der Aufenthalt in Hannover verboten worden, aber mit der ihm eigenen Sorglosigkeit setzte er sich darüber hinweg. Dabei war er mehr oder weniger ein Deserteur, denn er hatte ohne Erlaubnis gleichzeitig hohe Offiziersränge in zwei verschiedenen und nicht verbündeten, um nicht zu sagen feindlichen Armeen bekleidet. Er ließ alle Vorsicht außer acht, jede Diktatur, außer derjenigen der Liebe, war ihm unerträglich geworden!
Jetzt war er es, der auf sofortige Flucht nach Frankreich drängte. Indessen vereinigte sich alles, seine Pläne zu durchkreuzen; die Schwierigkeiten schienen, aus der Nähe besehen, unüberwindlich. Vor allem fehlte es an Geld. Königsmarck hatte sich geradezu den Ruhm erworben, spielend Vermögen durchzubringen, und war jetzt völlig ruiniert, und Sophie Dorothea hatte von ihrem kriegsbedrohten Vater nichts erhalten können. Wovon sollten sie also in Frankreich leben?

Dort würde Sophie Dorothea keine einflußreiche deutsche Prinzessin mehr sein, die der französischen Politik nützlich sein konnte, sondern wieder zur einfachen hugenottischen Emigrantin werden, und Ludwig XIV. würde kein Interesse daran haben, sie mit besonderer Schonung zu behandeln. Wilkins bemerkt sicher zu Recht, daß Liselotte von der Pfalz, die verschworene Feindin von Sophie Dorotheas Mutter, ihr den Zugang zum Versailler Hof zu verwehren gewußt hätte. Da schien Wolfenbüttel ein sichereres Asyl zu sein: hier gab es gemeinsame Erinnerungen, gleiche Interessen und Antipathien. Und für Königsmarck konnte sich, auf dem Boden eines mit Schweden verbündeten Staates, sogar die Möglichkeit einer Aussöhnung mit seinem König ergeben.

Der Fortgang des Dramas beweist, daß die Platen über alles unterrichtet war. Obwohl beide Liebenden sich in ihren vier Wänden von der Außenwelt abschlossen, waren sie von Spitzeln umgeben. Was sie auch planen mochten, der detektivische Spürsinn der Platen kam ihnen zuvor. Sie beginnt als erste das entscheidende Spiel; ihr Haß inspiriert sie zu einem teuflischen Plan. Am 1. Juli 1694 empfängt Königsmarck ein mit Sophie Dorotheas Feder geschriebenes Billett, das ihn bittet, die Abendstunden dieses Tages, zwischen neun Uhr und Mitternacht, im Schloß in ihren Gemächern zu verbringen. Er soll, um Einlaß zu finden, die übliche Melodie pfeifen, die als Erkennungszeichen zwischen ihnen gilt: die »Folies d'Espagne« von Corelli. Sophie Dorothea erklärte später das Billett für eine Fälschung. Ihre Vertraute von dem Knesebeck gab bei ihrem Verhör das Gegenteil zu Protokoll. Sicher war es tatsächlich von Sophie Dorothea geschrieben, aber die Platen hatte Kenntnis von ihm erhalten ...

In geliehene Kleider gehüllt, verläßt Königsmarck, unbemerkt von seinen Dienern, das Haus und schleicht durch die Gärten; er ist völlig sicher, daß ihn niemand gesehen hat. Jetzt ist er am Schloßeingang. Er pfeift die vereinbarte Melodie, und alsbald erscheint das Fräulein von dem Knesebeck an der kleinen Seitenpforte. Sie ergreift seine Hand und führt ihn über verschiedene Treppen und durch einen dunklen Korridor zu den Zimmern der Prinzessin. Der Korridor

endet auf der einen Seite in einer kleinen Tür, durch die Königsmarck gerade hereingekommen ist, am anderen Ende führt eine Tür in einen riesigen Prunkraum, den Rittersaal.
Königsmarck ist in Sophie Dorotheas Privatgemach, dessen Fenster auf die Leine gehen. Es ist eine schwüle Sommernacht, die Sterne stehen unklar am dunstigen Himmel ...
Kaum sind die Liebenden beieinander, weiß auch schon die Platen davon. Sie eilt zum Kurfürsten, erzählt ihm das Unerhörte, hetzt ihn auf, erzwingt schließlich den Haftbefehl für Königsmarck. Wilkins sagt, der Kurfürst sei anfangs entschlossen gewesen, sich höchstpersönlich zu seiner Schwiegertochter zu begeben; aber die Platen habe ihn davon abgebracht. Fürchtete sie vielleicht, dieser schon betagte und hinfällige Mann könnte sich in seiner Gutmütigkeit umstimmen lassen? Der unbekannte Verfasser der »Histoire secrette« neigt einer anderen Auffassung zu; er erzählt, der Kurfürst habe sich selbst auf den Schauplatz des Vergehens begeben und eine aktive Rolle in diesem Drama gespielt. Die geläufigste Darstellung ist indessen doch die, daß er sich einen Haftbefehl entreißen ließ und dieser Furie von Mätresse drei oder vier Leibwächter beziehungsweise Hellebardiere zur Verfügung stellte.
Die Platen gab ihren obskuren Komplicen zunächst gehörig zu trinken und schärfte ihnen strengste Geheimhaltung ein, andernfalls würden sie gehängt ... Dann wies sie ihnen ihren Platz im Schutze des riesigen Kamins im Rittersaal an und befahl ihnen, sich dort im Dunkel zu verbergen und sich auf jede Person zu stürzen, die sie ihnen bezeichnen würde. Im Schweigen der Nacht dösten die Soldaten bald ein. Unter der Vorzimmertür zum Boudoir der Prinzessin schimmerte ein Lichtstrahl; die Knesebeck war noch wach ...
Die Liebenden waren ganz in die Vorbereitungen ihrer Flucht vertieft; sie sprachen über ihre Liebe und den Fluchtweg, über das Vergangene und die Zukunft, dann wieder beschäftigten sie die Aufstellung einer Liste mit den Juwelen, die sie mitnehmen wollten, und die Organisation des Pferdewechsels, dazwischen abwechselnd Vorwürfe und Küsse. Sie sahen sich schon außerhalb jeder Gefahr, jenseits der Grenze in einer schnellen Kutsche dahinrollen, sie dach-

ten schon nicht mehr daran, was sie hinter sich ließen, an das Aufsehen, das ihre Flucht erregen würde, an die allgemeine Verblüffung Hannovers, wenn es vom Verschwinden seiner Kurprinzessin erführe.

Im Juli bricht der Tag rasch an. Die Knesebeck beschwor sie, sich zu trennen. Königsmarck sagte: »Also dann heute nacht!« und schlüpfte leise wie ein Schatten hinaus, mit jener erstaunlichen Unbeschwertheit, die diesen Menschen kennzeichnete. Er war fröhlich, voller Hoffnung. Warum auch nicht? Es war Sommer, die Blütezeit des Jahres, und er selbst in der Blüte seiner Mannesjahre, ihm mußte sich alles zum Besten wenden.

Er war nun wieder auf dem Korridor, ging den Weg, den er gekommen war, zurück und wollte die Tür, durch die er eingetreten war, öffnen. Irgend jemand hatte sie verriegelt.

Aber es gab ja noch einen anderen Ausweg: durch den Rittersaal. Diese Tür war nicht verschlossen. Königsmarck öffnete sie leise und schlüpfte lautlos in den Raum. Er fürchtete die Leere, in der jeder Schritt widerhallte. Kaum war er eingetreten, da erhielt er einen heftigen Schlag über den Kopf. Aus der Deckung des Kaminsimses waren die Meuchelmörder aufgesprungen. Philipp Christoph machte einen Sprung nach rückwärts. War er bewaffnet? Die Historiker streiten sich darüber; die einen sind der Meinung, er sei waffenlos gewesen, die anderen, er habe einen Degen gezogen, der ihm aber in der Hand zerbrochen worden sei; jedenfalls konnte es keine jener schweren Kampfwaffen sein, die in der Waffenkunde »Königsmarck« heißen.

Im Licht des anbrechenden Tages erkannten die Bewaffneten in dem Angegriffenen den Gardeobristen, ihren Befehlshaber. Die Platen begriff sofort, daß der ganze Anschlag in Gefahr sei, und feuerte die Soldaten an. Zwei von ihnen waren verwundet, die anderen stürzten sich von neuem auf Königsmarck. Durchbohrt von Säbelhieben fiel er zu Boden. Seine letzten Worte waren die eines ritterlichen Edelmannes: »Schont die Prinzessin! Rettet die unschuldige Prinzessin!« Die Platen beugte sich über den Sterbenden und schloß ihm mit einem Tritt den Mund.

Wollte sie seinen Tod? Oder war sie erschüttert, wie sie später behauptet hat? Man sagt, sie habe versucht, ihm eine

Arznei zwischen die Lippen zu träufeln, aber er atmete schon nicht mehr. Nach Palmblad gestand die Gräfin auf dem Sterbebett ihr Verbrechen; ihr Mann, der Minister, dem sie das Geständnis anvertraute, habe es in seiner Leichenrede erwähnt, deren eigenhändige Niederschrift sich in den Wiener Archiven befinde.

Bestürzt eilte die Platen zum Kurfürsten. Dieser brach, sobald er hörte, was vorgefallen war, in die heftigsten Vorwürfe aus. Er hatte einer Verhaftung zugestimmt, nicht aber einem Mord! Sämtliche Höfe würden sich empören; schließlich war der Ermordete in ganz Europa bekannt. Schon am nächsten Morgen würde ein unerhörter Skandal losbrechen und Hannover mit Schande bedecken.

Beim hellen Tageslicht sah die Wirklichkeit noch bedrohlicher aus. Der Kurfürst faßte einen Entschluß, der kopflos erscheinen mag, den man sich indessen erklären kann, wenn man seinen Rang und seine absolute Macht bedenkt: er wollte den Leichnam einfach verschwinden lassen und so tun, als ob nichts geschehen sei. Königsmarck war eben geflohen, ohne irgendwelche Spuren zu hinterlassen. In einem Zeitalter beständiger Gefahren, plötzlichen Verschwindens oder Reisen in die Ferne konnte dies wirklich als das natürliche Ende eines Abenteurers angesehen werden. Und: war der Kurfürst nicht absoluter Souverän und niemandem Rechenschaft schuldig?

Das ungleiche Paar begab sich eilig in den Rittersaal, wo der Leichnam des Grafen noch lag. »Das Antlitz des Kurfürsten war düster«, sagt Pollnitz; »er war von einem Offizier der Leibwache begleitet«, heißt es in den 1729 anonym im Haag erschienenen »Memoiren der Regierung Georgs des Ersten«. Wo aber sollte man den Toten verstecken? Unmöglich, ihn ungesehen durch das Schloß zu schaffen. Zwar schlief die Dienerschaft noch, konnte aber jeden Augenblick erwachen. Weder die Keller noch der Park waren noch unbehelligt zu erreichen. Es gab nur eine Möglichkeit: auf demselben Stockwerk lag eine kleine Kammer; man konnte den Dielenboden lösen, ein Loch aushöhlen und ungelöschten Kalk auf den Leichnam schütten . . .

Als die Sonne aufging, war alles getan.

In der »Histoire secrette« ist zu lesen, einer der Leibwächter, namens Buschmann, der das Totengräberamt ausgeübt hatte, habe später einem Priester in der Beichte alles erzählt. Horace Walpole behauptet in seinen »Erinnerungen« aus dem Jahre 1788, daß man die Überreste Königsmarcks in der Regierungszeit Georgs II. (1727 bis 1760) unter dem Fußboden von Sophie Dorotheas Ankleidezimmer gefunden habe. Königsmarck sei erdrosselt worden. Walpole will diese Tatsachen von seinem Vater, Sir Robert Walpole, erfahren haben, dem sie die Königin, die Gemahlin Georgs II. und Schwiegertochter Sophie Dorotheas, am Anfang des achtzehnten Jahrhunderts unter dem Siegel der Verschwiegenheit anvertraut habe. Thackeray schreibt dagegen in seinem Buch »The Four Georges« von 1855, die Leiche sei schon am Tage nach dem Verbrechen eingeäschert worden.

Sophie Dorothea begab sich in dieser Nacht nicht zu Bett. Endlich ging eine strahlende Julisonne auf – ihr Sinken würde das so langersehnte Glück bringen. Heute nacht würde sie frei sein! Sie verbrannte viele Papiere und machte ein kleines Paket mit ihren Edelsteinen, sie würden ihr zunächst den Lebensunterhalt sichern. Alles war bis ins kleinste besprochen. Die Reisekutsche sollte aus Gründen der Sicherheit zunächst die Straße nach Dresden nehmen, um, wenn man erst einmal die Stadt hinter sich hatte, nach Wolfenbüttel abzubiegen.
Sophie Dorothea wartete und zählte die Stunden. In diesem Schloß, das früher ein Kloster gewesen war, herrschte eine unheimliche Stille, nicht die Stille des Friedens, sondern die Stille lebenslänglicher Klosterhaft ...
Sie konnte nichts tun als auf das Signal Königsmarcks zu lauschen ...
Es wurde Mittag, und er hatte noch immer kein Lebenszeichen gegeben.
Durch die Knesebeck erfuhr sie, daß Königsmarck nicht in seine Wohnung zurückgekehrt sei. Seine Leute suchten ihn überall, sie waren sehr in Sorge um sein Leben, zumal man angeblich während der Nacht großen Lärm in einer der Galerien des Schlosses gehört hatte. Auch sei an eben jener Stelle eine Blutlache entdeckt worden, wie von einem Ermordeten.

Sophie Dorothea sah aus dem Fenster. Am gegenüberliegenden Leineufer blieben die Vorübergehenden stehen, von Stunde zu Stunde wurden es mehr. Sie reckten die Hälse, wie um die Schloßmauern zu befragen ...
Trotz ihrer wachsenden Angst vertraute Sophie Dorothea immer noch auf ihren Schwiegervater. Sie schätzte seinen Charakter, dem Niedrigkeit fremd war, seine Bildung, seine Achtung vor der höfischen Sitte, die ihm gewiß jede brutale Handlung verbieten würde.
Sophie Dorothea bemühte sich Ruhe zu bewahren. Am Abend, wenn ihre beiden Kinder, der hübsche elfjährige Georg und seine neunjährige Schwester Sophie Dorothea, ihr Gutenacht gesagt hatten, würde sie mehr wissen. Sie wartete vergebens auf die Kinder. Ihr Ausbleiben beunruhigte sie. War sie unter Arrest gestellt?
Trotz der Stärke der Mauern sickerten aus der Stadt Gerüchte durch: Königsmarck sei im Duell von einem Grafen von Lippe getötet worden. In kopfloser Angst wollte Sophie Dorothea zu ihrem Schwiegervater, aber sie fand den Weg zu ihm versperrt. Die Kurfürstin ließ ihr sagen, daß sie, wie auch die Knesebeck, ihre Zimmer nicht verlassen dürften.

Siebtes Kapitel

Aurora von Königsmarck

Der Kurfürst und die Gräfin Platen atmeten erleichtert auf: der Tote lag, unter dicken Dielenbrettern und einer Schicht ungelöschtem Kalk, in einem abgelegenen Winkel des Schlosses. Das leidige Werk war getan, und Schweigen würde vollends Gras darüber wachsen lassen. Wer sollte sich auch über das Verschwinden eines solchen Glücksritters wie Königsmarck groß aufregen?

Aber man kann einen Königsmarck nicht mit der gleichen Leichtigkeit verschwinden lassen, mit der man sich seiner Mörder entledigen konnte. Der Kurfürst machte seine Rechnung ohne Aurora von Königsmarck; die war nur von dem einen Gedanken beherrscht, den Bruder zu rächen – und sie besaß seinen Mut und dazu eine unbeugsame Hartnäckigkeit.

Schon am Tage nach der Mordtat liefen einzelne Gerüchte um. Sie kamen bald auch nach Hamburg, wo Aurora bei ihrer Schwester, der Gräfin Lewenhaupt, und deren Mann lebte. Unruhe und Angst der drei stiegen aufs höchste durch die Ankunft von Königsmarcks Sekretär Hildebrandt. Dieser überbrachte ein Paket, das ihm das Fräulein von dem Knesebeck anvertraut hatte; obwohl sie unter Arrest stand und streng bewacht wurde, war es ihr gelungen, es ihm zuzuspielen. Es trug Sophie Dorotheas Siegel und die Aufschrift: »An Gräfin Aurora von Königsmarck. Sicher aufzubewahren, bis die Erbprinzessin es zurückfordert. Sonst ungeöffnet und ohne Kenntnis des Inhalts zu verbrennen.« Der Inhalt – das konnten nur Königsmarcks Briefe sein.

Die geheime Mission, mit der das Fräulein von dem Knesebeck ihn beauftragte, hatte Hildebrandt einen Schrecken eingejagt. Er war in die Wohnung seines verschwundenen Herrn gestürzt, hatte sämtliche Schränke, Truhen, Kommoden und sonstigen Verstecke durchwühlt und alles geborgen, was er an wild durcheinanderliegenden Papieren finden konnte. Trotzdem konnte er in Hamburg nicht garantieren, daß er alles Belastende sichergestellt hatte, denn er war in seiner Arbeit durch Kommissäre unterbrochen worden, die die Platen mit dem Befehl geschickt hatte, alles zu durchsuchen, zweifellos nicht nur, um die Briefe der Prinzessin, sondern auch, um ihre eigenen aufzufinden ...

Den von Hildebrandt ausgehändigten Briefen fügte Aurora ein seltsames Dokument hinzu, das ihr wenige Tage zuvor, wie Palmblad berichtet, von dem jungen Bevollmächtigten einer Hamburger Bank, mit der Königsmarck in geschäftlichen Beziehungen gestanden hatte, übergeben worden war. Sei es, daß den Bankangestellten Skrupel plagten, sei es, daß er sich einfach an seinem Brotgeber rächen wollte, jedenfalls hatte er das Schriftstück entwendet, um es an Aurora gelangen zu lassen. Es handelte sich um einen Brief von Königsmarcks Hand, abgefaßt in seiner unnachahmlich fehlerhaften Orthographie – Aurora konnte keinen Augenblick an seiner Echtheit zweifeln. Er kündigte dem Hamburger Bankier Lastrop die Übersendung einer Summe von vierhunderttausend Talern sowie von Edelsteinen im Werte von zwanzigtausend Talern an. Der Bankier sollte das anvertraute Gut sicher aufbewahren, nachdem er die Summen entnommen hätte, mit denen der Graf von Königsmarck bei ihm im Debet stand; außerdem sollte er den Schwestern des Grafen zehntausend Taler zur Verfügung stellen, falls sie in finanzielle Schwierigkeiten gerieten. Dieses Schriftstück, das Palmblad vollständig abdruckt – er ist der einzige Biograph, der es erwähnt –, fügt der rätselhaften Affäre Königsmarck ein weiteres Geheimnis, und nicht das kleinste, hinzu. Denn wie konnte Königsmarck im Besitz einer solchen Summe sein, die für damalige Begriffe enorm war und größer als das Vermögen der meisten deutschen Fürsten? Hatte er sie von Sophie Dorothea? Aber mangelte es ihr nicht selber an Geld, da sie doch zur Durchführung ihres Fluchtplans ihren Vater darum bitten mußte? Wie dem auch sei, der Bankier leugnete jedenfalls, das Depositum jemals erhalten zu haben, und es blieb spurlos verschwunden. Da die Echtheit des Briefes außer Zweifel steht, hat die Vermutung, die der Bankier äußerte, einiges für sich: daß nämlich der Kurier, dem Königsmarck das Vermögen anvertraute, es entweder unterschlagen habe oder aber unterwegs ausgeraubt und vielleicht sogar ermordet worden sei.

Wertvoller als dieser mysteriöse Schatz waren die Kisten, die Hildebrandt nach dem Verkauf des Königsmarckschen Hauses nach Hamburg schickte: sie enthielten zweihundert Kleider und Uniformröcke, siebenundvierzig Pelzmäntel, einundsiebzig Säbel, einhundertundzwei Taschenuhren und siebenundachtzig Orden und Ehrenzeichen – Strandgut eines gescheiterten Lebens, aber für Aurora teure Andenken an ihren geliebten Bruder, an dessen Tod sie nicht glauben wollte. Sicher war er entführt und eingekerkert, aber noch am Leben! Und sie suchte ihn verzweifelt, forschte überall nach ihm, klopfte an alle Türen, schrieb an den Kurfürsten von Hannover, der sich in Schweigen hüllte, an den Herzog von Mecklenburg-Schwerin, der ihr jede Hilfe versprach, aber nichts unternahm. Alle ihre Nachforschungen verstrickten sich in einem Gewirr unbestimmter Gerüchte und Mutmaßungen. Schließlich faßte sie sich ein Herz und spielte ihre Trumpfkarte aus: den Kurfürsten von Sachsen.

In der »Fürstenrepublik« des Heiligen Römischen Reiches, das aus mehr als sechshundert Einzelstaaten bestand, vom Königreich Preußen mit seinen mehreren Millionen Einwohnern bis hinab zum winzigen Herzogtum Oels mit seiner Handvoll Untertanen, nahm August von Sachsen einen bedeutenden Platz ein.

Aurora von Königsmarck war eine der schönsten Frauen Europas, dazu eine der gebildetsten und begabtesten, keine verfaßte so reizende Gelegenheitsverse wie sie. Als sie mit ihrer Schwester der Kurfürstinmutter von Sachsen einen Besuch machte – einer entfernten Verwandten der Königsmarcks, die ja mit mehreren regierenden Familien Europas verwandt waren –, hatte August der Starke sie zum erstenmal gesehen. Nun war er bei der neuerlichen Begegnung so hingerissen von ihrer Schönheit, ihrem Zauber, ihrer sanften und gleichzeitig stolzen Würde, die am sächsischen Hofe nicht ihresgleichen hatten, daß er sich stürmisch in sie verliebte und voller Empörung war über das Schicksal ihres verschwundenen Bruders, seines alten Gefährten. Von Aurora angestachelt, entschloß er sich zu energischen Drohungen durch seinen Gesandten in Hannover, falls man ihm nicht seinen Untertan und General, ja seinen Freund zurückgäbe. Ein offener Streit Sachsens mit Hannover in einem Augenblick, wo das Reich sich der Großen Allianz anschloß, war eine bedrohliche Aussicht, er mußte sich nachteilig auf das Kriegsglück auswirken und konnte Ludwig XIV. nur recht sein. Der Kurfürst von Hannover bekam Angst und suchte die Unterstützung des Kaisers in Wien. Wäre August ebenso beharrlich gewesen, wie er leicht entflammbar war, dann hätte Aurora wohl ihr Ziel erreicht, den Bruder gerächt und vielleicht die große europäische Politik beeinflußt. Aber August der Starke war schwach im Handeln, er beschäftigte sich vornehmlich damit, Aurora zu erobern. In der Liebe, wie in der Politik, war er um Schliche nie verlegen. Nach Palmblad versprach er der Angebeteten nichts Geringeres als die Ehe, sobald er die Scheidung von seiner derzeitigen Gemahlin erreicht hätte ... Aurora ließ sich durch die Farce einer Scheinheirat hinters Licht führen. Sie glaubte sich am Ziel ihrer Wünsche, aber ihr fürstlicher »Gemahl« war die Untreue in Person. Die Frauen fanden ihn unwiderstehlich. Auf uns Heutige wirkt er mit seinem dunklen Teint und seinen gewaltigen Augenbrauen eher wie ein türkischer Sultan, aber seine Zeit bewunderte ihn, und der Historiker muß darauf verzichten, die Zahl seiner Mätressen nachzurechnen: Gräfin Esserle, Prinzessin Sobieska, Prinzessin Lubomirska, Frau von Spiegel, Frau von Hoyn usw. usw. Sie alle wurden Reichsgräfinnen und ihre Söhne unter dem Titel eines Freiherrn oder sogar eines Grafen von Sachsen anerkannt.

Nur Auroras Sohn, der kleine Moritz, blieb vaterlos, dabei war er August dem Starken wie aus dem Gesicht geschnitten. Vom Kurfürsten verlassen, lebte Aurora einsam in ihrem Palais, dessen Wände mit Seidentapeten in der leuchtenden Farbe der Göttin bespannt waren, deren Namen sie trug. Was blieb ihr als die traurige Erinnerung an Lustfahrten, die der Kurfürst mit ihr in einer vergoldeten Gondel auf der Elbe gemacht hatte ... Aber keine Klage kam über ihre Lippen. Sie vertraute ihren Sohn einem französischen Erzieher namens Delorme an und zog sich mit bewundernswertem Takt und in untadeliger Würde in das Stift Quedlinburg zurück, dessen stellvertretende Äbtissin sie wurde.

Das Stift Quedlinburg blickte damals schon auf eine Geschichte von fast achthundert Jahren zurück. Königin Mathilde, die Gemahlin Heinrichs des Vogelstellers, des ersten Königs aus dem sächsischen Kaiserhaus, hatte es gegründet, indem sie aus ihrem Witwensitz ein Stift für die unverheirateten Töchter des Adels machte. Fast neun Jahrhunderte verteidigte es erfolgreich seine geistliche Immunität und seinen Landbesitz gegen den Zugriff der benachbarten Territorialfürsten; es blieb Napoleon vorbehalten, der alten Selbständigkeit ein Ende zu machen: im Frieden zu Lunéville fiel das Stift in seine Hände und ging zusammen mit dem Heiligen Römischen Reich unter. Seinem Charakter nach war es ein adliges Damenkloster. Alle Nonnen waren Prinzessinnen oder zumindest Reichsgräfinnen, mit dem Titel »Hochwohlgeborene Stiftsdamen«.

Wenn es Aurora trotz der Versprechungen, die man ihr wiederholt machte, und trotz der Unterstützung von preußischer Seite nie gelang, Äbtissin von Quedlinburg zu werden, so lag dies nicht daran, daß es ihr an der adligen Herkunft fehlte; aber der strahlende Ruhm, den sie an den Höfen Europas genossen hatte, die glänzenden Besuche, die sie empfing – einmal kam, in Begleitung des Herzogs von Wolfenbüttel, sogar der Sohn Peters des Großen –, die Feste, die sie gab, die Konzerte, bei denen sie mit ihrer immer noch schönen Stimme sang: all das schuf ihr neidische und tadelsüchtige Feindinnen unter den übrigen Stiftsdamen. Dabei herrschte in Quedlinburg durchaus keine strenge Klosterzucht; im Gegenteil, man feierte ländlich-fröhliche Feste, veranstaltete Jagden und andere Lustbarkeiten. Aber Aurora konnte es ihren Stiftsschwestern nicht recht machen; bald ärgerte es sie, daß sie von ihrem Gut Wilksen in das große Hamburg fuhr, dann wieder, daß sie überall, in Regensburg, Hannover, Bremen, Stockholm Prozesse anstrengte, um wieder in den Besitz ihrer Güter zu gelangen. Im Jahre 1698 entschloß sie sich gar zu einer Reise nach Polen, um sich zugunsten der durch ein (ihrer Meinung nach) ungerechtes Gesetz enteigneten Königsmarcks an ihren König Karl XII. zu wenden, den der Nordische Krieg in dieses Land geführt hatte und der gerade eine dreifache russische Übermacht glänzend geschlagen hatte.

August der Starke, der im Jahr zuvor zum König von Polen gewählt worden war und Warschau zu seiner Residenz erkoren hatte, trieb wie immer ein doppeltes Spiel mit den kriegführenden Mächten. Graf Lewenhaupt, der ein sächsisches Regiment führte, war nicht wenig erstaunt über die Ankunft seiner Schwägerin in Warschau, zumal das Ziel ihrer Reise nicht war, das Herz des neugewählten Königs zurückzuerobern, sondern eine Audienz bei Karl XII. zu erlangen. Dies hinderte indessen nicht, daß August seiner ehemaligen Mätresse seine Aufwartung machte und ihr, da er sie noch genauso anziehend fand wie früher, einen diplomatischen Auftrag an den König von Schweden anvertraute. Aurora unternahm also die Reise nach Mitau. Sie war schön wie ein Gedicht, aber Karl XII. liebte nur den Krieg. Schönheit und Poesie bedeuteten ihm nichts. Er verweigerte ihr die Audienz, und als sie es so einrichtete, daß sie ihm auf der Straße begegnete, erreichte sie nur, daß er höflich den Hut zog und weiterging. Wütend über die Beleidigung kehrte Aurora nach Dresden zurück. Dort erfuhr sie zu ihrer Überraschung, daß ihre Mission in anderer Hinsicht doch Erfolg gehabt hatte; jedenfalls war der König von Sachsen so zufrieden mit ihr, daß er jetzt daran dachte, ihren Sohn anzuerkennen – als »Marschall von Sachsen«, Maréchal de Saxe, sollte er sich einst in Frankreich Ruhm erwerben.
Aber das Unglück, das die Königsmarcks hartnäckig verfolgte und sie nur auf Gipfelhöhen zu führen schien, um sie dann desto tiefer zu stürzen, machte auch vor Aurora nicht halt. Sie kehrte nach Quedlinburg zurück und verbrachte dort lange, von Resignation verdüsterte Jahre. Immer wieder hoffte sie, doch noch zur Äbtissin gewählt zu werden, sah sich aber stets betrogen durch irgendeine unverheiratete oder mitgiftlose Prinzessin des Reichs, die man ihr vorzog. Immer wieder fielen auch die Gläubiger ihres Sohnes über sie her, damit sie seine Schulden bezahle, und später mühte sie sich ab, ihn bei seinem aussichtslosen Streben nach dem kurländischen Herzogstitel zu unterstützen. Dieser Sohn hatte den abenteuernden Geist und die ausschweifende Phantasie der Königsmarcks geerbt, deren Schicksal es war, nach sieghaftem Beginn zum Schluß immer als Geschlagene dazustehen.

Nachdem Aurora gegen Ende ihres Lebens auch noch von der Wassersucht geplagt worden war, starb sie in der Nacht vom 15. zum 16. Februar 1728. Nicht einmal im Tod fand dieses vom Unglück heimgesuchte Leben Ruhe. Das Testament der Verstorbenen verschwand, ebenso wie die Summen, die sie hinterließ. Die Gläubiger stürzten sich auf alles, was an Nachlaß noch vorhanden war, eine Prozeßwut ohnegleichen begann ... Umsonst; es blieben nicht einmal die Mittel für ein anständiges Begräbnis. Ebensowenig wie Königsmarck oder Sophie Dorothea besitzt Aurora ein Grab, an dem man ihrer gedenken kann. Als Palmblad nach Quedlinburg kam, fand er nur ein halbverfallenes Gebäude, halb Burg, halb Kloster, auf einem Hügel; er fragte nach Auroras Grab: es gab keines. Das einzige, was er zwischen den Grabplatten der geistlichen Prinzessinnen fand, war ein mumienhaft vertrockneter Leichnam, von dem nur noch die obere Hälfte vorhanden war. Als er sich über das kleine gelbliche Gesicht beugte, glaubte er noch die Spuren jenes Zaubers zu erkennen, der einst Ruhm und Unglück der Gräfin Aurora von Königsmarck gewesen war ...

Achtes Kapitel

Die Gefangene von Ahlden

(1694–1726)

In Hannover kehrte nach dem Tode Königsmarcks keine Ruhe ein. Der Gesandte des Kurfürsten von Sachsen, Bannier, forderte im Namen seines Souveräns in immer drohenderen Worten die Auslieferung des »Generals der sächsischen Kavallerie, Graf von Königsmarck«. Ernst August war in einer schwierigen Lage und befürchtete, daß sich alle seinem Hause feindlichen deutschen Fürsten auf Betreiben Augusts des Starken gegen ihn verbünden würden. Er suchte also Zeit zu gewinnen und rief die Vermittlung des Kaisers an, der auf einen Lieferanten so guter Soldaten, wie Ernst August es war, nicht verzichten konnte.

Es war Hildebrandt, wie gesagt, nicht gelungen, alle Papiere Königsmarcks in Sicherheit zu bringen: die von der Platen angeordnete Durchsuchung hatte die Briefe Sophie Dorotheas zutage gefördert. Der Schwager des Fräulein von dem Knesebeck und Vertrauensmann Königsmarcks, von Metzsch, sagte aus, er habe gesehen, wie dieser in Dresden ein mit einem gelben Band verschnürtes und in einem Kästchen verschlossenes Briefbündel sorgsam gehütet habe. Königsmarck hätte besser getan, diese Briefe, die Sophie Dorothea ins Unglück brachten, zu verbrennen.

Jetzt war es zu spät: der Kurfürst ließ sie entschlüsseln und las sie zusammen mit seiner Mätresse. Sein Zorn war furchtbar. Er hätte seiner unglücklichen Schwiegertochter das Abenteuer mit Königsmarck vielleicht sogar verziehen, solche Ehebruchsgeschichten regten ihn nicht weiter auf, schließlich trieb seine eigene Tochter es nicht besser ... Aber es gab da einen Punkt, der ihn sehr viel mehr aufbrachte: der Plan, nach Wolfenbüttel zu fliehen. Sie, die Erbprinzessin, die Gemahlin des Kurprinzen, hatte vorgehabt, mit ihrem ganzen Vermögen zu Kurhannovers verhaßtem Vetter zu flie-

hen, in das Lager des unversöhnlichsten Feindes überzugehen? Das war nichts anderes als Hochverrat!
Unter Arrest gestellt und in strenger Isolierung gehalten, harrte Sophie Dorothea voller Angst des Kommenden. Sie hatte keinerlei Nachricht von Philipp Christoph, und auch Eleonore von dem Knesebeck, die ihre Haft teilte, wußte nichts. Schließlich gelang es Sophie Dorothea, unbemerkt einen Hilferuf an ihre Eltern zu schmuggeln ...
Die »Histoire secrette« erzählt, daß der Herzog von Celle, tief erschrocken über die Katastrophe, die seine Tochter betroffen hatte, sich unverzüglich nach Hannover begeben habe, und fährt fort: »Er drückte zunächst seine Empörung über ein so ungeheuerliches Vorgehen aus, wie es die Inhaftierung der Prinzessin war, änderte aber bald seine Meinung und hieß alle Maßnahmen gut ...«
Woher der rasche Sinneswechsel? Tatsächlich hatte es genügt, daß der Kurfürst seinen Minister Graf Platen mit den Briefen Sophie Dorotheas zu ihm schickte ...
Sie enthielten keineswegs das, was uns die unechten »Memoiren von Sophie Dorothea« glauben machen wollen, nämlich »Worte des Dankes an Königsmarck für die Dienste, die er ihr zur Wahrung ihrer Interessen geleistet hatte«. Die »Histoire secrette« kommt der Wahrheit näher: »Man teilte Sophie Dorothea mit, daß Königsmarcks Papiere beschlagnahmt seien. Man erfuhr aus ihnen von ihrem Plan, nach Frankreich zu fliehen, von ihren anzüglichen Spötteleien über das Zusammenleben des Kurfürsten mit der Gräfin Platen, ihren Klagen über die Härte ihres Vaters, des Herzogs von Celle, und ihres Gemahls, des Kurprinzen Georg Ludwig; den einen stellte sie als alten Tyrannen, den anderen als ihren Henkersknecht hin.«
Worin der Kurfürst einen Schlag gegen die Interessen Hannovers sah, das war in den Augen des Herzogs von Celle vor allem ein Vergehen gegen die Ehre seines Hauses, und die Wut auf seine Tochter verdoppelte sich noch, als seine Frau Sophie Dorothea zu verteidigen versuchte. Man darf nicht vergessen, daß in jener Zeit die Frau fast noch eine Sklavin war, auf deren Gefühle man selten Rücksicht nahm, wenn man sie verheiratete; mit der Eheschließung ging ihr gesamter Besitz auf den Gatten über, und so wenig genau

man es mit der ehelichen Treue der Männer nahm, so streng blieb die Meinung über die der Frauen.

Wie niederschmetternd die Lektüre der Briefe auch auf sie wirkte, Eleonore gab die Verteidigung ihres Kindes noch nicht ganz auf: wenn ihre Tochter sich auch in einem Augenblick unseliger Verblendung ungerecht gegen ihren Vater gezeigt habe, so habe sie doch nie und nimmer Ehebruch begangen, und man müsse ihr Zuflucht gewähren.

Aber der Herzog ließ sich nicht erweichen. Seine einzige Antwort war, Sophie Dorothea sei nicht länger seine Tochter. Es gab zwischen den Ehegatten eine ebenso entsetzliche Szene wie damals, als der Herzog die Verlobung Sophie Dorotheas mit Georg Ludwig bekanntgegeben hatte. Zwölf Jahre waren seitdem vergangen, in denen Eleonore jeden Einfluß auf ihren Mann verloren hatte. Einzig die Politik und das Interesse seines Hauses bestimmten sein Handeln. Zu allem Unglück beging Eleonore den Fehler, sich um Rat und Hilfe an den Minister Graf Bernstorff zu wenden; sie hatte nach so vielen Jahren immer noch nicht gemerkt, daß er ihr Feind und ein willenloses Werkzeug in den Händen der Platen war. Er tat denn auch alles, um die Sache noch zu verschlimmern. Die verzweifelte Eleonore wagte einen neuen Vorstoß beim Herzog. Die »Histoire secrette« berichtet: »Die Herzogin von Celle warf sich ihrem Gemahl zu Füßen und flehte ihn an, der unglücklichen Prinzessin seinen Schutz nicht zu versagen. Der Herzog antwortete kalt, er erinnere sich nicht, eine Tochter gehabt zu haben.«

Graf Platen war inzwischen nach Hannover zurückgekehrt und berichtete seinem Herrn, daß der Herzog von Celle voller Empörung über die Vergehen seiner Tochter sei und die Mission den gewünschten Erfolg gehabt habe; es stehe nun nichts mehr im Wege, nach Belieben über die Zukunft der Schuldigen zu befinden, Einspruch sei von Celle nicht zu befürchten ... Man kann sich des Eindrucks nicht erwehren, daß der hannoversche Hof von dem Verhältnis der Prinzessin zu Königsmarck schon seit mindestens einem Jahr wußte, aber erst dann eingriff, als feststand, daß Sophie Dorothea unter Mitnahme ihres Vermögens fliehen wollte.

Die erste Handlung des Kurfürsten war, einen Eilkurier nach Berlin zu entsenden, um den dort zu Besuch bei seiner

Schwester weilenden Georg Ludwig nach Hannover zurückzuholen. Dann schickte er seinen Ersten Minister persönlich zu Sophie Dorothea, um sie verhören zu lassen.
Graf Platen war überrascht. Er hatte erwartet, eine zerknirschte, schuldbewußte, innerlich vernichtete Frau zu finden, stattdessen sah er sich einer wütenden Prinzessin gegenüber, die herrisch Rechenschaft forderte für die Behandlung, der man sie zu unterwerfen wage.
»Was bedeutet diese Haft, in der man mich wie eine Verbrecherin hält?«
»Seine Kurfürstliche Hoheit hat es für ratsam gehalten, Ihre Hoheit unter Bewachung zu stellen, für den Fall, daß eine ... nicht rechtmäßige ... Schwangerschaft ...«
Sophie Dorothea sprang auf: »Glauben Sie, daß Sie es mit Ihrer Frau zu tun haben?«
Graf Platen ließ sich nicht aus der Ruhe bringen: »Seine Kurfürstliche Hoheit hat Kenntnis erhalten von Ihrer Hoheit Beziehungen zu Graf Königsmarck.«
»Wo ist Königsmarck?« schrie Sophie Dorothea. »Hat man ihn auch eingekerkert?«
»Ich bedaure, Ihrer Hoheit mitteilen zu müssen, daß es keinen Grafen Königsmarck mehr gibt. Er ist tot. Seit zwei Wochen.«
Sophie Dorothea stürzte ohnmächtig zu Boden. Graf Platen betrachtete sie teilnahmslos. Er machte keinerlei Anstalten, ihr zu Hilfe zu kommen.
Als Sophie Dorothea wieder zu sich kam, schrie sie: »Mörder! Man hat ihn ermordet! Eine Familie von Mördern! Barmherzigkeit, ich will fort! Ich kann hier keinen Tag länger bleiben ...«
»Dem Wunsche Ihrer Hoheit wird entsprochen werden, Sie können Hannover sofort verlassen, wenn Sie es wünschen ...«
Ein Offizier der Garde trat ein und meldete, daß die Kutsche bereitstehe.

Kurfürst Ernst August hatte im Einvernehmen mit dem Herzog von Celle, der seinem Bruder völlig freie Hand ließ, eine Entscheidung gefällt, die man angesichts der Probleme, vor die ihn Sophie Dorotheas ferneres Leben stellten, als klug bezeichnen muß. Man konnte die Kurprinzessin weder als Gefangene im Leineschloß behalten, wollte man keinen Skandal heraufbeschwören, noch ihr die Freiheit geben zu gehen, wohin sie wollte – das wäre noch schlimmer gewesen. Der Kurfürst entschied also, sie solle ihrem Wunsche gemäß Hannover verlassen und auf cellisches Territorium gebracht werden, freilich nicht in das elterliche Schloß, da der Herzog sich ja weigere, seine Tochter aufzunehmen, sondern in das kleine Schloß Ahlden, den Amtssitz einer lokalen Behörde.

Man war übereingekommen, den Namen Königsmarck nie mehr zu erwähnen und kein Wort mehr über den Ehebruch zu verlieren. Die offizielle Darstellung war, die Prinzessin verlasse Hannover, um getrennt von ihrem Gemahl zu leben, »mit dem sie sich nicht mehr verstehe«.

Die Rolle des Sündenbocks in dieser Tragödie wurde Eleonore von dem Knesebeck zugewiesen: sie allein galt als Schuldige, sie hatte das Herz der Prinzessin gegen ihren Gemahl vergiftet. Da Eleonore auf keinen Fall sprechen durfte, steckte man sie ins Gefängnis.

Halb von Sinnen vor Schmerz und Verzweiflung und flüchtend wie ein Tier, das sich zu weit vom schützenden Walddickicht fortgewagt hat, warf Sophie Dorothea sich in die Kutsche. Sie wußte nicht, wohin man sie brachte, es war ihr auch gleichgültig. Weg, nur weg von diesem schrecklichen Leineschloß ... Sie durchquerte, ohne einen Blick dafür zu haben, die niedrigen, melancholischen Birkenwäldchen, die Heidemoore, durch die sich die Aller schlängelte, fuhr an weißlichblassen Kohlfeldern vorbei, über denen in der Sonnenwärme Mückenschwärme tanzten.

Als sie sich endlich auf dem Boden ihrer Heimat befand, stieß sie einen Seufzer der Erleichterung aus. Wie hätte sie auch wissen können, daß sie in eine Falle ging. Die »Histoire secrette« schließt mit den furchtbaren Worten: »Sie kam im Schloß Ahlden an, sechs Meilen von Celle. Der Schloßkommandant empfing sie mit ausgesuchter Höflichkeit und teilte ihr mit, daß sie ihr restliches Leben hier verbringen müsse.«

Wohlgemerkt, dieser melodramatische Bericht greift der historischen Wahrheit vor. Noch wußte niemand, welches Schicksal die unglückliche Sophie Dorothea erwartete.
Vom Rechtsstandpunkt aus war die stillschweigende Abreise der Kurprinzessin kein ausreichender Grund für eine Ehescheidung. Aber wünschte man überhaupt eine Scheidung? Die Gräfin Platen ganz gewiß, und sie arbeitete mit aller Raffinesse daran. Was den Kurfürsten anging, war es durchaus nicht sicher. In seiner friedfertigen, auf Ausgleich bedachten Art hätte er am liebsten eine Versöhnung der Ehegatten gesehen. Seiner Meinung nach gab es viele gewichtige Gründe dafür, daß Sophie Dorothea in Hannover blieb: ihre hohe Stellung, ihre zukünftige Rolle als Königin von England, schließlich ihre Kinder ... Er hatte nicht begriffen, daß ein Sturm diese schöne Zukunftsvision weggefegt und eine innerlich Gebrochene auf dem Trümmerfeld zurückgelassen hatte.
Der Scheidungsprozeß wickelte sich in drei Etappen ab. Die erste war ein Versöhnungstermin. Aber vorher noch fand, wenn man Palmblad glauben darf – es ist allerdings nicht klar, welchen Quellen er sein Wissen verdankt –, eine höchst seltsame Szene statt:
»In Sophie Dorotheas Zimmer wurde ein von Kerzen erleuchteter Altar aufgebaut. In Anwesenheit der hohen Würdenträger der Höfe von Hannover und Celle [Plamblad nennt ihre Namen] hielt der Geistliche einen feierlichen Gottesdienst ab. Danach forderte er die Prinzessin auf, ihre Sünde zu bekennen, wenn sie sich einer Schuld bewußt sei, und sich nicht durch einen falschen Eid der ewigen Verdammnis zu überantworten. Sophie Dorothea beschwor ihre Unschuld und empfing darauf das heilige Abendmahl, mit einer Gelassenheit, die die Anwesenden überzeugte. Danach forderte der Kurfürst seine Schwiegertochter auf, an die Seite ihres Mannes zurückzukehren; alles solle vergeben und vergessen sein.«
Man zog also einen Schlußstrich unter das eigentliche Vergehen: den Ehebruch. Wen kümmerte schon ein Ehebruch an diesem Hof, wo er die Regel und Treue die Ausnahme war. Diese Beschuldigung sollte auch nur dazu dienen, das wahre und unverzeihliche Verbrechen zu kaschieren: die

Flucht nach Wolfenbüttel, die der Herzog von Celle seiner Tochter bis an sein Lebensende nicht vergeben konnte und die auch alle Versuche Eleonores, ihre Tochter zu retten, zunichte machten.
Trotzdem weist die von Palmblad beschriebene Szene, mag sie auch unwahrscheinlich sein und auf Erfindung beruhen, auf ein Problem hin: Hat Sophie Dorothea den Ehebruch, den sie und das Fräulein von dem Knesebeck mit so wilder Entschlossenheit leugneten, vielleicht doch nicht begangen? Haben sich die Liebenden vielleicht mit den so heiß ersehnten »embrassements« begnügt (immerhin war die Gefahr einer Schwangerschaft groß)? Oder hat einfach die Doppelbedeutung des Wortes es der Prinzessin und ihrer treuen »Confidente« ermöglicht, den Eid zu schwören, ohne sich eines Meineids schuldig zu machen?
Würde Sophie Dorothea die zur Versöhnung ausgestreckte Hand ihres Schwiegervaters ergriffen haben, auch wenn, wie Palmblad behauptet, der diabolische Bernstorff, der den väterlichen Freund und Beschützer spielte, ihr nicht ausdrücklich davon abgeraten hätte? Es liegt wohl doch näher, sich vorzustellen, daß Sophie Dorothea, abgestumpft durch ihr Leid und gleichgültig gegen alles, was über den Tod ihres Geliebten hinausging, nur mit Grausen daran denken konnte, weiter in Hannover unter Königsmarcks Mördern zu leben.

Seit dem 17. Juli war Sophie Dorothea in Ahlden. Es war eine unangenehme Überraschung für sie, als statt des erwarteten Besuchs ihres Vaters oder ihrer Mutter die beiden cellischen Minister Graf Bernstorff und von Bülow erschienen. Fast zwei Stunden bemühten sich die Abgesandten um ihre grundsätzliche Zustimmung zu einer Aussöhnung.
Aber man kann niemanden gegen seinen Willen retten: Sophie Dorothea schlug die Tür, die ihr die Freiheit wiedergeben konnte, vor den Augen der Retter zu. Angeblich sagte sie sogar: »Wenn ich in dem Punkte, worin man mich anklagt, schuldig bin, so bin ich des Kurprinzen nicht mehr wert, und wenn ich unschuldig bin, so ist er meiner nicht wert.«

Man darf diesen Ausspruch getrost ins Reich der Fabel verweisen. Nicht ein einziges Mal ist im Laufe dieses Prozeßabschnittes der Name Königsmarcks gefallen; man fürchtete sich vor ihm wie vor einer ansteckenden Krankheit.
Jetzt erst, nachdem die Kurprinzessin es so kategorisch und endgültig abgelehnt hatte, in die eheliche Gemeinschaft zurückzukehren, reichte der Kurprinz die Scheidungsklage ein.
Die Vertreter des Herzogs von Celle und des Kurfürsten trafen in Engensen zu einer Konferenz zusammen. Celle wünschte eine einfache Trennung der Ehegatten, Hannover bestand auf der Scheidung in aller Form. Wie immer gab Celle schließlich nach.
Vorher hatten die Gesandten Hannovers im Ausland ein Rundschreiben erhalten, das sie an den Höfen verbreiten sollten, um Empörung und Kritik zu beschwichtigen, die sich überall erhoben hatten. Dieses Zirkular sprach von dem Zerwürfnis zwischen dem Kurprinzen und seiner Gemahlin und gab alle Schuld daran den perfiden Machenschaften des Ehrenfräuleins Eleonore von dem Knesebeck, die den Geist der Kurprinzessin verdorben hätten.
Die Verhandlungen von Engensen waren umständlich und schwierig. Es ging darum, Sophie Dorotheas künftiges Leben bis in die kleinsten Einzelheiten festzulegen. Am 14. September wurde die Übereinkunft unterzeichnet. Sie ließ der Prinzessin nur einen Schatten von Leben.
Unmittelbar danach wurde Sophie Dorothea nach Lauenau gebracht. Schrecken erfaßte sie, als sie sich wieder auf hannoverschem Boden sah. Man beruhigte sie mit der Versicherung, daß ihr Aufenthalt hier nicht lange dauern würde; man habe sie nur hierher gebracht, damit sie dem Gericht zur Verfügung stehe; sobald die Scheidung ausgesprochen sei, werde sie frei zurückkehren. Sie glaubte es, wie sie immer alles geglaubt hat.
Das Hohe Konsistorialgericht trat zusammen: es bestand aus acht Mitgliedern, vier weltlichen und vier geistlichen, den Vorsitz hatte der Geheime Rat von dem Bussche.
Es waren ehrenwerte Männer, die sich an ihren feierlichen Eid hielten, einen unparteiischen und gerechten Spruch zu fällen. Sie erkannten bald, daß alles schon im voraus geregelt war und sie nur pro forma amtieren sollten. Gut, so sollte

wenigstens die Form gewahrt bleiben! Zu wiederholten Malen fanden sie an den ihnen vorgelegten Schriftstücken etwas auszusetzen, ließen sie manchmal sogar in einzelnen Punkten ändern. Dieses Hinauszögern benutzte Herzogin Eleonore jedesmal dazu, einen Vorstoß zugunsten ihrer Tochter zu machen. Vor allem lag den Richtern daran, daß kein Druck auf die Prinzessin ausgeübt werde, der sie zu vorschnellen Zugeständnissen veranlassen könnte. Sie verlangten deshalb, sie in eigener Person zu ihrer Sache anzuhören. Das lag natürlich gar nicht im Interesse des Kurfürsten, der große Angst vor Sophie Dorotheas offener Sprache hatte. Trotzdem setzten die Richter ihre Forderung durch, und Sophie Dorothea erschien vor dem Tribunal. Aber sie brachte ihren Anwalt, von Thiess, durch ihre stumpfe Gleichgültigkeit und ihr stereotypes Ja auf alle Fragen zur Verzweiflung. Vergeblich suchte er ihr begreiflich zu machen, wie ungerecht die Klausel sei, die ihr die Wiederverheiratung verbot. Ihr war alles gleichgültig, wenn sie nur Hannover verlassen konnte. Sie war wie ein Kind, das nur den einen Wunsch hat, aus dem Schulzimmer ins Freie zu kommen. Schon Königsmarck hatte diesen Zug an ihr getadelt: »Sie müssen endlich aufhören, ein Kind zu sein«, hatte er ihr einst geschrieben.
Glaubte Sophie Dorothea wirklich, das Scheidungsdekret werde ihr die volle Freiheit wiedergeben? Die niederträchtige Falschheit des Kurfürsten und des Herzogs von Celle zeigten sich gerade darin, daß sie sie in diesem Wahn beließen. Sie konnte nicht ahnen, daß man sie für immer von ihren Kindern trennen und in lebenslänglicher Haft halten würde. Und wer hätte sie über das, was ihr bevorstand, aufklären sollen? Keiner ihrer Richter war in die geheimen Pläne der beiden Fürsten eingeweiht. Thiess gab sich alle Mühe, die Prinzessin zu warnen; nicht vor dem Gefängnis, das ihrer wartete, sondern vor dem Verbot der Wiederheirat, das man ihr als der schuldigen Ehehälfte auferlegte, während Georg Ludwig als der unschuldige Teil frei war, eine neue Ehe einzugehen. Dieses Verbot rief auch bei der Herzogin von Celle Empörung hervor. Sie hatte eine lange Auseinandersetzung mit ihrem Mann und hätte beinahe über seine starre Haltung gesiegt. Aber letzten Endes war er

Wachs in den Händen seines Bruders; und der Kurfürst fürchtete keine Lösung mehr als eine, die Sophie Dorothea eine neue Heirat ermöglichte und somit die Gefahr in sich barg, daß sie Hannover mit ihrem gesamten Vermögen und ihren Erbaussichten verließ. So war Eleonore die einzige, die mit bewundernswerter Energie und Ausdauer für ihre Tochter kämpfte. Es gelang ihr auch für kurze Zeit, Graf Bernstorff zu ihrem Verbündeten zu machen, und wenig fehlte, so hätte man die Wiederverheiratungsklausel gestrichen. Aber der Kurfürst hielt gerade an ihr mit aller Kraft fest, wie er auch von der Forderung der Haft nicht abging, so sehr fürchtete er, der Herzog von Celle könnte anderen Sinnes werden und seiner Tochter nicht nur verzeihen, sondern sie auch in alle ihre Besitzrechte wieder einsetzen ...

Aus demselben Grund widersetzte sich Ernst August auch dem Wunsch seines Bruders, die Briefe Sophie Dorotheas herauszugeben, um sie in Anwesenheit der Minister zu verbrennen. Der Herzog von Celle konnte noch so dringlich darum bitten, sie waren nun einmal in der Hand des Kurfürsten. Sollten sie dazu dienen, das Gedächtnis des Bruders aufzufrischen, falls sein Grimm auf seine Tochter nachließ? Trotzdem will es scheinen, als ob Sophie Dorothea eine Erleichterung ihres schweren Schicksals noch am ehesten von ihrem scheinbar ärgsten Feind, ihrem Schwiegervater Ernst August, erhoffen durfte. Er war weder unmenschlich noch gefühllos, ja, er liebte sie trotz allem und nahm Anteil an ihrem Geschick. Unversöhnliche Rachsucht gehörte nicht zu seinen Charaktereigenschaften. Gewiß, das Interesse Hannovers stand ihm über allem, aber er hatte wohl doch einen Begriff von der Furchtbarkeit des Schicksals, das dieses junge Geschöpf betroffen hatte, und er hätte ihr zweifellos im Laufe der Zeit gestattet, ihre Kinder wiederzusehen und den Besuch von Freunden zu empfangen. Er war kein engstirniger Starrkopf wie der Herzog von Celle.

Aber Sophie Dorothea war vom Unglück verfolgt: die Gesundheit des Kurfürsten hatte durch die Ereignisse dieses Jahres gelitten und erholte sich nicht mehr. Nach vierjährigem Siechtum starb er 1698. Kurz vor seinem Tode hatte er noch einen Eilkurier nach Celle entsandt, um seinem

Bruder den Eid abzunehmen, daß an der cellischen Erbregelung zugunsten Georg Ludwigs nichts geändert werde.

Das Gericht fällte seinen Urteilsspruch am 28. Dezember 1694. Es sprach noch einmal in kurzen Worten von der Weigerung der Prinzessin, zu ihrem Ehegatten zurückzukehren, und erklärte sodann »die ehelichen Bande für aufgelöst und eine zweite Heirat für rechtlich ausgeschlossen«. Dieses Urteil wurde der Prinzessin am 31. Dezember in ihrer Wohnung im Amtshaus von Lauenau verlesen. Sie rechnete nun damit, sofort nach Ahlden zurückkehren zu können, aber schon in diesem Punkte wurden die gegebenen Versprechen nicht gehalten: sie mußte, heißt es, fast ein ganzes Jahr in Lauenau verbringen, ehe sie wieder über die Zugbrücke des Ahldener Schlosses ging.

Ahlden: eher eine Festung als ein Schloß. Im äußeren Bild hat sich seit jenen Tagen beinahe nichts verändert.
Über dem Portal die Jahreszahl 1579. Die Zugbrücke der alten Burg, die später Amtshaus hieß, ist verschwunden, der Wassergraben an der Nordseite durch eine gepflasterte, von alten Linden eingefaßten Allee ersetzt. Ein altersgraues Dach über Mauern von schwarzrotem Backsteinfachwerk blickt nach Süden zur Aller hin, die an dieser Stelle ein Nebenflüßchen aufnimmt, bevor sie ihren Lauf nach Verden hin fortsetzt und in die Weser mündet. Seit Jahrhunderten steht das Schloß, wenngleich inzwischen baufällig geworden, immer noch. Der kleine Schloßhof ist nicht viel größer als der Hof eines Bauernhauses, und die Nebengebäude können kaum Platz genug gehabt haben für eine Wachtabteilung. Man fragt sich unwillkürlich, wo die vierzig Soldaten der Eskorte untergebracht waren, ganz zu schweigen von dem Gefolge der Prinzessin und den Spionen, die die Gräfin Platen an Ort und Stelle in die Dienerschaft einzuschleusen verstand.
Die Landschaft um Ahlden mit ihrem Moränenboden hat etwas Eiszeitliches, Morastiges, noch nicht Ausgetrocknetes bewahrt, mit einer dünnen Kruste nordischer Zivilisation

darüber – wozu es nicht schlecht paßt, daß diese Gegend eine Zeitlang schwedisch war. Schwarze Moore machen das Landschaftsbild noch düsterer; zwischen blaßlila Heideflächen stehen hier und da magere Buchweizenfelder. Nichts läßt die Nähe von Städten wie Verden und vor allem Bremen vermuten, bei dessen Namen man an die Hanse denkt, an Mastbäume großer Seeschiffe, die zwischen Kirchtürmen und Rathausgiebel in den Himmel ragen – Bremen mit seinen Patrizierhäusern voller fernöstlicher Schätze und ihren europäischen Nachahmungen: Chinadelft und chinesische Lacktischchen. Hier dagegen hat man das Gefühl, man befinde sich in einem skandinavischen Gefängnis: ein Tannenwald mit kerzengeraden, kahlen Stämmen scheint den Horizont wie mit einem Gitter zu versperren. Wahrlich, diese Landschaft ist von unbeschreiblicher Eintönigkeit und Melancholie, gestalt- und farblos. Soweit das Auge reicht, nichts als Grau: Wasser, Wiesen und Himmel verschmelzen in ihm. Dreißig Jahre lang werden die braunen Augen der »unschuldigen Prinzessin« aus den Fenstern ihres schmutzig-roten Gefängnisses nichts anderes sehen.

Hat Sophie Dorothea, nachdem sich die Mauern von Ahlden um sie geschlossen hatten, noch einmal über alles nachgedacht? Hat sie sich gesagt, daß es klüger gewesen wäre, den Schein zu wahren, jene unvorsichtigen Briefe nicht zu schreiben und jeden Gedanken an Flucht von sich zu weisen? Ist sie zu der Erkenntnis gekommen, daß sie immer nur das Spiel ihrer Feinde gespielt hat, daß sie es dem Hause Hannover leicht gemacht hat, sich ihrer zu entledigen, ohne daß Königsmarck erwähnt zu werden brauchte?

Wir, die wir sie lieben, sind froh, daß solche Überlegungen ihrer Natur fernlagen. Dieses warmherzige, großzügige Wesen, dem Egoismus und Ehrgeiz fremd waren, kannte nur ein Bestreben: sich ganz zu geben. Wie Kleists Käthchen von Heilbronn, die sich aus dem Fenster stürzte, um ihrem Ritter zu folgen, ohne zu bedenken, daß sie schließlich keine Flügel hatte, und sich infolgedessen beide Beine brach – so zerbrach Sophie Dorothea ihr Leben, um ihrem Geliebten zu folgen.

Gleich nach der Ankunft der Prinzessin in Ahlden kamen Befehle, die die Einzelheiten ihrer Haft aufs peinlichste festlegten. Die Instruktionen, die Herr de la Fortière, Großfalkner des Herzogtums Celle und Kommandant des Schlosses Ahlden, erhielt, waren von unglaublicher Härte. Kaum vorstellbar, daß sie von einem Vater kamen, so gnadenlose Strenge sprach aus ihnen: keinerlei Kontakt der Prinzessin mit der Außenwelt, Androhung der Todesstrafe für jede Übertretung der Haftvorschriften durch die Bewacher, Leibesvisitation jeder Person, die das Schloß betritt oder verläßt ... Nicht einmal die Herzogin von Celle darf ihre Tochter besuchen oder ihr schreiben!
Über Sophie Dorotheas Einkünfte verfügt der Kurfürst. Er weist ihr jährlich eine Rente von achttausend Talern, entsprechend eintausendzweihundert Pfund Sterling, an. Diese Summe wird beim Tode des Herzogs von Celle auf eintausendachthundert Pfund erhöht und auf zweitausendzweihundert, als die Prinzessin ihr vierzigstes Lebensjahr erreicht. Nach den Begriffen der damaligen Zeit ist das ein beträchtliches Einkommen. Die kleine Herrschaft Ahlden wird ihr als Eigentum überlassen; sie nennt sich Herzogin von Ahlden. Ihr wahrer Titel wird aus den amtlichen Registern und Urkunden Hannovers gestrichen und verschwindet aus den Fürbitten der Gottesdienste.
Einst trugen Königsmarcks Briefe zur Tarnung die Aufschrift »An die bekannte Person«. Jetzt ist Sophie Dorothea eine unbekannte Person geworden.
Unbekannt, vergessen – aber nicht von allen. Es war unmöglich, das Gerede an den europäischen Höfen völlig zum Verstummen zu bringen. Königsmarck war allzu berühmt, zu viele Leute interessierten sich noch für sein Schicksal. Bis in den Anfang des achtzehnten Jahrhunderts gingen die Nachforschungen weiter; in Dresden, Berlin, Wien, im Haag, in Schweden und Dänemark bewegten sie leidenschaftlich die Gemüter. Die offiziellen Verlautbarungen der Höfe von Celle und Hannover waren kaum dazu angetan, sie zu beruhigen. Die Gesandten gaben dem Ereignis in den Berichten an ihre Regierungen ihre eigene Auslegung. Die interessanteste ist die des englischen Gesandten in Dresden, Stepney. Sein Brief vom 24. Juli 1694 – das heißt, nur wenige Tage

nach dem Mord –, adressiert an seinen hannoverschen Kollegen Cresset, entging der offiziellen Vernichtung unter der Regierung Georgs I. Sein trockener, leicht makabrer Humor verrät den typischen Stil eines Botschafters Ihrer Britischen Majestät. Er lautet:
»Ich bin sehr neugierig zu erfahren, was für einen neuen Streich man in Ihrer Residenz ausbrütet. Wenn Sie Ihrer hannoverschen Post nicht trauen, so befriedigen Sie meine Wißbegier mit einem chiffrierten Brief und teilen Sie mir alles mit, was Sie über das Unglück der Erbprinzessin erfahren können. In Ihrem Lande sind Liebschaften, scheint es, eine gefährliche Sache; aber auch hier hatten wir einen kleinen Vorgeschmack davon. Indessen verfügt das Verhängnis sich jetzt an Ihren Hof, und ich fürchte, daß man bei Ihnen mit Dolch und Gift ebenso vertraut umgeht wie in Italien. Ihre Fürsten haben dieses Land oft genug besucht und sich dessen spaßige Art, Leute ohne viel Aufsehen ins Jenseits zu befördern, zu eigen gemacht. Ein oder zwei Leute aus dem Gefolge des Grafen Königsmarck sind zwischen unserer Residenz und Hannover hin und her gereist, wie der Hund des Grafen Berlo nach der Schlacht bei Fleurus[1] auf der Suche nach seinem Herrn zwischen dem Brüsseler Feldlager und dem Schlachtfeld hin und her gelaufen ist. Unser Kurfürst hat einen seiner Flügeladjutanten, Herrn Bannier, der ebenfalls Schwede ist, nach Hannover geschickt, in der Hoffnung, ein Verbrechen vielleicht noch verhindern zu können, ehe es zu spät ist. Ich dagegen vermute, daß in der Zwischenzeit die Leiche des bedauernswerten Grafen bereits am Gestade der Insel der Seligen angespült ist und durch einen von der göttlichen Vorsehung gesandten Zufall Ihr Kurfürst die Schulden von dreißigtausend Talern liquidiert hat, die der meinige seit zwei Jahren dem Verblichenen schuldete. Man berichtet mir, daß die beiden Schwestern Königsmarcks bekümmert wie Kassandra sind und Aufklärung über das Schicksal ihres Bruders fordern. Die Antwort Hannovers wird indessen die gleiche sein, die Kain gab, als man ihn nach dem Schicksal Abels fragte: daß man nicht sein

[1] Bei Charleroi; französischer Sieg am 1. August 1690 über ein holländisch-österreichisches Heer. (Anm. d. Ü.)

Hüter sei. Wenn seine Leiche aufgefunden wird, wird man nicht weniger im Dunkel tappen ... Ich bin übrigens Königsmarck in England, später in Hamburg, in Flandern und auch in Hannover begegnet und hielt ihn für einen liederlichen Wüstling, dem ich möglichst aus dem Wege ging ... Es ist kaum am Platz, Mitleid mit ihm zu haben.«

In Versailles sprach man nicht weniger leidenschaftlich als anderswo über Sophie Dorotheas und Königsmarcks Liebesgeschichte. Ludwig XIV. geruhte höchstpersönlich bei der Tafel Fragen an seine pfälzische Schwägerin zu richten, deren Antworten man sich leicht vorstellen kann. »Diese elende Kreatur hat ihren Untergang verdient« — das war zweifellos die Quintessenz der Unterhaltung. Unversöhnlich in ihrem Haß und ihrer Verachtung, verzieh Liselotte von der Pfalz die Mesalliance mit den d'Olbreuse niemals — diese Mesalliance, die nach den Worten A. W. Wards[1] das Haus Hannover, dem der englische Thron bestimmt war, in Deutschland für immer mit dem Makel befleckte, nicht ganz »reinblütig« zu sein. Diese Französin, die gerade gut genug gewesen wäre für den ersten Kammerdiener von Monsieur[2], hatte die unerhörte Frechheit besessen, sich wie ein Dieb in den ältesten Adel Europas einzuschleichen! Die Briefe Liselottes an ihre Tante, die Kurfürstin Sophie, aus der Zeit von Sophie Dorotheas Katastrophe sind natürlich verbrannt worden, aber es gibt noch andere; so schreibt sie zum Beispiel unter dem 29. April 1702 an die Raugräfin Louise[3]: »Die Herzogin von Celle hat mehr Anlaß als irgend jemand sonst, sich über das Unglück ihrer Tochter zu grämen. Hätte sie sie nicht von frühester Jugend an zu Koketterie und amouröser Leichtfertigkeit erzogen, so wäre diese nie ins Unglück gekommen. Es gibt hier Leute, die meinen, daß sie durchaus keine Verbrecherin sei. Aber eine junge Frau, die

[1] Verfasser des Buches »The Electress Sophia and the Hanoverian Succession«, London 1909. (Anm. d. Ü.)

[2] Titel des ältesten Bruders Ludwigs XIV., des Herzogs von Orléans und Gemahls der Liselotte. (Anm. d. Ü.)

[3] Die morganatische Gemahlin des Kurfürsten Karl Ludwig von der Pfalz, geborene von Degenfeld. (Anm. d. Ü.)

sich umarmen und zärtlich tun läßt, ist auch zu allem anderen bereit.«

In einem Punkt kann man der Schreiberin recht geben: Eleonore erzog ihre Tochter zwar sicherlich nicht zu Koketterie, dafür aber zu Feinfühligkeit und Stolz, kurz, zu einer französischen Aristokratin. Hätte sie doch eine gute deutsche Fürstentochter aus ihr gemacht, auf daß sie, geblendet von der Aussicht auf die englische Krone, Georg Ludwig mit Freuden geheiratet hätte! War es nicht, bis Revolutionen und zwei Weltkriege es hinwegfegten, das höchste Ziel jeder Prinzessin von Geblüt, eines Tages Königin zu werden?

In Hannover gab man sich indessen jede erdenkliche Mühe, mit Lustbarkeiten und Festen aller Art die Erinnerung an Sophie Dorothea auszulöschen. Doch gelang es nicht immer. Auch wenn am Hofe niemand den Namen der Verbannten auszusprechen wagte, so beklagte doch das Volk auf der Straße um so lauter das Los seiner unglücklichen Prinzessin. Es versammelte sich und richtete Bittschriften an den Kurfürsten, die ihn, und mehr noch die Gräfin Platen, ängstlich zittern ließen: Was, wenn der Herzog von Celle wankend wurde und seiner Tochter die Freiheit wiedergab? Bis zu seinem Tode fürchtete der Kurfürst einen Sinneswechsel seines Bruders. Diese Sorge und vielleicht auch Gewissensbisse untergruben seine Gesundheit, ein erster alarmierender Schwächeanfall warf ihn nieder. Trotzdem und als gäbe es kein Familiendrama, gingen die Feste unaufhörlich weiter. »Very provoking«, schrieb der englische Gesandte Cresset voller Empörung.

Besonders erregte jenes Fest Aufsehen, das eine Wiederholung des römischen Gastmahls des Trimalchio[1] war. Der Philosoph Leibniz hat, in einem Brief an die Kronprinzessin von Preußen, eine bis ins einzelne gehende Beschreibung dieses Festes gegeben. Man zählte, sagt er, ebenso viele Speisesofas wie Gäste, obwohl es in Rom Sitte war, daß sich zwei oder drei Personen in eines teilten – aber in Hannover hielt man eben auf Bequemlichkeit. »Es nahmen teil: die Königin von Preußen, der Herr Kurfürst und Herzog Ernst

[1] Wie es Petronius, der Zeitgenosse Neros und Senecas, in seinem Roman »Satyricon« beschreibt. (Anm. d. Ü.)

August; die Frau Kurfürstin und der Herr Herzog von Celle kamen nur, um zuzuschauen.« Das Wahrzeichen des Trimalchio waren ausgetrunkene Weinflaschen ... Den eintretenden Gästen rief ein als römischer Sklave kostümierter Page zu: »Mit dem rechten Fuß zuerst!« Das Fest fand in dem langen und verhältnismäßig schmalen Rittersaal statt. In seiner Mitte waren neun Galagänge gedeckt, aber die Schüsseln mit den eigentlichen Gerichten standen an den beiden Seiten des Raumes, in bequemer Reichweite der Lagernden. In der Saalmitte stand eine Schüssel mit lebenden Fischen, die von zwei Satyrn mit Wasser, das die Tunke vorstellen sollte, begossen wurden. Zu beiden Seiten standen strohgefüllte Körbe, in denen Hennen Eier legten. Es folgte ein Esel mit seiner Traglast, bestehend aus zwei Säcken voller Salat und Oliven; danach ein gebratener und gespickter Hase, mit Flügeln wie ein Pegasus; schließlich eine Pastete, in der lebende Vögel verborgen waren ... Unter der Musik von Pauken und Trompeten wurde Trimalchio feierlich hereingetragen, ihm vorauf schritt ein Jäger mit einem Gefolge von acht Pagen, die als Sklaven verkleidet waren und Kerzen in den Händen hielten. Man setzte Trimalchio zu Boden und ließ ihn sich auf einem Ruhebett lagern. Er bat die Gäste um Entschuldigung, daß er sie habe warten lassen, aber er sei im Bade gewesen. Darauf lud er die Gesellschaft ein, es sich wohlsein zu lassen, heute habe sich sein Lieblingsknabe zum ersten Male den Bart rasiert, was bei den Alten mit einer besonderen Feier begangen worden sei. »Laßt uns Falernerwein trinken!« rief er (so nannte er stilecht den guten Tokaier). »Warum sollten wir ihn nicht trinken, hält er sich doch länger als wir!«

Der Lärm dieser ausgelassenen Feste gelangte nicht bis zu Sophie Dorothea. In ihre Einsamkeit dringt keine Musik, kein Lachen, kein Freundeswort. Sie hört nichts als die Schritte ihrer Pagen, die höflich-gleichgültigen Worte der Hofmarschälle, die sich in ihrem Dienst ablösen und über jede ihrer Bewegungen nach Hannover berichten, die frommen Ermahnungen ihres Hausgeistlichen, das Klappern der Störche auf dem Dach ... In ihrer von berittener Garde eskortierten Kutsche darf sie sich zehn Kilometer von Ahlden

entfernen, bis zu einer Brücke beim Dorfe Hayden; sie zu überschreiten, ist ihr bereits verboten. Zu Fuß darf sie sich nur, von zwei Wachtsoldaten flankiert, auf den Schloßwällen ergehen. Und selbst das erlaubte man ihr erst vom Herbst 1695 an; der Grund war wohl, daß sie unter der Sommerhitze gelitten hatte, so daß man für ihre Gesundheit fürchtete, die Georg sehr am Herzen lag. Man hatte ihm einst die Prophezeiung gemacht, daß er im selben Jahr wie seine Frau sterben müsse. Mit einer Grausamkeit, die unvorstellbar scheint, hatten die hannoverschen Fürsten, Sophie Dorotheas Vater nicht ausgenommen, der Gefangenen zunächst jeden Besuch und jede Korrespondenz verboten. Vier lange Jahre vergingen, bis Herzogin Eleonore endlich die Erlaubnis erhielt, ihre Tochter wiederzusehen und ihr zu schreiben. Was tat, was dachte Sophie Dorothea während jener schrecklichen vier Jahre?
Sobald sie aus der furchtbaren Betäubung erwachte, in der sie nur Verzweiflung, Haß und den Wunsch zu fliehen fühlte, begann sie zu schreiben. Unaufhörlich schrieb sie an ihrem Tagebuch, der Darstellung ihres Unglücks, aus dem später unzählige apokryphe Machwerke schöpfen sollten. Aber sie schrieb auch zu ihrer Rechtfertigung Memoiren, ferner Gedichte und eine unendliche Zahl von Briefen. Briefe an ihren Vater, in denen sie ihn um Verzeihung bat, Briefe an die Kurfürstin Sophie anläßlich des Todes des Kurfürsten, Briefe mit flehentlichen Bitten um ein Wiedersehen mit ihren Kindern. Nie erhielt sie eine Antwort. Es scheint allerdings, daß der Herzog von Celle gegen Ende seines Lebens den Wunsch hatte, seine Tochter noch einmal zu sehen. Der schlaue Bernstorff wußte ihn lange immer wieder davon abzubringen; doch eines Tages setzte sich der Herzog über die Einwände seines Ministers hinweg und beschloß, am Tage nach einer Jagd in der Nähe den Weg über Ahlden zu nehmen. In der Nacht davor starb er plötzlich. Sein Tod war ein furchtbarer Schlag für Sophie Dorothea. Sie verlor ihren einzigen Beschützer (wenn man ihn so nennen kann); das Herzogtum Celle ging jetzt auf ihren verhaßten ehemaligen Gatten Georg Ludwig über, der schon seit seines Vaters Tod vor sieben Jahren Kurfürst von Hannover war.
Herzog Georg Wilhelm hatte seine Tochter Sophie Dorothea

als seine Universalerbin eingesetzt, zugleich aber die Bestimmung, daß sie lebenslänglich in Haft bleiben solle, erneut bekräftigt. Welch eine widersinnige Schicksalsfügung, daß eine einsame Gefangene, die ihr Leben nur noch mit dem Phantasiebild eines Toten teilte, plötzlich eine reiche Erbin war! Dieses Geld, das ihr einst die Flucht mit ihrem Philipp Christoph ermöglicht hätte, kam jetzt zu spät.

Die Welt, die Sophie Dorothea gekannt hatte, änderte sich allmählich. Auch sie selbst war längst nicht mehr die strahlende Prinzessin von einst. Tagelang saß sie am Fenster, blickte auf die vorbeifließende Aller, sah die Jahreszeiten kommen und gehen, und der Schmerz ließ sie in starre Betäubung versinken. Sie hatte nicht mehr die innere Kraft, sie von sich abzuschütteln. Durch die nebelfeuchten Ahldener Nächte geisterte das Bild Königsmarcks. Sie betete viel und erfüllte streng ihre religiösen Pflichten — aber ihre nächtlichen Träume waren alle von i h m erfüllt. Sie sah sich wieder mit ihm, wie sie in Celle lange Ausritte machten, sie auf ihrem Hannoveraner, in dessen Mähne ein Band mit den herzoglichen Farben geflochten war, und er prächtig anzuschauen in seinem hirschledernen Reitrock. Oder ein anderes Bild stieg vor ihr auf: sie reichte ihm die Hand und tanzte mit ihm zur Musik von Corelli die Polonäse rund um die Abendtafel ... Sie fuhr fort, sich für den Schatten des Geliebten schön zu machen. In der Mode waren inzwischen auf die Hüftwulste die langen Schleppkleider gefolgt, schon tauchten die ersten fischbeinernen Reifröcke auf, und Sophie Dorothea machte jede Modelaune mit. Ihre Feinde sagten, sie verbringe ihren Tag vor dem Spiegel. Am Abend erschien sie ihrem Geliebten zu Ehren in großer Robe. Das kleine Speisezimmer im Schloß Ahlden, ein winziger, weißgetünchter Raum, der noch existiert, bot dann ein seltsames Schauspiel: eine einsame Frau in schwarzer Moirérobe mit reichem goldbraunem Falbelbesatz und schwerer Goldborte, auf der Frisur eine hohe schwarze, wabenförmig gemusterte Fontange und geschmückt mit kostbaren, unter einem venezianischen Spitzentuch funkelnden Juwelen, setzte sich zu Tisch — eine Gefangene im Seidenkleid statt im Kattunkittel, mit einem Diamantenkollier statt eiserner Ketten. Die erste Ehrendame reichte ihr das Mundtuch, die zweite ko-

setzte das Fleisch vor, zahlreiche Lakaien bedienten sie – unter dem gläsernen Blick eines ausgestopften Bären (wie sollte man sich dabei nicht an den Bären erinnern, den Königsmarck darauf abgerichtet hatte, daß er ihm das Herz aus der Brust reiße, wenn die Prinzessin ihn je verließ?).
»Ich finde keinerlei Grund, sie zu bedauern«, schrieb die unversöhnlich hassende Liselotte von der Pfalz. Und in der Tat war nicht die Behandlung, die Sophie Dorothea erfuhr, das eigentlich Entsetzliche, sondern die Verzweiflung, die sich ihrer bemächtigte, als sie hörte, daß ihre Heimat in die Hände ihres einstigen Gatten und nun erbittertsten Feindes gefallen war. Das hieß, sie mußte jede Hoffnung auf Freiheit begraben.
Solange ihr Vater noch lebte, hatte sie immer wieder versucht, seinen Zorn zu besänftigen und sein Herz durch Gehorsam zu rühren. Nach und nach hatte sie die Haltung demütiger Unterwerfung angenommen, bis schließlich jede Widerstandskraft in ihr gebrochen war. Als eines Tages im Schloß ein Brand ausbrach, blieb sie, während das Feuer um sich griff, tatenlos mit ihrer Schmuckkassette unter dem Arm auf dem Korridor und wollte sich ohne einen Befehl des Schloßkommandanten nicht von der Stelle rühren. Diese von Wilkins berichtete Einzelheit zeigt, daß sie keinerlei eigenen Willen mehr besaß.
Im April des Jahres 1700 kamen französische Truppen auf ihrem Marsch an Ahlden vorbei, wahrscheinlich bei dem Feldzug gegen die Barrière-Orte[1]. Man ordnete an, daß Sophie Dorothea zu ihrer Sicherheit nach Celle gebracht wurde. Voller Freude bezog sie ihre Jungmädchenzimmer im väterlichen Schloß und blieb, inmitten des sie liebenden Celler Volkes, länger als ein Jahr dort. Warum nutzte sie diesen Aufenthalt nicht aus, um zu fliehen? Wolfenbüttel war nicht weit ... Überwachte man sie zu sehr, oder war sie einfach schon zu hoffnungsleer? Man muß wohl das letztere annehmen; sie war ein gebrochener Mensch.

[1] Im sogenannten »Barrière-Kontrakt« war den holländischen Generalstaaten das Recht eingeräumt worden, in den Grenzfestungen der Spanischen Niederlande Besatzungen zum Schutze gegen Frankreich zu unterhalten. (Anm. d. Ü.)

Wieder sind es Liselottes Briefe, diesmal vom August 1700, aus denen man erfährt, daß Hannover nach dem Abzug der Gefahr immer energischer darauf drang, Sophie Dorothea wieder nach Ahlden zurückzubringen. Man mußte sich fügen, so sehr sich auch Herzogin Eleonore dagegen wehrte. Trotzdem konnte nichts den feindlichen Ton in Liselottes Briefen besänftigen; noch im Jahre 1702 schrieb sie an ihre Tante: »Die Herzogin von Ahlden bekommt weiterhin von ihrer Mutter Besuch.« In der Tat berichten die »Memoiren von Sophie Dorothea« von häufigen Besuchen ihrer Mutter in Ahlden in den Jahren 1712–1720. Bis zum Jahre 1714, dem Todesjahr der Kurfürstin Sophie, schreibt Liselotte von der Pfalz nach Hannover. Der Grundton bleibt immer der gleiche: »Wozu soviel Mitleid mit der Prinzessin?«
Sophie Dorotheas Schicksal glich dem jener unglücklichen des Ehebruchs überführten Haremsfrauen, deren Leichen der Sultan in einen Sack einnähen und in den Bosporus werfen ließ: das Wasser schloß sich über ihnen, und Gondeln und Barken fuhren unter Musik darüber hin, als sei nichts geschehen . . .
Ein einziges Gefühl beherrschte Sophie Dorothea: Haß gegen den, der einmal ihr Gatte gewesen war. Seine hohe Stellung zwang sie, zu schweigen und zu dulden. Einmal war ein göttlicher Mann erschienen – der erste und zugleich letzte – und hatte sie aus ihrer Passivität herausgerissen. Er war tot, und so besaß auch sie kein Leben mehr.
Der Tod des Herzogs von Celle war für Herzogin Eleonore ein nicht minder großes Unglück wie für ihre Tochter. Bis zum Schluß hatte ihm die finanzielle Sicherung ihrer Zukunft am Herzen gelegen, und tatsächlich hinterließ er ihr ein beträchtliches Vermögen. Aber ihr Schwiegersohn Georg Ludwig, der nun auch im Herzogtum Celle herrschte, behandelte sie voller Geringschätzung. Die »Histoire secrette« läßt keinen Zweifel daran. »Der Tod des Herzogs von Celle brachte im Leben der Herzogin einen einschneidenden Wechsel. Ihr Schwiegersohn, der neue Herr in Celle, stand völlig unter dem Einfluß des Grafen Bernstorff, der an die Stelle des nach sechsjähriger Blindheit gestorbenen Grafen Platen getreten war. Dieser Minister hörte nicht auf, die Herzogin zu peinigen; nur mit vieler Mühe bewahrte sie sich das

Recht, ihre Tochter zu besuchen. Man zwang sie, aus dem Celler Schloß auszuziehen[1], obwohl der Kurfürst dort selber nie Aufenthalt nahm, und fügte ihr Kränkungen aller Art zu.«
So wurde die Herzogin von Celle schließlich noch erniedrigt, nachdem sie nach und nach mit soviel Mühen und Anstrengungen immer höher gestiegen war, bis zu jener scheinbar gesicherten Stellung, die sie nie zu erhoffen gewagt hatte. Als sie 1722 starb, verlor Sophie Dorothea ihre letzte Stütze. Zum Schluß hatte ihre Mutter ihr regelmäßig geschrieben und sie oft besucht, von ihr erfuhr die Gefangene, was in der Welt draußen vorging. Sophie Dorothea erbte die d'Olbreuseschen Güter, die Ludwig XIV. der Herzogin Eleonore im Jahre 1707 zurückgegeben hatte, und neben anderen Besitzungen das Gut Wienhausen, dazu die Juwelen und persönlichen Möbel ihrer Mutter sowie sechzigtausend Taler, die auf einer niederländischen Bank lagen.
Aber was sollte sie mit diesem Erbe? Sie war ja nun endgültig und unwiderruflich allein.
Und ihre treue Knesebeck? Alles, was Sophie Dorothea von ihr wußte, war, daß sie lange in strenger Einzelhaft auf der Festung Springe gefangen gehalten wurde; die harte Behandlung erklärt sich daraus, daß man sie zur Hauptschuldigen gemacht hatte und sie unter allen Umständen daran hindern wollte, mir irgend jemand zu sprechen. Man gab ihr in boshafter Anspielung auf ihre einstige Stellung als Ehrenfräulein der Prinzessin den Spottnamen »Demoiselle de déshonneur«. Später wurde sie auf die Festung Schwarzfels gebracht. Vielleicht hätte sie hier ihr ganzes Leben lang geschmachtet . . .
Eleonore von dem Knesebeck schrieb nicht weniger eifrig als Sophie Dorothea, sogar die Wände ihres Kerkers bedeckte sie mit Kohleschrift. Aber im Gegensatz zu ihrer einstigen Herrin hatte sie Freunde, und mit ihrer Hilfe gelang ihr die Flucht. Das Dach des Gefängnisses war reparaturbedürftig, einer ihrer Freunde verkleidete sich als Dachdecker, hob ein paar Ziegel ab, durchbohrte die Decke und zog Eleonore mit Hilfe eines bis in ihre Zelle reichenden Seiles auf das

[1] Ihr Witwensitz wurde das 1693–98 erbaute Schloß am Markt in Lüneburg. (Anm. d. Ü.)

Dach. »Ihre Wachen hinters Licht führend, entfloh sie«, sagt die »Histoire secrette«, »nachdem sie den Mut gehabt hatte, sich aus einer Höhe von einhundertachtzig Fuß zu Boden zu lassen.« In Wolfenbüttel fand sie Asyl. Ihre Flucht stürzte den hannoverschen Hof in große Aufregung, und man hielt es für nötig, die Sicherheitsvorkehrungen in Ahlden zu verstärken. Man behauptete, das Fräulein von dem Knesebeck besitze einen Teil des Briefwechsels zwischen Sophie Dorothea und Königsmarck und habe dem Herzog Anton Ulrich von Braunschweig-Wolfenbüttel daraus manche Details zu seiner »Römischen Octavia« beigesteuert, einer romanhaften Biographie Sophie Dorotheas und Königsmarcks unter veränderten Namen. Es ist immerhin sehr wahrscheinlich, daß die Knesebeck sich ihrem Beschützer rückhaltlos eröffnet hat. Noch interessanter ist vielleicht, daß Sophie Dorotheas Tochter, die inzwischen Kronprinzessin von Preußen geworden war, sie in einer vielsagenden Geste zu sich nach Berlin kommen ließ. Ein schwacher Hoffnungsstrahl drang durch die düsteren Fenster von Ahlden . . .

Die Hilfe, die Sophie Dorothea während ihrer Scheidung und in den ersten Jahren ihrer langen Leidenszeit von ihrer Mutter nicht erhalten konnte, würde sie nicht jetzt von ihren Kindern kommen? Ihr Sohn Georg August war mittlerweile — im Jahre 1703 — zwanzig Jahre alt, ihre Tochter Sophie Dorothea fünfzehn und gerade mit dem Kronprinzen von Preußen verlobt worden. Sehr wahrscheinlich liebten beide Kinder ihre Mutter und hatten Mitleid mit ihrem Los; sicher haben sie versucht, sie wiederzusehen, haben viel an sie gedacht und den Vater gehaßt. Man versteht kaum, daß ihre Bemühungen so wenig Erfolg hatten. Vielleicht verstellen uns die zwischen uns und ihnen liegenden Jahrhunderte den Blick für den ungeheuren Druck, den der Zwang dynastischer und politischer Erwägungen auf die Kinder regierender Häuser ausübte. Herzogin Eleonore tat ihr möglichstes, damit sie ihre Mutter nicht vergaßen. Und die Natur half ihr dabei: beide Kinder waren ihrer Mutter äußerlich und im Wesen sehr ähnlich, Prinz Georg August noch mehr als seine Schwester. Sie hatten die gleichen nußbraunen strahlenden Augen, das gleiche kastanienbraune Haar und die gleiche Fröhlichkeit wie Sophie Dorothea.

Oft ist die Geschichte erzählt worden, wie der junge Prinz eines Tages bei einer Jagd seinem Gefolge davongaloppierte, um nach Ahlden zu reiten. Seine Begleiter machten sich an seine Verfolgung und holten ihn gerade in dem Augenblick ein, als er mit seiner Mutter, die ihn von ihrem Fenster aus erblickt hatte, Zeichen tauschte; angeblich hatte der Schloßkommandant ihn am Betreten des Schlosses gehindert . . . Bei seiner Rückkehr bekam der Prinz einen strengen Verweis. Noch in viel späterer Zeit, als er schon Prince of Wales war, gab er Beweise der Anhänglichkeit an seine Mutter.
Die Tochter war schön wie Sophie Dorothea in ihrer Jugend und vom Glück begünstigter: Friedrich Wilhelm von Preußen, den sie 1706 heiratete, war der Mann ihres Herzens, und vor ihr lag eine glänzende Zukunft als Königin von Preußen. Nach Jahren des Schweigens begann sie endlich, ihrer Mutter heimlich zu schreiben. »Die Prinzessin rief sie um Hilfe an, und die Tochter versprach sich dafür einzusetzen, daß man ihr die Freiheit zurückgebe . . . Ihr Mann, der König von Preußen, wagte in seinem Interesse nicht, sich dem zu widersetzen.« (Wilkins, The Love of an Uncrowned Queen, Band II, Seite 635)
Als Miterbin ihres Vaters, neben ihrer Mutter, war die Herzogin von Ahlden zur reichsten Prinzessin in Europa geworden. Der hundertste Teil dieses Vermögens hätte ausgereicht, ihr die Flucht mit Philipp Christoph zu ermöglichen und sie glücklich zu machen; jetzt kam es, durch eine grausame Ironie des Schicksals, zu spät. Und schlimmer noch als nutzlos: es brachte ihr sogar Schaden, schmiedete ihre Ketten noch fester. Ihr Gold, ihre Edelsteine, ihre Güter erweckten allzu viele Begehrlichkeiten. Ihr Gatte, die ganze kurfürstliche Familie, Minister und Diener, alle ließen den Schatz nicht aus den Augen. Auch ihr Schwiegersohn, der Preußenkönig Friedrich Wilhelm, hatte nur sein Interesse im Auge, wenn er der Königin erlaubte, mit ihrer Mutter zu korrespondieren. Diese Briefe ihrer Tochter weckten in der Gefangenen noch einmal ein heftiges Verlangen nach Freiheit. Sie träumte von heimlicher Flucht, ließ ihre Pferde in wildem Galopp die zwei Meilen Weg, die ihr erlaubt waren, dahinrasen, »mit einer Wut, die der Napoleons auf St. Helena glich«, wie Ward mit einem nicht gerade glücklichen Vergleich sagt.

Mit so unwiderstehlicher Macht kam jener letzte Traum von Freiheit über sie, daß dieses sanftmütige Geschöpf, das zu kluger Planung und Vorsicht gleich unfähig war, ihr ganzes Kapital, bestehend aus den dreihunderttausend Talern, die ihr ihre Mutter hinterlassen hatte, und den aufgehäuften Einkünften ihres eigenen Vermögens, auf einer holländischen Bank anlegen ließ. Um die Flucht in aller Stille vorzubereiten, brauchte sie eine fähige und ergebene Vertrauensperson. Die Königin von Preußen empfahl ihr erst einen Grafen von Bahr, riet ihr dann aber, als sie Ungünstiges über ihn hörte, wieder ab, ihm zu vertrauen. Aber Sophie Dorothea war unfähig, einem Menschen zu mißtrauen. Immer ist sie, ihr ganzes Leben hindurch, verraten worden: von ihrem Vater, ihrem Schwager, ihrem Gatten, und nicht zuletzt von ihrem Geliebten, dessen zügellose, wilde Eifersucht sie ins Verderben stürzte. So war Sophie Dorothea auch jetzt durch die Warnungen ihrer Tochter, die den Herrn von Bahr durchschaute, nicht davon abzubringen, ihm weiterhin ihr Vertrauen zu schenken. Mehrere Jahre lang sah sie in ihm ihre einzige Stütze, klammerten sich ihre letzten, verzweifelten Hoffnungen an ihn. Ihr ganzes in Holland deponiertes Vermögen ließ sie unter seinem Namen verwalten – und eines Tages machte der Elende sich damit aus dem Staube.
Diese letzte Enthüllung menschlicher Gemeinheit versetzte Sophie Dorotheas Leben den tödlichen Stoß. Sie hatte gerade noch genug Kraft, ein paar Zeilen zu schreiben und einem Kurier zu übergeben, dann stürzte sie zu Boden: war es ein Blutandrang im Gehirn, eine Meningitis? Sie schrie, stieß die Ärzte zurück, die Georg I. eilends nach Ahlden entsandte. Vergebens, sie war nicht mehr zu retten. Zitternd hörten alle, die um das Lager der Sterbenden standen, wie sie fürchterliche Verwünschungen ausstieß und die göttliche Gerechtigkeit gegen den grausamen Tyrannen anrief, der sich zu ihrem Kerkermeister gemacht und ihr die Hälfte ihres Lebens gestohlen hatte ...
Am 13. November 1726 starb Sophie Dorothea. Von ihren sechzig Lebensjahren hatte sie mehr als zweiunddreißig als Gefangene verbracht.

Neuntes Kapitel

Vom Kurfürsten zum König

In Ahlden war die Zeit seit 1694 stehengeblieben. In Hannover dagegen schritt sie immer stürmischer voran und hob den Kurfürsten von Stufe zu Stufe.

Seine Kurfürstliche Durchlaucht, Georg Ludwig von Hannover: pompös, würdevoll, dick, träge, dünkelhaft, starrsinnig; nie hat er ein Buch gelesen, nie sich eine Frage gestellt. Er erstickt im Golde, seine Einkünfte sind riesig, und er erbt immer noch mehr.

Sein Apologet Melville sieht ihn ganz anders: rechtschaffen, verständig, bescheiden, ohne Ehrgeiz, gerecht und klug.

Wenn er das alles wäre, wie sollte man sich dann erklären, daß er nur fünfzehn Meilen von seiner unglücklichen Gemahlin entfernt leben kann, ohne einen Augenblick an Verzeihung zu denken? Daß er ihr jedes Wiedersehen mit ihren Kindern verweigert, ihr sogar verbietet, ihnen zu schreiben? Kennt dieser »Gerechte« keine Scham? Hat dieser »Rechtschaffene« keine Skrupel? Muß man die Erklärung für alles nicht eher in seiner Habgier suchen, auch für seine Milde, bevor er sein nächstes Ziel erreicht hatte, die Herausgabe des gesamten Besitzes seiner Frau? Oder in seiner Angst vor einer Vergangenheit, die mit Königsmarcks Leichnam schlecht verscharrt war? War es Haß oder Rache, was ihn so unmenschlich handeln ließ? Es dauerte immerhin schon fast zwanzig Jahre.

Ohne eigenes Verdienst wird Georg Ludwig von Erfolg zu Erfolg getragen. Von Jahr zu Jahr wird er immer mehr eine Figur, mit der man rechnen muß, wird Hannover ein immer wichtigerer Staat. Vergessen sind die sich überstürzenden, gefährlichen Kriegszüge in ferne Länder, auf denen Georg Ludwig sich von Ungarn und Griechenland bis nach Dänemark und Flandern herumschlug.

Seit Sophie Dorothea aus seinem Leben verschwunden ist, lächelt ihm das Glück.

Beim Tode seines Vaters im Jahre 1698 ist er Kurfürst geworden und erntet die Früchte von Ernst Augusts zähem Ringen um die Kurwürde; zehn Jahre hatte dieser gebraucht, um sich den Platz im Kurkollegium zu erkämpfen. Georg Ludwig ist jetzt Erzschatzkanzler des Heiligen Römischen Reiches.

1705 stirbt sein Schwiegervater, Herzog Georg Wilhelm, und Celle wird mit Hannover vereinigt. Aber er läßt sich in seinem neuen Herzogtum nie sehen, ein Regentschaftsrat führt in seinem Namen die Regierung.

Im Jahre 1700 hatte er, als Schwiegervater des zukünftigen Königs von Preußen, mit dieser Macht ein Verteidigungsbündnis geschlossen. Hannover ist nun ein mächtiges, von starken Verbündeten geschütztes Land: von Preußen im Osten, von den holländischen Generalstaaten im Westen.

Als die Holländer einen neuen Statthalter brauchen, nachdem Wilhelm von Oranien König von England geworden ist, wollen sie dieses Amt Georg Ludwig übertragen.

1706 ernennt ihn der Kaiser zum Reichsfeldherrn der niederrheinischen Truppen, die für die Große Allianz gegen Ludwig XIV. kämpfen. Im Jahre 1711 legt er dieses Amt nieder, da er sowohl mit Marlborough als auch mit Prinz Eugen Streit bekommt. Im gleichen Jahr entsendet er zu den in Utrecht beginnenden Friedensverhandlungen einen bevollmächtigten Minister, genau wie der Kaiser und der König von England.

In der Abgeschiedenheit seines Herrenhäuser Schlosses verfolgt er gelassen die große Politik. Er hat seine Mätresse hier einquartiert und seine Mutter, die Kurfürstinwitwe Sophie, in einen abgelegenen Flügel des Schlosses verbannt. Unermüdlich verschönert er Herrenhausen und schmückt es aus: aus Italien läßt er Orangenbäume und antike Statuen kommen, aus Holland Gemälde, aus China kostbare Porzellane und andere Dinge. Er hält sich eine französische Schauspieltruppe. In seinen Marställen stehen sechshundert Pferde und dreißig Staatskarossen. Nach Toland verfügt er über dreitausend Taler jährliche Einkünfte, nach Pollnitz hinterläßt er bei seinem Tode sechs Millionen Kronen. Die Silberbergwerke im Harz und der Soldatenverkauf bringen mehr denn je ein.

Die Krönung des Aufstiegs und der materiellen Überlegenheit Hannovers ist das vom britischen Parlament angenommene Thronfolgegesetz, die Act of Succession. Sie macht mit einem Schlage deutlich, welche Rolle Hannover in nächster Zukunft zufallen könnte. Allerdings zeichnen sich Georg Ludwigs Chancen, eines Tages den englischen Thron zu besteigen, vorerst nur in weiter Ferne ab, siebenundfünfzig Mitglieder der Stuartfamilie machen ihm den Rang streitig. Übrigens interessiert sich der Kurfürst kaum dafür, allzu sehr liebt er seine hannoversche Behaglichkeit.
Da war seine Mutter von ganz anderer Art. Obwohl der Sohn sie aus den Staatsgeschäften verdrängt hat und trotz ihrer vierundachtzig Jahre, ist sie von ungebrochener Lebenskraft, voller ehrgeiziger und weitsichtiger Pläne. Zwar hat ein langes Leben sie an die verschlungenen Pfade und den langen Atem der Politik gewöhnt, aber ihre Natur ist unverändert reizbar, leidenschaftlich, hochfahrend, unbeugsam. Je mehr sich die Todesfälle um Königin Anna häufen, desto intensiver richtet Sophie ihre Aufmerksamkeit auf die Zukunft.
Im Jahre 1700 stirbt der einzige noch lebende Sohn der Königin, der Herzog von Gloucester, an den Pocken: das ist das Ende der Stuartnachfolge in direkter Linie.
Das nächste Anrecht auf den englischen Thron hätte die Herzogin von Savoyen, Tochter der Henriette von England. Aber der Herzog von Savoyen hat sich von der oranischen Partei getrennt und es dadurch mit England verdorben. Wieder anderen Thronbewerbern versperrt ihre katholische Religion, oder der Übertritt zum Katholizismus, den Weg zur Nachfolge Annas. Von den elf regierenden Häusern, die zunächst im Rennen lagen – unter ihnen Savoyen, Orléans, Lothringen, Bourbon, Modena, Habsburg, Preußen –, bleibt schließlich nur Hannover übrig. Die ältere Wolfenbütteler Linie scheidet aus, weil Herzog Anton Ulrich (Sophie Dorotheas alter Freund) 1710 zum Katholizismus übergetreten ist; das gleiche gilt für die gesamte kurpfälzische Familie der Kurfürstinwitwe Sophie. Um so günstiger stehen die Chancen für das Haus Hannover. Jetzt kann Sophie, durch ihre Mutter mit den Stuarts verwandt und von jeher voll leidenschaftlicher Vorliebe für Eng-

land, sagen: »Ich will gern sterben, wenn auf meinem Grabe einst die Worte stehen: ›Königin von England und Irland‹.«
Annas Vorgänger auf dem englischen Thron, Wilhelm III., hatte aus seinem Widerwillen gegen die hannoversche Thronfolge kein Hehl gemacht. Aber umsonst hatte er dem vertriebenen König Jakob II. vorgeschlagen, er wolle seinen Sohn, den stuartischen Prince of Wales, adoptieren und nach England kommen lassen; er brauche nur, wenigstens pro forma, zur anglikanischen Kirche zurückzukehren. Jakob II. hatte aus seinem französischen Exil ablehnend geantwortet.
Von Jahr zu Jahr steigen die Chancen Hannovers. Nachdem das englische Parlament 1689 die Sukzessionsakte angenommen hat, folgt 1701 die Act of Settlement. Georg Ludwig empfängt den Hosenbandorden, 1702 wird Sophies Name im anglikanischen Prayer Book erwähnt.
Die Anerkennung des Prinzen von Wales als Jakob III. durch Ludwig XIV. ändert nichts mehr, sondern verschärft die Krise nur. Es gibt nun nicht nur zwei Könige von Frankreich (da die englischen Könige seit den Tagen der Plantagenets diesen Titel führen), sondern auch zwei Könige von England, seit Ludwig XIV. den Stuartprätendenten als solchen anerkennt, und bald auch zwei Prinzen von Wales.
Das Parlament antwortet mit zwei weiteren Gesetzen, dem Einbürgerungsgesetz und der Act of Government. Georg Ludwig erhält den Titel eines Herzogs von Cambridge. Schließlich räumt im Jahre 1712 ein Gesetz der Kurfürstinwitwe Sophie und ihrem Sohn eine Vorrangstellung vor allen britischen Bürgern ein.

Dies alles bedeutete keineswegs, daß Königin Anna sich damit abgefunden hatte, den Hannoveraner als ihren Nachfolger zu akzeptieren. So einfach lagen die Dinge nicht. Im Gegenteil, die sieben letzten Jahre ihrer Regierung sind von den wechselseitigen Intrigen der Anhänger Hannovers einerseits, der Jakobiten andererseits erfüllt. Wenn sich auch im ganzen jene mit den Whigs und diese mit den Tories gleichsetzen lassen, so wurden die Zwistigkeiten doch dadurch

kompliziert, daß manche Whigs Parteigänger des Prätendenten waren, während andererseits manche Tories es mit Hannover hielten.
Aber Widersprüche fanden sich nicht nur im englischen Parteileben. Kurfürstinwitwe Sophie bezeugte den Whigs öffentlich ihre Sympathie, was sie jedoch nicht hinderte, sich in ihrem Herzen mit der direkten Stuartdeszendenz verbunden zu fühlen. Sie vervielfachte durch Briefe ihre Kontakte mit dem verbannten Hof von St. James und beklagte scheinheilig den Sohn Jakobs II., den »armen Prinzen von Wales«. Als die Lords Halifax und Dorset nach Hannover kamen, um Sophie eine Abschrift des Einbürgerungsgesetzes zu überbringen, und sie sie mit großem Pomp empfing, stürzte sie plötzlich quer durch den Raum und drehte ein Porträt zur Wand. Es zeigte den Stuartprätendenten, dummerweise hatte man vergessen, es zu entfernen (gewisse Bilder rechtzeitig zu entfernen, ist eine Kunst für sich . . .).
Georg Ludwig scheint sich für alle diese Intrigen nicht interessiert zu haben. Als man von London aus vorsichtig bei ihm anfragte, ob er auf sein hannoversches Kurfürstentum verzichten würde, falls man ihm die englische Krone antrüge, sagte er unmißverständlich nein. Aber es war wie verhext: alles, was ihn eigentlich vom Thron hätte ausschließen müssen, nicht zuletzt sein Charakter, brachte ihn diesem nur immer näher. Er unterließ nichts – und verfehlte auch in Zukunft nicht –, die Engländer fühlen zu lassen, daß er nur aus Pflichtgefühl ihr König würde und ihm sein Hannover viel lieber sei. Seine englischen Parteigänger versuchten ihm klarzumachen, daß er Propaganda für seine Sache betreiben müsse, aber er weigerte sich, auch nur einen einzigen Pamphletschreiber aus seinen Mitteln zu unterstützen oder die Schulden der verarmten Mitglieder des Oberhauses zu bezahlen.
Königin Anna ist krank und schwach, zu keinem Entschluß mehr fähig. Der größere Teil ihrer Armee ist für Hannover, dagegen sind vor allem die schottischen Regimenter. Das Vereinigte Königreich steht am Rande eines Bürgerkrieges, und Anna schwankt zwischen den beiden Parteien hin und her. Heimlich gilt ihre Sympathie dem Prätendenten, dem »König jenseits des Kanals«. Sie fragt den Bischof Wilkins

um Rat und erhält die gut anglikanische Antwort: »Wenn Ihre Majestät sich für den Prätendenten entscheiden, werden Sie in weniger als einem Monat im Tower eingekerkert – und in weiteren drei Monaten tot sein.« Ihre Unentschlossenheit macht es ihrer Umgebung schwer, sie richtig zu behandeln. Wagt man, sie zu übergehen, ist sie böse, und sucht man sie zu einer bestimmten Entscheidung zu drängen, reagiert sie mißlaunig. Auch Kurfürstinwitwe Sophie weiß trotz ihrer reichen Erfahrung im Umgang mit Menschen nicht mehr, wie sie der Königin beikommen soll. Sie ist ratlos, und ihre hartnäckige, um Ausflüchte nicht verlegene Weigerung, nach England zu kommen, verstimmt die Königin erst recht. Diese schreibt ihr den berühmten Brief vom 19. März 1714, der trotz der Anrede »Madame, verehrte Schwester und Tante!« eine herbe Zurechtweisung ist. Ein Brief an Georg Ludwig folgt. Sein Inhalt läuft auf das gleiche hinaus: bringt mir meine Untertanen nicht mit euren Machenschaften durcheinander und verdüstert mir nicht meine letzten Regierungsjahre durch unüberlegtes Intrigieren. Sophie ist entsetzt: sie glaubt, zwischen den Zeilen zu lesen, daß alles aus ist.
Mit der Gesundheit der Kurfürstinmutter steht es nicht zum besten. Sie mutet ihrem greisen Körper zuviel zu. Immer noch ermüdet sie ihre Begleiter mit langen Spaziergängen durch den Park von Herrenhausen. Sie hat Königin Anna einen sehr versöhnlichen Antwortbrief geschrieben, so daß ihr Gewissen eigentlich beruhigt sein könnte. Aber die unausgesprochene Drohung im Brief der Königin hat ihr einen tödlichen Schock versetzt. Ihre Umgebung ist nach besten Kräften um die Gesundheit der Vierundachtzigjährigen besorgt: »Wollen Euer Durchlaucht geruhen, nicht so schnell zu gehen . . .« »Es ist wahr, ich sollte . . .« antwortet sie und stürzt, vom Schlag getroffen, zu Boden.
Hätte sie nur zwei Monate länger gelebt, so würde sie die Erfüllung ihres Lebenstraums erlebt und ihren Sohn auf dem englischen Königsthron gesehen haben.
Sophie von Hannover, diese bemerkenswerte Frau, erweckt Hochachtung, Respekt, Bewunderung, aber weder Sympathie noch Mitleid. Ihre Härte gegen Sophie Dorothea ist unverzeihlich; sie war Mutter und kannte die Leiden einer

Mutter, der Tod von drei Söhnen hätte sie fast selber getötet. Dennoch schwieg sie verachtungsvoll auf die verzweifelten Bitten der gefangenen Prinzessin, ihre Kinder wiedersehen zu dürfen. Und wenn man auch anerkennt, daß ihre Tugend über jeden Zweifel erhaben war, so muß man sich doch fragen: warum auf der einen Seite diese lächelnde Nachsicht mit den zahlreichen Liebesaffären ihrer Tochter, der Kurprinzessin von Brandenburg und späteren Königin von Preußen, und auf der anderen Seite die mitleidlose Strenge gegen die einzige große Liebe Sophie Dorotheas?
Eine musterhafte Gattin trotz der Kränkungen, die sie in ihrer Ehe erfuhr, trieb Sophie den Respekt vor den Forderungen ihrer hohen Stellung so weit, daß sie sogar die schamlose Mätresse ihres Gemahls einmal in einem Brief verteidigte: »Die Gräfin Platen ist es nicht gewöhnt, daß man von ihr in jenem Ton spricht, dessen sich Frauen wie Aurora von Königsmarck bedienen.« Bis zur Schonungslosigkeit gehende Unsentimentalität war ihr hervorstechender Charakterzug. »Er ist als guter Deutscher gestorben, mit dem Becher in der Hand«, schrieb sie über ihren Schwager Johann Friedrich, dessen Tod sie es doch zu verdanken hatte, daß sie die kümmerliche Osnabrücker Residenz mit dem schönen, reichausgestatteten Schloß zu Hannover vertauschen konnte. Über ihren Sohn Georg Ludwig sprach sie in so verletzenden Worten, wie sie keiner seiner späteren englischen Kritiker hätte schärfer formulieren können.
Daß die Kurfürstin Sophie in einem Augenblick tiefer Verzweiflung starb, war wie eine späte Rache des Schicksals für Sophie Dorotheas Unglück. Und auch das schreckliche Platensche Paar wurde von ihr ereilt: der Graf starb nach sechsjähriger Blindheit 1726 einen jämmerlichen Tod, die Gräfin schon lange vor ihm; ihre letzten Jahre nach Ernst Augusts Tod hat sie einsam und verlassen verbracht, entstellt von einer scheußlichen Krankheit. Geplagt von der Erinnerung an ihr Verbrechen, beichtete sie es auf dem Sterbebett einem Geistlichen, der in seiner (nach Palmblads Versicherung in den Berliner Archiven verwahrten) Grabrede darüber berichtete.

Von dem Hannover des Kurfürsten Ernst August und der Kurfürstin Sophie ist so gut wie nichts geblieben. Das Alte Schloß und das Leineschloß sind ganz oder zum Teil verschwunden. Das Schloß Herrenhausen wurde von den Bomben des Zweiten Weltkriegs zerstört, während der Park die Katastrophe überlebte. Celle hingegen hat, wie durch eine Art ausgleichender, später Gerechtigkeit, sein historisches Bild unversehrt erhalten. Sobald man die Autobahn verläßt und sich auf der Landstraße Celle nähert, fühlt man sich wie durch Zauberhand in eine andere Landschaft, eine andere Zeit versetzt. Hier und da ziehen Nebelschleier über die Wiesen, liegen verstreut seltsam anmutende menschliche Behausungen, in dunklem Rot und Braun. Man fährt in die Stadt ein. Ihre hübschen Straßen mit den schmucken, in ihrer Schmalbrüstigkeit schon ein wenig an Holland erinnernden Häuser haben sich nicht verändert.

Dies also ist die Stadt, in der Sophie Dorothea lebte, durch diese engen Straßen ist sie gegangen. Aus den altertümlichen Fenstern der mit figurenreichem, farbigem Schnitzwerk geschmückten Fachwerkhäuser haben sich Gesichter gebeugt, um sie vorübergehen zu sehen. Der Französische Garten mit seinen jahrhundertealten Bäumen ist noch da, und im Schloß blieb die Kapelle, in der die unselige Hochzeit stattfand, unverändert erhalten. In der Fürstengruft unter dem Chor der gotisch-barocken Stadtkirche ruhen die sterblichen Überreste Sophie Dorotheas. Aber nach welcher Irrfahrt! Auf Befehl Georgs I. wollte man sie zuerst in Ahlden beisetzen, heimlich und ohne jede Feierlichkeit. Aber die Totengräber schaufelten umsonst; in der feuchten Erde fülllte sich das ausgehobene Grab mit Grundwasser; man mußte den Sarg ins Schloß zurückschaffen und ihn dort, nur mit einer Handvoll Sand bedeckt, auf unbestimmte Zeit stehenlassen, bis andere Befehle kämen. Man wartete und wartete . . . Bis eines Tages die Herzogin von Kendal – niemand anderes als die gute alte Melusine von der Schulenburg – voller Schrekken einen Raben über ihrem Haupt flattern sah. Abergläubisch wie sie war, glaubte sie, es sei Sophie Dorotheas Seele, und forderte eine anständige Beerdigung. So ist es ihr zu danken, wenn die Herzogin von Ahlden endlich neben ihren Eltern die ewige Ruhe fand, inmitten der Menschen, die nie aufgehört hatten, Mitleid mit ihr zu fühlen. Auch in ihrem winzigen Ahlden war sie von allen geliebt gewesen; sie hatte die Armen besucht, eine Kirche erbauen lassen, Almosen verteilt. Die Einwohner des kleinen Ortes bewahrten ihr ein treues Andenken. Graf von der Schulenburg-Klosterroda, der anonym eine romanhafte Biographie »Die Herzogin von Ahlden« veröffentlichte, machte Ende des 18. Jahrhunderts eine alte Bäuerin ausfindig, die sich noch erinnerte, die Prinzessin gesehen zu haben, eine schöne Frau, ganz in Schwarz gekleidet und mit vielen Diamanten geschmückt ...

Hätte Sophie Dorothea zweihundert Jahre später aus dem Jenseits einen Blick auf den Beginn unseres Jahrhunderts werfen können, so würde sie, die Verstoßene, Geächtete, Gefangene, sicher gelächelt haben: zwei der bedeutendsten Throne Europas wurden von ihren Ururenkeln eingenommen: Königin Victoria und Kaiser Wilhelm II. ...

Zehntes Kapitel

Georg I., König von England

»Georg der Erste wußte nichts und wollte auch nichts wissen; tat nichts und wollte auch nichts tun; das einzige Positive, das von ihm berichtet wird, ist sein Bestreben, seinem Sohn und Nachfolger die Krone zu vererben.«
Samuel Johnson.

In dem Maße, wie die Kräfte der Königin Anna abnahmen, breitete sich im ganzen Königreich Verwirrung aus. Ihr Geist verfiel zusehends in Umnachtung, seit sie ihren einzigen Sohn verloren hatte, und immer mehr suchte sie im Branntwein Trost. Am Hofe bekämpften die Günstlinge einander erbittert. Lady Masham, die unvorsichtigerweise von der Herzogin von Marlborough der Königin auf dem kleinen Landsitz Kensington vorgestellt wurde, verdrängte ihre Gönnerin alsbald, und 1711 fiel auch der Herzog von Marlborough in Ungnade.

Als allmächtiger Liebling der Königin wacht diese kleine Abigail mit verbissenem Geiz über die königliche Privatschatulle. Nicht einmal die Königin darf Geld für sich ausgeben. Als Thomas Pitt, der Gouverneur von Madras, den berühmten, später »Regent« genannten Diamanten nach England heimbringt, kann sie ihn nicht kaufen.

Zu keiner anderen Zeit wurde soviel gezecht, falschgespielt, gelacht und geschworen, gab es so viele Jagden, Glücksspiele und Säbelraufereien im Hyde Park, wurde soviel gestohlen und soviel gehängt; und schließlich wurde auch zu keiner anderen Zeit soviel und in so elegantem Stil geschrieben, beleidigte man sich derartig grob und riskierte, jeden Augenblick in das Towergefängnis geworfen zu werden und seine Güter zu verlieren.

Persönlich bigott und ungebildet, steht Anna an der Spitze der glänzendsten literarischen Epoche seit Shakespeare. Addison, Swift, Pope, Locke, Newton, Gay, Congreve, Defoe, Lord Chesterfield, Wycherley, Vanbrugh ...

Während die letzten Anhänger des Stuartprätendenten noch, jede Hoffnung auf Umsturz aufgebend, über den Abbé Gaultier mit Ludwig XIV. wegen ihrer Flucht nach Frankreich verhandeln, machen sich die Schlauesten schon über den Kanal nach Hannover auf, es setzt eine wahre Wallfahrt dorthin ein. »Hannover ist ein England im Kleinen geworden«, schreibt Liselotte. Toland, der in offizieller Mission nach Hannover reist, gibt in seinem »Bericht von den Höfen von Preußen und Hannover« eine anschauliche Schilderung dieses wilden Buhlens um den zukünftigen Herrn. Lord Clarendon ist gerade angekommen, da treffen drei Eilkuriere ein: Königin Anna ist, nach einer erregten Auseinandersetzung mit ihrem Minister Lord Oxford, an einem Schlaganfall gestorben, genau wie Sophie zwei Monate vor ihr. Nach Malortie erfährt es der englische Gesandte, als er von einem Diner beim Grafen Kielmansegg zurückkommt, von einem der drei Kuriere; sogleich eilt er nach Herrenhausen zum Kurfürsten, um der erste zu sein, der ihn mit dem neuen Titel eines Königs von England begrüßt.

Georg Ludwig sagt nach seiner Art kein Wort und senkt den Kopf, als hätte man ihm eine Unglücksnachricht gebracht ...

Von allen Höfen Europas kamen in diesem Monat August des Jahres 1714 Gesandte nach Hannover, um den neuen König zu beglückwünschen. Auch einige der neuen Untertanen, denen daran lag, ihre Ergebenheit zu beweisen, stellten sich ein, unter ihnen Lord Halifax, Albemarle, der Herzog von Marlborough, Lord Clarendon, Lord Dorset. Und schließlich fehlten auch nicht Männer des Geistes wie Addison oder John Gay, die immer bereit waren, ihre Feder einem Pamphlet zu leihen. »Schreibt über den neuen König, das kann nicht schaden«, riet Pope ihnen.

Der August verging mit Reisevorbereitungen. Endlich folgte Georg I. – der paradoxe Ausdruck sei erlaubt – seinem Gefolge und brach auf, ohne rechte Lust ...

Wirklich, der Urenkel Jakobs I. Stuart hatte kein großes Verlangen, Deutschland zu verlassen und sein neues Königreich in Besitz zu nehmen. Wenn er dort kaum Liebe finden sollte, so liebte er selbst es noch viel weniger. Das Schicksal hatte ihm einen riesigen Gewinn in den Schoß fallen lassen, aber er blieb gleichgültig und dachte nicht weiter daran. Wer außer der Schulenburg konnte diesen unleidlichen Menschen überhaupt aus seiner dickfelligen Trägheit reißen?
Auf den Londoner Straßen hatte man gesungen:

Over, over, Hanover, over!
Put in your claim before it's too late!
»Komm rüber, Hannover, komm rüber,
hol dir die Krone, bald ist's zu spät!«

Und das gemeinsame Gebet der überwiegenden Mehrheit des englischen Volkes war: »König Georg schütze uns vor dem Papst und dem Prätendenten!« Der Gott der anglikanischen Hochkirche, der Quietisten, Presbyterianer, Methodisten, Wiedertäufer und Quäker hatte sie erhört und ihnen, trotz so vieler katholischer Thronbewerber, einen protestantischen Monarchen beschert. »Es ist das größte Wunder unserer Geschichte«, sagte ein Whig. Georgs I. Glaubensbekenntnis entschädigte für alle seine Mängel; was machte es schon, daß er für die Engländer der Fürst eines kleinen Landes war, von dem sie fast nichts wußten?
Umso erstaunlicher, daß er unempfänglich dafür war, welche ehrenvolle Erhöhung es bedeutete, über das siegreiche und wohlhabende England zu regieren, ein Land, das fast die gesamten Kosten der Großen Allianz getragen, Ludwig XIV. in die Knie gezwungen, Frankreich ausgeblutet und in Utrecht seine auf lange Sicht angelegte Friedensordnung durchgesetzt hatte.

Anfang September 1714 hatte in London noch Hochwasser geherrscht und schlechtes Wetter gebracht. Aber zwei Wochen später besserte es sich: der Westwind jagte keine Regenwolken mehr über den Himmel, um die Mittagszeit brach hier und da die Sonne durch, und schließlich zeigte sich ein blauer Himmel, der von Stunde zu Stunde strahlender wurde, als wollte er Reue über den kurzen Sommer zeigen. Auf dem plötzlich nicht mehr so trüben Fluß tanzten silberne Sonnenkringel. Das Gegirr der Tauben von Cheapside und Stock Market mischte sich mit spitzen Möwenschreien. Die Themse verwandelte sich aus einer schmutzigbraunen Kloake in eine königliche Wasserstraße: sie war weithin bedeckt von wimpelgeschmückten Booten mit Musikkapellen, und vierzigrudrige, grün und rot angemalte Lustbarken lagen an den mit schönen Gittern versehenen Anlegestellen längs der Adelshäuser des »Strand«. Über den weißen Palästen von Westminster und den schwarzen Dächern der City erhob sich beherrschend eine riesige Kuppel aus hellem Kalkstein wie ein frisch gelegtes Straußenei: die neue St.-Pauls-Kathedrale. Die alte City Dick Whittingtons[1] und der Gilden, mit ihren mittelalterlichen Häusern aus roten Ziegeln und dunklem Fachwerk, war immer noch in ihre bis in römische Zeit zurückgehende Stadtmauer eingezwängt; aber die altertümlichen Giebel verschwanden allmählich ebenso wie die Zinnen der Guildhall und machten einer Unzahl von antikischen Tür- und Fensterstürzen, barocken Fassaden und jenen strahlend weißen Kirchtürmen Platz, die die jungen Architekten Sir Christopher Wrens am Ende des vergangenen Jahrhunderts, wenige Jahrzehnte nach dem großen Stadtbrand, errichtet hatten.

Das große Feuer von 1666 war vergessen. Die vergangenen fünfzig Jahre hatten seine Spuren getilgt. Vergessen war auch die große Londoner Pest. Die alten Stadtviertel von Cripplegate, Aldgate und Bishopsgate im Schatten der St.-Pauls-Kathedrale waren jetzt vom Glanz der neuen Stadtteile Soho, Leicester, St. James verdunkelt, die sich jenseits der noch vom Brand verkohlten Whitehall, der Westminster Abbey und der Admiralität bis zu den Feldern und Wiesen von Chelsea und Kensington erstreckten.

Jenseits der alten, mit Häusern und Krämerbuden bebauten London Bridge, die damals noch die einzige Brücke über die

[1] Sir Richard Whittington, der bedeutendste mittelalterliche Lord-Mayor Londons, gestorben 1423, dessen Gedächtnis in vielen Stiftungen fortlebte. (Anm. d. Ü.)

Themse war, erhob sich der Tower mit seinen zum Teil in eine Menagerie für wilde Tiere umgewandelten Wassergräben – jener allen Londonern liebgewordene White Tower, und die Yeomen standen in ihrem büffelledernen Wams und den langen Spieß über der Schulter wachend vor den Toren der finsteren Festung Wilhelms des Eroberers.

Plötzlich erdröhnten flußabwärts, aus der Gegend von Greenwich, einundzwanzig Salutschüsse, ein wenig matt und gedämpft von der feuchten Luft.

»Diesmal ist er es, kein Zweifel!« riefen die vierzig Ruderer der Staatsgaleere des Lord Mayor. Sie warteten seit dem Vortag darauf, daß der neue König, nach viertägiger, stürmischer Überfahrt, seine gute Stadt London betrete. Sie war gerüstet, ihn gebührend zu empfangen. Die Peers in ihren Hermelinroben und scharlachroten Baretten, die Mitglieder des Magistrats, die Sheriffs und Aldermen, die Vertreter der Hochkirche in ihrem feierlichen Ornat, die Richter und Wappenherolde, die vierunddreißig Ritter des Bath-Ordens, die mit wallenden Purpurumhängen angetanen Macebearers (Zepterträger) und die von Gardegrenadieren flankierten Trommler: sie alle standen um die mit acht prächtig aufgezäumten Pferden bespannte Karosse, die den Monarchen, sobald er seinen Fuß auf englischen Boden setzte, in seine Wohnung im düsteren, alten St. James Palace bringen sollte.

Die Salutschüsse und das Glockenläuten der Kirche St. Mary le Bow waren verhallt, und die ersten Takte einer Händelschen Musik klangen über den Strom. Tausende von kleinen Booten belebten ihn geschäftig; die einen brachten die Passagiere der großen Seeschiffe in das Herz der Stadt, andere gaben der Königlichen Barke das Geleit, manche versahen einfach den Fährdienst zwischen den beiden Stromufern, und unzählige weitere, dicht besetzt mit Schaulustigen, drängten sich in die tausend Winkel der Uferböschung und Quais, zwischen die Hafentreppen, in die Werftdocks, sogar unter die Pfähle der Molen und Wellenbrecher.

Die ganze Gin Lane war hier versammelt, alle Wein-, Bier- und Schnapssäufer im Verein mit müßigen Dirnen, den Bettlern, die nachts unter den Arkaden von Covent Garden schliefen, mit menschheitsverbrüdernden Quäkern, langbär-

tigen Rabbinern, hugenottischen Flüchtlingen, öffentlichen Schreibern, Dudelsackpfeifern, Schuhputzern, westindischen Matrosen, Kaminkehrern von noch dunklerer Farbe und stellungslosen Schauspielern; dazwischen sah man die Aussätzigen von Southwark und die blaugekleideten Armen aus dem Obdachlosenasyl von Westminster.
Kauft Aale! Kauft Aale! hörte man die Aalverkäufer ihre Ware ausrufen, die in Weidenkörben lag, und schon übertönte sie anderes Geschrei: Austern, frische Austern! oder: Heißer Pudding, ganz heiß!
Anzügliche Worte flogen in der Menge hin und her. Dieses einfache Volk, dessen einzige Zerstreuung sonst darin bestand zuzugucken, wenn in Tyburn[1] jemand gehängt wurde, genoß das seltene Schauspiel einer Thronbesteigung.
»Königin Anna ist tot, und endlich ist ihr Neffe Georg I. da.«
»Hat sich verdammt viel Zeit gelassen, von Deutschland herüberzukommen.«
»Weiß Gott, er kommt im Schneckentempo angeschlichen.«
»Als ob es ihm leid tut, sein langweiliges Hannover zu verlassen.«
»Scheint nicht gerade ein schöner Mann zu sein, unser neuer König!«
»Und ein verflucht schlechter Charakter!« ließ sich ein Fährmann aus den Gassen bei der London Bridge vernehmen.
»Bei sich zuhause nennt man ihn nur ›das Schweinsgesicht‹!«
»Ein deutsches Schweinsgesicht – o weh, das zählt doppelt!«
Einst hatten die Sklaven Roms das Recht, den Triumphator auf seinem Zuge zum Kapitol zu schmähen, um ihn an Bescheidenheit zu erinnern; nicht viel anders besaßen die Londoner Flußschiffer seit Jahrhunderten das Privileg, ihre Monarchen zu beschimpfen, ohne daß sie deshalb den Pranger fürchten mußten.
»Alles, was ich von diesem Georg verlange, ist, daß er kein verdammter Papist ist wie seine Stuartvettern!«
»Daß er uns seine knickrigen deutschen Hofschranzen mit-

[1] Die alte Galgenstätte am Hyde Park, etwa wo sich heute Marble Arch und Speaker's Corner befinden. (Anm. d. Ü.)

bringt, ist gewiß ärgerlich, aber sie sind immer noch besser als die römischen Kutten.«

19. September 1714. Fünf oder sechs perückentragende Gentlemen waren in Chiswick, dem Landsitz des Dichters Alexander Pope, versammelt und tranken im Schatten einer uralten Zeder ihre Morgenschokolade. Der leuchtend schöne Tag hatte den Zauber eines Drydenschen Gedichts, und die letzten Rosen glühten in der Farbe des Sommers. Der junge Gastgeber, trotz seiner Verwachsenheit und der häufig von Migräne verdüsterten Stirn eine sympathische Erscheinung, schloß sein Manuskript, eine Übersetzung der Ilias, aus dem er gerade mit wohlklingender Stimme vorgelesen hatte. Man fühlte, dieses Werk würde den Ruhm festigen, den ihm drei Jahre zuvor sein »Essay on criticism« eingebracht hatte.
»Wahrlich, die rosenfingrige Eos, Aurora, an ihr erkennen wir den göttlichen Homer«, sagte der alte Wycherley. »Ist es nicht die Morgenröte der Schöpfung, die er uns beschreibt?«
Alexander Pope zog die Kordel seines schwarz-rot gestreiften, seidenen Hausrocks enger, nahm die weißbaumwollene Nachtmütze vom Kopf und verneigte sich höflich dankend gegen seine Zuhörer.
»Ich bin glücklich, daß Ihnen meine Übersetzung gefallen hat«, sagte er, »und ich bedaure nur, daß so viele unserer Freunde abwesend sind. Die unruhigen Zeiten, in denen wir leben, bringen das nun einmal mit sich: die gestern noch England beherrschten, sind heute im Tower eingekerkert oder sinnen von Frankreich her auf Umsturz . . .«
»Ihre Ilias hat uns eben wieder daran erinnert: ›Gleichwie Blätter im Walde, so sind die Geschlechter der Menschen . . .‹«
»Und unser guter alter Dekan Swift, zu früh ein Whig, dann zur falschen Zeit ein Tory, hat nun den Schaden von seiner engen Verbindung mit Bolingbroke und Harley und ist in sein heimatliches Dublin zurückgekehrt, um dort gesündere Luft zu atmen. Ich fürchte, wir werden ihn in den nächsten zehn Jahren nicht zu sehen bekommen«. Wäre Swift bei diesem Treffen dabeigewesen, gäbe es in seinem »Journal to Stella« sicher eine bessere Schilderung als diese.

»Während unser anderer treuer Freund, Daniel Defoe, es nach allzu gründlicher Bekanntschaft mit dem Pranger und den Gefängnissen Ihrer Majestät vorgezogen hat, sich mit einem geheimen Auftrag aus dem Staube zu machen. Von der einen Hälfte der Polizei als Agent beschäftigt und von der anderen Hälfte gesucht, lebt er zwiespältiger, als man es von dem gedankenklaren Autor der ›Gründe, gegen das Haus Hannover zu sein‹ erwartet hätte; sein Leben ist erfüllt von einem ewigen Streit, gerade wie bei unseren Dienstboten, nur daß es nicht um Braten oder Pudding geht, sondern darum, auf wessen Seite das Recht ist: auf der Georgs I. oder der des Prätendenten.«
»Der arme Defoe hat es wirklich geschafft, sich bei der einen wie bei der anderen Partei verhaßt zu machen«, sagte Steele.
»Er wird mir fehlen«, fügte Congreve hinzu. »Ach, daß er nicht hier ist mit seinem spitzen Kinn, seiner Hakennase und seinem verteufelt scharfsinnigen Geist!«
Sir Richard Steele erkundigte sich nach John Gay.

»Immer lustig, dieser Gay,
ob bei Sonne, ob bei Schnee!«

trällerte Pope. »Ja, ja, unser Gay hat eine Vorliebe für schönes Wetter und ist mit Lord Clarendon nach Hannover gereist, um sich an den Strahlen der aufgehenden Sonne zu wärmen. Und Addison ist gleich mitgefahren.«
»Aber haben wir denn nicht alle erfahren, wie teuer es uns zu stehen kommt, wenn wir uns in die politischen Angelegenheiten einmischen?« brummte Vanbrugh. »Die Politik ist das Verderben der Literaten.«
Pope lachte. »Vor allem, wenn der Thron ins Wanken gerät, die Minister in das eine oder andere Lager flüchten und nur die Irren in Bedlam an ihrem Platz bleiben – weil sie angekettet sind!«
Ein Dienstmädchen brachte schäumendes Ale in braunlederner Kanne und räumte die Schokoladentassen fort.
»Unser Schicksal wird auf dem Kontinent entschieden«, sagte Congreve, »England hatte die Wahl zwischen einem papistischen König, der in Frankreich, und einem lutherischen, der in Hannover lebt. Natürlich entscheidet es sich für den Deut-

schen, weil der protestantisch ist, denn unser wahres Vaterland ist die Religion.«

»Ich bin zwar in erster Linie ein Schäfer im Reiche Arkadien«, erwiderte der Gastgeber, »indessen bin ich doch auch Katholik. Mein Name ist Pope, und das bedeutet ›Papst‹. Trotzdem stehe ich nicht an zu erklären, daß England, nachdem es einen König geköpft, es mit der Republik versucht und zwei Königinnen sowie drei Prätendenten ausprobiert hat, dem Volk seinen Georg I. nicht länger verweigern darf.«

»Umsomehr als dieser Georg I. kein junger Mann mehr ist. Es beruhigt einigermaßen, daß er die Fünfzig schon hinter sich hat, also in einem Alter ist, wo auch ein König keine Zähne mehr hat.«

»Defoe hat gesagt: ›Titel sind Schall und Rauch und Kronen eitler Tand.‹ Seht Euch doch die Thronfolge unserer Monarchen an: Karl II. ohne männlichen Erben; Jakob II. ein Katholik; der Mann seiner Tochter Mary, Wilhelm III., kinderlos; und Anna, Jakobs II. zweite Tochter, überlebte ihre Kinder. Katholizismus, Kinderlosigkeit und Tod haben Englands Thron verwaisen lassen und uns diesen Georg I. ins Land gebracht.«

»Einen stumpfen und kaltherzigen Menschen, scheint es.«

»Jedenfalls einen schrecklich langweiligen«, warf Pulteney ein, indem er seine lange Tonpfeife stopfte.

»Königin Anna verabscheute ihn und wollte ihn nicht zum Ehemann, als er vor vierunddreißig Jahren nach London kam.«

»Was sie nicht daran hinderte«, sagte Pope, »ihn gegen zahllose Thronbewerber stuartschen Blutes schließlich doch zu ihrem Erben zu machen.«

»Was weiß man eigentlich von ihm?« fragte Congreve. »Was sagen die immer so vorzüglich informierten Zeitungen Amsterdams?«

»Wen schert es? Hannover interessiert das englische Publikum nicht mehr als China.«

»Ist er verheiratet?« fragte Arbuthnot.

»Ich weiß es nicht. Er ist jedenfalls ohne Königin gekommen.«

»Sicher ist sie schon lange tot«, sagte Pope. »Kein Mensch spricht von ihr.«

»Vielleicht ist er nur eine morganatische Ehe eingegangen und schämt sich seiner Frau.«
»Oder sie ist verrückt, und er hält sie irgendwo versteckt . . .«
»Wie dem auch sei, es muß eine Königin gegeben haben. Hätte er sonst eine Tochter, die mit dem König von Preußen verheiratet ist, und einen Sohn, der jetzt unser Prince of Wales ist?«
»Aber was ist dann aus ihr geworden?«
»Sie können es ja Seine Majestät fragen, mein lieber Pope, wenn Sie ihn um seine königliche Subskription für den ersten Band Ihrer Ilias-Übersetzung bitten!«
»Sie wissen, ein weises Protokoll verbietet, Königen Fragen zu stellen«, erwiderte Pope. »Und übrigens würde unser Herr und Gebieter nicht antworten.«
»Wieso, ist er stumm?«
»Nein, das nicht«, sagte Pope und zupfte seine dreifach übereinandergezogenen Strümpfe hoch, die von seinen mageren Waden rutschten. »Aber König Georg I. von England spricht kein Wort Englisch.«
»Wie wird er denn mit seinen Ministern parlieren?«
»Ganz einfach: er wird nicht mit ihnen parlieren.«
»Wirklich eine glänzende Definition des Parlamentarismus!« rief Congreve.
»Aber im Ernst: wenn er seinen Premierminister empfängt, werden sie dann wirklich nicht miteinander sprechen, so als ob sie taubstumm wären? In welcher Sprache werden sie miteinander reden?«
»Lateinisch.«

Es ist eine Zeit, in der, wie in einem an Knalleffekten reichen Bühnenstück, ein Thronfolgegesetz das Leben einer ganzen Nation in Aufruhr bringt. Auch die Politik unserer Tage bringt gewiß mit ihren Bündniswechseln, den wissenschaftlichen Entdeckungen und den Attentaten manche Überraschung mit sich; aber es gibt nicht mehr solche romanhaft phantastischen Umschwünge, wir erleben nicht mehr, daß einer Nation über Nacht ein Riesenerbe in den Schoß fällt oder daß sie durch das Testament eines Fürsten völlig beraubt wird.

Die Invasion Englands vom Kontinent aus, der Traum so vieler Eroberer seit 1066, sollte nun den Deutschen zu Beginn des 18. Jahrhunderts auf dem legitimen und friedlichen Wege regulärer Erbschaft glücken. Eine ausländische Dynastie begann sich im Lande einzurichten, nicht nur mit der Billigung, sondern geradezu auf Verlangen des überwiegenden Teils der öffentlichen Meinung Englands. Fragen des Glaubensbekenntnisses hatten in dieser Zeit noch stärkeres Gewicht als nationale Leidenschaften; der Schatten Heinrichs VIII. lag immer noch auf dem Hof von St. James ... Durch den simplen Zufall verwandschaftlicher Beziehungen und einiger alltäglicher Todesfälle fiel dem fernen deutschen Fürstenhaus plötzlich der Anspruch auf den englischen Thron zu, und zum Glück war es fähig, das Erbe anzutreten. Lange Zeit betrachtete es allerdings England als Anhängsel; fast ein Jahrhundert sollte vergehen, ehe es sich an den märchenhaften Erwerb gewöhnt hatte, und dann noch einmal ein halbes Jahrhundert, bis es das Stück Deutschland, das seine Wiege war, dem habgierigen Griff Bismarck-Preußens überließ.

War die Langsamkeit, mit der Georg I. sich nach England aufmachte, Raffinesse? Wollte er zunächst die öffentliche Meinung Englands erkunden, bevor er das Land betrat? Oder fiel ihm der Abschied von Hannover wirklich so schwer? Da ging es der Tochter der »bösen Platen«, der Gräfin Kielmansegg ganz anders: sie war nur allzu bereit, Georg I. zu begleiten. Ärgerlicherweise stellten sich ihr ihre Gläubiger in den Weg, als sie die Grenze nach Holland überschreiten wollte; sie mußte sich erst mit ihnen einigen, ehe sie den König in Den Haag einholen und sich der großen Reise anschließen konnte. Ganz im Gegensatz zu ihr suchte die Schulenburg Georg zurückzuhalten; sie verspürte nicht die geringste Neigung, ihr geliebtes Hannover zu verlassen, um in einem barbarischen Land zu wohnen, in dem man, wie sie sagte, den Königen die Köpfe abschlug. Georg I. mochte ihr noch so eindringlich erklären, daß besagte Königsmörder ja gerade seine Parteigänger seien, sie klammerte sich an ihr Hannover und hatte immer nur die eine Antwort, daß man mit fünfundfünfzig Jahren nicht mehr sein Vaterland vertauschen könne. Der König mußte seiner Mä-

tresse Gold und Edelsteine im Überfluß versprechen; trotzdem ging sie schließlich nur deshalb mit, damit die Kielmansegg nicht allein mit dem König reiste, und er mußte ihr feierlich schwören, daß es keine aufregenden Veränderungen geben werde und man in England wie in einem eroberten und besetzten Lande leben werde.
Georg I. sollte mit seiner Versicherung beinahe recht behalten. Die Jakobiten hatten, von den Ereignissen überrumpelt, den Augenblick zum Handeln verpaßt, Ludwig XIV. war achtundsiebzig Jahre alt, von ihm war nichts mehr zu befürchten; und die Whigs, die seit vier Jahren auf die Stunde ihrer Rückkehr zur Macht warteten, rüsteten sich, im Namen der Grundsätze des Parlaments einem fast absoluten Monarchen einen triumphalen Empfang zu bereiten.

Am 16. September 1714 schiffte sich Georg I. im holländischen Oranie-Polder auf der »Peregrine« ein; ein Ehrengeschwader gab ihm das Geleit, und bald stieß das Gros der englischen Flotte hinzu. Am 18. September kam er in Greenwich an. Hier verlieh er am 20. seinem Sohn den Titel des Prince of Wales und hielt dann seinen Einzug in London. (Eine genaue Beschreibung findet man in den »Memoiren der Regierung Georgs I.«, erschienen 1729 im Haag.) Am 21. fand das erste Lever im St.-James-Palast statt, und am 22. rief der König den Staatsrat zusammen, um ein neues Ministerium zu bilden. Die Krönung in Westminster war am 18. Oktober.

Der erste Eindruck, den die Menge von dem in seiner Karosse vorbeifahrenden König hatte, war: ein schwerfälliger, plumper Mann, oder mit den Worten Horace Walpoles, »by no means an inviting object«. Er hatte sich im ganzen nicht verändert, seit Liselotte von der Pfalz in einem Brief aus Versailles vom 22. April 1702 über ihn geurteilt hatte: »Ein heimtückischer, heuchlerischer Egoist, bar aller guten Eigenschaften, der keinen Wert darauf legt, jemandem zu gefallen, und sich für niemanden interessiert . . . Kurz, ein trockener, mürrischer, habgieriger und eingebildeter Mensch.«
Wie sah das England aus, das Georg I. vorfand? Die Straßen waren so schauderhaft, daß man Planken legen mußte,

um trockenen Fußes zu den Häusern zu gelangen, und es kam oft vor, daß die Wagen in Kellergewölben einbrachen. Trotzdem herrschte lebhafter Verkehr, und selbst die Überfälle der berüchtigten »mohawks«, der Rowdies jener Zeit, konnten nicht verhindern, daß man sich überall zu ausgelassenem Beisammensein traf; man nahm eben seinen Hund mit und hatte für den schlimmsten Fall seinen Säbel. Verschwunden war die lähmende Niedergedrücktheit, die in den Jahren nach der großen Pest in London geherrscht hatte, verschwunden auch die puritanische Strenge der Cromwell-Zeit. Man begann die Straßen zu pflastern und zu beleuchten, elegante Stadtpaläste entstanden rings um Piccadilly. Die »purlieus«, die Bordelle, mit ihren »mothers«, den Kupplerinnen, Schmugglerhöhlen, Clubs, Gefängnisse, geheime Zirkel, in denen man sich zu freier Liebe traf und Champagner mit Bier trank – das London Georgs I. war in der Tat nicht arm an Zerstreuungen aller Art. Boxen, Golf, Cricket, Bowling auf den Bowlinggreens, Hahnenkämpfe und Hunderennen lockten ein Publikum von »young bloods«, von verkommenen Lords, westindischen Matrosen, Betrunkenen und Bettlern an. Sie vergnügten sich damit, in einem Gehege eingeschlossene Hähne aufs Korn zu nehmen und mit Wurfgeschossen zu töten; oder man hängte die armen Tiere in einem irdenen Topf an einem Mast auf und benutzte sie als Zielscheibe. Macaulay erzählte, daß man in der Regent Street Auerhahnjagden veranstaltete. Mitten in der Stadt gab es Jagdclubs: man setzte einfach Enten auf irgendeinem Teich aus, und jeder, der über ein paar Pence verfügte, konnte seine Hunde auf sie loslassen. Die Reichen machten sich, nach Fielding, »ein wahres Vergnügen daraus, das Elend zu verhöhnen«. Ein Arbeiter schuftete fünfzehn Stunden täglich, und seine Töchter mußten auf die Straße gehen, auf die Gefahr hin, öffentlich ausgepeitscht zu werden. Das kleinste Aufmucken bezahlte man mit dem Pranger, einer versengten Hand oder der Deportation nach Amerika.

Wir können nichts Besseres tun als dem Dichter Thackeray das Wort zu geben, der im ersten seiner Essays mit dem Titel »The Four Georges« die Ankunft Georgs I. in England bemerkenswert anschaulich beschrieben hat:

»Er brachte einen kompletten deutschen Hofstaat mit, ohne dessen Gesellschaft er nicht leben konnte: seine ergebenen Kammerherren, seine deutsche Kanzlei, seine Mohren aus dem Türkenkrieg sowie seine schrecklichen, angejahrten Favoritinnen, die Damen Kielmansegg und Schulenburg. Man stelle sich einen Bürger, einen Mann von der Straße vor, der an der Landungsbrücke in Greenwich steht und schreit: ›Es lebe König Georg!‹ Er hat Mühe, nicht laut herauszulachen, so ungeheuer abgeschmackt kommt ihm das vor, was er da sieht: Ganz England liegt auf den Knien, allen voran der Erzbischof von Canterburry mit sämtlichen Würdenträgern der Hochkirche, und hinter dem Defensor Fidei, dem ›Verteidiger des Glaubens‹, schneiden die Kielmansegg und die Schulenburg, grellrot geschminkt, alberne Grimassen. Auf den Knien liegt auch der genialste Feldherr aller Zeiten, der Herzog von Marlborough – wen hat er nicht alles verraten: König Wilhelm III., König Jakob II., Königin Anna, England an Frankreich, schließlich Georg an den Prätendenten und umgekehrt. Lord Bolingbroke und Lord Oxford fehlen nicht, und die großen Tiere der Whigpartei machen ihren Bückling und beteuern ihre Loyalität. ›Ihre Loyalität‹, muß der König denken, ›was für ein Unsinn! Fünfzig Thronbewerber waren vor mir da, nur durch einen Zufall bin ich unter sie geraten, und Ihr, Ihr ehrenwerten Herren von der Whigpartei, habt mich nur Euret-, nicht meinetwegen gewählt. Was Euch betrifft, Ihr Tory-Junker, so weiß ich wohl, daß Ihr mich haßt. Euer Erzbischof, der höhnisch das Knie vor mir beugt und von der Gnade des Himmels faselt, die mich Euch geschickt habe, weiß genau, daß er sich über die Neununddreißig Artikel lustig macht . . . Und Ihr, Lord Bolingbroke und Lord Oxford, habt nicht vergessen, daß Ihr noch vor einem Monat gegen mich konspiriert habt . . . Komm her, meine gute Melusine, an meine Seite, brave Sophie Charlotte! Man soll uns Austern, guten Rheinwein und danach meine Tabakspfeife bringen! Ziehen wir unseren Vorteil aus der Gunst der Lage, legen wir die Hand auf alles, was wir bekommen können und überlassen wir es diesen englischen Großmäulern und Aufschneidern, sich zu prügeln und übers Ohr zu hauen.‹«
Georg I. stieß bei seinen Untertanen nur auf Haß und Ver-

achtung – wohlgemerkt bei seinen englischen Untertanen, die Hannoveraner achteten und liebten ihn. Verdiente er diese Abneigung? Er war ein tapferer Soldat, ein tüchtiger Feldherr, ein ausgezeichneter Regent. Welche Vorwürfe konnte man ihm hinsichtlich seiner Regierung Englands machen? Tatsächlich hat er es überhaupt nicht regiert, sondern war klug genug, England sich selbst – und zwar gut – regieren zu lassen unter der Leitung seines fähigen Ministers Robert Walpole. Dieser verabscheute den Krieg in jeder Form, auswärtige und Kolonialkriege nicht weniger als Bürgerkrieg, und besaß gesunden Menschenverstand genug, jeder kriegerischen Verwicklung aus dem Weg zu gehen. Übrigend war die allgemeine politische Lage friedlich geworden: die Stuartrebellen einstweilen unterdrückt, der Erbfeind Frankreich in die Knie gezwungen, ja, in das englische Bündnissystem integriert. Eine Friedensperiode begann. Die entsetzliche Massenverelendung und brutale Ausbeutung der arbeitenden Klasse lagen noch in weiter Ferne, noch waren die Großgrundbesitzer nicht darauf gekommen, daß es bequemer war, Fleischkühe zu züchten als Weizen anzubauen, noch hatten sie nicht Kornfelder in Viehweiden verwandelt und damit eine ganze Bevölkerung dem Hunger preisgegeben und zur Abwanderung in die Fabriken gezwungen, die mit der Entdeckung der Dampfkraft und der wirtschaftlichen Nutzung der Steinkohle überall aus dem Boden schossen. Die Industrialisierung, die England in Zukunft ihren Stempel aufdrücken sollte, hatte noch nicht begonnen. Unter Georg I. war das Land noch agrarisch und seine Bevölkerung »glücklich«. Um zu erkennen, welcher Art dieses Glück war, braucht man nur die zeitgenössischen Briefe und Zeitungen zu lesen.

Georg I. hielt sich, nachdem er einmal den Vorsitz im Staatsrat geführt hatte, aus dessen Geschäften heraus, in der klugen Erkenntnis, daß er von den inneren Angelegenheiten Englands nichts verstand. Mit Klugheit und Phlegma, fühlte er, kam er am weitesten. So überließ er die Regierungsgeschäfte seinen Ministern und behielt sich nur die auswärtige Politik vor. Es war keine schlechte Arbeitsteilung. Er kannte den Kontinent gut, während die Engländer ihm nur wenig Interesse entgegenbrachten. Im übrigen beschränkte er sich darauf, in den häufigen Konflikten zwischen seinen Whig- und seinen deutschen Ministern den Schiedsrichter zu spielen. So engstirnig Georg auch war, so hatte er doch rasch begriffen, daß er in England nicht mehr der absolute Monarch sein konnte, der er auf dem Kontinent gewesen war. Wie anders war das Leben im St.-James-Palast als in Hannover, wo sich alles nach dem Hof gerichtet hatte, wo die Turmuhren der Stadt nach der Uhr des Kurfürsten gestellt worden waren. Georg hätte, wie einer seiner Vorfahren, sagen können: »Es gibt keinen großen Mann in meinem Herzogtum, außer jenem, mit dem ich spreche, und der ist es auch nur so lange, wie ich mit ihm spreche.«

Neben den auswärtigen Angelegenheiten waren es die militärischen Fragen, die seine Aufmerksamkeit in Anspruch nahmen. Er war ehrlich erschrocken über den Zustand der englischen Armee. Ihre Hauptaufgabe bestand offensichtlich darin, Meutereien in ihren eigenen Reihen zu ersticken. Es gab kein stehendes Heer; Englands insulare Tradition sah darin eine Bedrohung der bürgerlichen Freiheiten. Königin Anna hatte ihrem Nachfolger eine Streitmacht von ganzen achttausend Mann hinterlassen – kaum die Hälfte der hannoverschen Armee. Überdies war es ein bunt zusammengewürfelter, undisziplinierter Haufen, Prügeleien der Soldaten auf offener Straße waren an der Tagesordnung. In ganz England gab es drei Kasernen; alles in allem standen drei Regimenter für die kontinentalen Kriege in Flandern. Georg I. konnte es sich nicht verhehlen: Seinen neuen Untertanen ging jeder Sinn fürs Militärische ab. Keine Fanfaren mehr, kein Wecken mit klingendem Spiel wie in Hannover, wo jede Ausfahrt eines Prinzen von Trompetensignal und Trommelwirbel angekündigt wurde und der Kurfürst sogar unter den Klängen eines Orchesters auf den Abtritt ging. Wie sehnte sich dieser im tiefsten Herzen Soldat gebliebene König nach dem Anblick seiner schönen Regimenter, wenn sie in drei Gliedern zu je zweiunddreißig Mann aufmarschierten!

Georg I. ging daran, das englische Heer zu reorganisieren. Er schuf Kampfeinheiten und trennte die seit den Tagen Cromwells oft vermischten Bereiche des Militärischen und des Zivilen; er rüstete die Infanterie mit dem modernen

Steinschloßgewehr aus, gab der Armee einen Generalstab an die Seite und lehrte die Soldaten, ihre Front nach deutscher Art durch rasche Schwenkungen zu entwickeln und Angriffskeile mit schmaler, aber tiefer Staffelung und Einzelfeuer zu bilden. Er hob das Offizierkorps, bis dahin nach Chesterfield »das schlechteste in Europa«, und verbot den Offizieren, ihre Equipagen im Troß mitzuführen, was die Märsche über Gebühr behindert hatte. Mit einem Wort: Georg I. vermittelte seinem Königreich die Fortschritte, die lange vor Friedrich dem Großen das Genie Gustaf Adolfs, dieses eigentlichen Vaters der modernen Kriegführung, in das Heerwesen eingeführt hatte, und er ließ es von der reichen militärischen Erfahrung profitieren, die Deutschland vom Dreißigjährigen Krieg bis zu den jüngstvergangenen Türkenkriegen gemacht hatte. Die Früchte dieser ausgezeichneten Maßnahmen sollten sich in den napoleonischen Kriegen zeigen.

Gelegentlich, wenn auch selten, gab Georg I. Hoffeste, oder wie es englisch hieß: assemblies. Audienzen gewährte er ungern. Ganz für sich allein »hielt er Tabakskollegium«; einer seiner beiden Mamelucken stand dann hinter ihm und stopfte die lange holländische Tonpfeife, der andere hielt den Spucknapf aus Delfter Porzellan. Der König lebte zurückgezogen in der Gesellschaft seiner beiden Mätressen. Er war mit den Jahren sehr häßlich geworden, seine dicke Nase versank fast zwischen schwer herabhängenden Wangen. In der Öffentlichkeit zeigte er sich nur, wenn er das Theater besuchte. Im Haymarket Theatre, wohin er sich von seinen beiden Türken in einer Sänfte tragen ließ, versäumte er keine Oper seines einstigen hannoverschen Kapellmeisters Händel. Zwar hatte dieser Hannover verlassen, weil er mit der schlechten Bezahlung unzufrieden war; aber das hinderte nicht, daß Georg I. sich freute, als er ihn in London wiedertraf. Vierzehn Jahre später wurde der Komponist britischer Bürger. Im Jahre 1717 gab der König ihm als Festmusik zu seinem Geburtstag die »Wassermusik« in Auftrag. »Signor Haendel« hatte gerade mit seiner Oper »Rinaldo« einen ungeheuren Erfolg errungen. Die Arie »Cara sposa« aus dem ersten Akt wurde auf jedem Cembalo gespielt. Nun vergaß der König die Differenzen aus der hannoverschen Zeit und

erneuerte gnädig die zweihundert Pfund Ehrenpension, die Königin Anna dem Komponisten ausgesetzt hatte. Georg I. mochte Händel nicht mehr missen und ließ sich auf seiner nächsten Reise nach Hannover, im Jahr darauf, von ihm begleiten.
Das Leben bei Hofe nahm deutschen Zuschnitt an. Nicht nur die Tageseinteilung war deutsch, die Dienerschaft und die Mätressen – der »Harem der häßlichen deutschen Hurenweiber«, wie die Jakobiten sagten –, auch viele Minister waren Deutsche: Graf Bernstorff, Graf Platen, der Hugenott Graf Robethon, Lordmarschall von Kielmansegg, Baron von Görtz – nach Lady Montagus Urteil der einzige Ehrenmann unter ihnen – und Baron von Bothmer, der unter Königin Anna hannoverscher Gesandter in London gewesen war. Georg I. umgab sich mit deutschen Günstlingen, wie Wilhelm III. vor ihm mit holländischen, nur waren sie weitaus unansehnlicher ...
Ob die Schulenburg, die aussah, wie Goya später seine häßlichen Frauen malte, die morganatische Gemahlin oder nur die Mätresse des Königs war, weiß man nicht. Ebensowenig, ob die Tochter der Platen, die Gräfin Kielmansegg, eine nicht mehr jugendliche Rubensgestalt, den Grafen Königsmarck oder Georg I. zum Vater hatte – (ganz zu schweigen davon, daß man flüsterte, sie sei gleichzeitig auch seine Mätresse). Sie war ebenso dick wie die Schulenburg mager war; man mußte sie schnüren, wie man ein Masthühnchen in Speckscheiben einzwängt. Grellrot geschminkt, geschmacklos und in schreienden Farben herausgeputzt, mit schwarzgemalten Augen unter mit Kohle nachgezogenen Brauen, hieß sie nur »der Elefant« oder »Elephant and Castle«, während man der Schulenburg den Spitznamen »Hopfenstange« (»may-pole«) gegeben hatte. Wenn sie in ihrer Kutsche durch die Straßen fuhren, schrie die Menge: »Nieder mit den deutschen Ratten!« Die Schulenburg streckte dann den Kopf zum Wagenfenster hinaus und rief in schlechtem Englisch: »Liebe Leute, wir wollen doch nur euer Gutes...«
»Unsere Güter wollt ihr!« schrie die Menge zurück. Der Schulenburg fehlte die Geistesgegenwart der Französin Louise de Kerouaille, der Herzogin von Portsmouth und Geliebten Karls II.: Auch sie war beim Volk verhaßt ge-

wesen; aber als der Pöbel mit Schmährufen über sie herfiel, hatte sie durch das Fenster ihrer Kutsche gerufen: »Me no whore, me no whore!« (»Ich keine Hure, ich keine Hure!«) Schlechtgelaunt wie immer warf der König nur einen flüchtigen Blick auf die lärmende Menge und setzte sich mit saurem Gesicht in seinen Sitz zurück. »Die englische Luft wird ihn noch sturer gemacht haben«, schrieb Liselotte von der Pfalz.

Aber es kam noch ärger. Die öffentliche Meinung beschuldigte die Mätressen, sie hätten sich Königin Annas Juwelen angeeignet. Tatsächlich bereicherte sich die gesamte Umgebung des Königs durch dunkle Geschäfte und verkaufte ihre Dienste dem Meistbietenden. Die beiden Muselmanen Mahomet und Mustapha waren ihrerseits nicht faul, aus ihrem Einfluß Gewinn zu ziehen.

Horace Walpole, der als achtjähriger Knabe dem König vorgestellt wurde, erzählt, er könne sich nicht an das Gesicht der anwesenden Herzogin von Kendal, das heißt der Schulenburg, erinnern. Von der Gräfin von Darlington, das ist die Kielmansegg, hat er folgenden Eindruck bewahrt: »Zwei funkelnde schwarze Augen unter hohen schwarzen Brauenbögen; ein unförmiger Hals, der ohne Übergang mit dem restlichen Körper verschmolz; kein Korsett hielt die Fülle zusammen.«

»Unser Land wird durch ein paar Hurenweiber ruiniert, und was das Schlimmste ist, durch abscheulich häßliche«, schrieb das »Mist's Journal« vom 27. Mai 1721. Dieser Satz brachte seinem Autor Gefängnis und Geldstrafe ein.

In diesem Jahre 1714, als Georg I. König von England wurde, war Sophie Dorothea seit zwanzig Jahren in Ahlden gefangen. In England, einem Land, in dem es für unschicklich galt, peinliche Fragen zu stellen, sprach niemand von ihr. Man schwieg aus Gleichgültigkeit, aus Mangel an Neugier und aus guter Erziehung. Man zog es weiterhin vor zu glauben, daß der König verwitwet sei. Die zeitgenössischen Geschichtsschreiber erwähnen nicht einmal den Namen der Herzogin von Ahlden. Die erste Veröffentlichung über sie erschien im Jahre 1773 und berichtet auch nichts anderes als was schon in Pollnitz' »Histoire secrette« von 1732 zu finden gewesen war. Es war eine romanhafte Biographie, die nur bei den Romantikern Interesse erweckte. Die »Memoiren von Sophie Dorothea« von 1845 sprechen von einem »Tagebuch« eines angeblichen Sekretärs, das in einer Übersetzung aus dem Deutschen 1821 erschienen sei; ebenso ist die Rede von Manuskripten, die in Berlin verschwunden sowie von anderen, die in Braunschweig »vergessen«, beziehungsweise in Celle oder Hannover versteckt worden seien. Die »Memoiren« sprechen auch von einem »Bericht von meinem Leben und Gefängnis«, dessen Verfasserin dann ebenfalls Sophie Dorothea wäre; vor ihrem Tode habe sie das Manuskript »Vertrauenspersonen« übergeben. Die Einleitung dieses »Berichtes« und eines im Anhang mitgeteilten Tagebuches enthielt angeblich Einzelheiten über die Herzogin von Celle und die Ursprünge der Familie d'Olbreuse, die nur Sophie Dorothea bekannt sein konnten. Das 1716 erschienene Werk »The Present State of Britain« von Chamberlayne befaßt sich ausführlich mit der Geschichte des Hauses Hannover, ohne Sophie Dorothea mit einem Wort zu erwähnen. Im Jahre 1726 veröffentlichte der englische Konsul in Amsterdam, Kerr of Kersland, seine »Reise an die Höfe von Celle und Hannover«, in der er eine »schöne Prinzessin, einzige Erbin von Celle« erwähnt – eine Bemerkung, die ausreichte, ihm ernste Unannehmlichkeiten zu bereiten.

Doran erzählt in seinem Buch »Lebensgeschichten der Königinnen von England«, Georg I. habe vor seinem Aufbruch nach London den Versuch einer Versöhnung mit seiner Gemahlin unternommen. Das ist eine durch nichts bewiesene Behauptung, und Georgs ganze Mentalität macht einen solchen Versuch unwahrscheinlich. Der Bruch war endgültig. Vom Tode der Herzogin von Celle an lebte die Gefangene in völliger Einsamkeit. Das dünne Band zwischen Sophie Dorothea und ihrer Tochter, der Königin von Preußen, das Herzogin Eleonore immer wieder geknüpft hatte, riß ab. Als die Königin von Preußen im Jahre 1725 ihren Vater Georg I. anläßlich einer seiner Reisen nach Hannover be-

suchte, mußte sie auf einen Abstecher nach Ahlden verzichten, ihr Mann Friedrich Wilhelm I. hatte es ihr verboten.
Die einzigen Besucher, an denen Georg I. es der Gefangenen nicht fehlen ließ, waren Ärzte. Den König plagte nur eine einzige schreckliche Angst. Die »Memoiren von Sophie Dorothea« erzählen, daß er immer seine Zweifel gehabt habe, ob seine Ehescheidung legal gewesen sei; er habe die Wiederaufnahme des Prozesses gefürchtet und sich bedrängt gefühlt von dem Gedanken, Sophie Dorothea könne als Siegerin daraus hervorgehen und sich doch noch an seiner Seite zur Königin von England krönen lassen. Das hieß, den Charakter der Prinzessin völlig verkennen; eine derartige Furcht war sinnlos. Aber der König hatte noch eine andere Angst, und gegen die gab es kein Heilmittel, keine Linderung durch die Zeit, sie ließ diesen tapferen, doch abergläubischen Soldaten bis ins Innerste erzittern. Einst hatte sich – Horace Walpole erzählt davon – am hannoverschen Hofe eine Wahrsagerin aus Frankreich aufgehalten und dem damals noch jungen Georg Ludwig prophezeit, er werde seine Frau nicht länger als zwölf Monate überleben. (Auch wenn man den Mitteilungen Horace Walpoles mit der nötigen Skepsis begegnet, muß man sich doch klarmachen, daß er das, was er erzählte, von seinem Vater Sir Robert Walpole hat, dem Premierminister Georgs I.) So ist es nicht verwunderlich, daß Georg I. die Gesundheit Sophie Dorotheas noch mehr am Herzen lag als seine eigene. Die Ärzte gaben sich in Ahlden die Klinke in die Hand, unaufhörlich schickten sie Berichte und schriftliche Gutachten in den St.-James-Palast. War es nicht das schlechte Gewissen, das die Gesundheit des Königs von England untergrub und ihn nachts in Angstschweiß jagte?

Elftes Kapitel

Die Stuartrebellion

Arme Stuarts, die ihr Unglück stolzer trugen als ihr Symbol, die weiße Kokarde – ein Unglück, wert, daß ein Dichter es beschriebe; verwöhnte Kinder des Leichtsinns und der Gedankenlosigkeit, immer in Geldnöten und doch sich umgebend mit dem prunkvollsten Zeremoniell. Ihr groteskes Pech, ihre vielberedeten, törichten Versäumnisse, ihre fehlgeschlagenen Verschwörungen haben sie berühmter gemacht, als wenn sie Siege errungen hätten. Und doch auch begnadete Stuarts, reichbeschenkt mit dem Glanz, der den nüchternlangweiligen Hannoveranern versagt war; welch unzähmbarer Stolz, welcher Stil noch in ihren schlimmsten Taten, welche Grazie im tiefsten Fall, welche Großzügigkeit auch in der Not! Und ihre unerschütterliche Vornehmheit, die im Gegensatz stand zu dem zweifelhaften Adelsstolz der Engländer, über den Liselotte von der Pfalz (in einem Brief vom 17. März 1697) schrieb: »Die großen englischen Herren sind genausowenig blaublütig wie unsere Herzöge hier; es dürfte kaum zwei unter ihnen geben, die ihre sechzehn adligen Ahnen zusammenbekommen.« Die Stuarts, eine Art Polen des Westens, von England schon am Tag nach ihrer Enthauptung oder Verjagung schmerzlich vermißt, ja, beweint von diesem nüchtern-schwerfälligen Volk, das sie um ihre Leichtigkeit beneidete – die in den wallenden Federbüschen ihrer Hüte geradezu Gestalt angenommen zu haben schien. (Demütigender noch als die kalten Winter im Exil von St. Germain, als das Gnadenbrot Ludwigs XIV. war das Almosenbetteln an den Türen der europäischen Hochfinanz!)

Wie zynisch und wenig aus dem Geiste der Stuarts ist es, wenn Liselotte von der Pfalz in einem Brief vom 13. September 1690 schreibt: »Der gute König Jakob II. hätte eben ein bißchen die richtige Religion haben müssen wie ich, an-

statt durch seinen Aberglauben drei Königreiche zu verlieren.« Der Parlamentspräsident de Brosses erhebt sich zum Stil Saint-Simons, wenn er über die Stuarts hochtrabend wie in einer Grabinschrift die Worte schreibt: »Sehr viele Leute unterstützen insgeheim diese Partei, weniger weil ihnen an ihrem Siege liegt, als weil es sie verdrießen würde, das Haus Stuart untergehen zu sehen; sie wären dann nämlich der Möglichkeit beraubt, es dem regierenden König aus der Ferne als Drohung zu präsentieren.« (Man lese an dieser Stelle die schönen Seiten Voltaires über die Stuarts nach, im 15. Kapitel seines »Jahrhunderts Ludwigs XIV.«.)
Zwar war Frankreich ein Land von sechzehn Millionen Einwohnern gegenüber fünf oder sechs Millionen in England, aber zur Zeit von Georgs Thronbesteigung war es wirtschaftlich erschöpft und durch die langen Kriege ausgeblutet. England dagegen besaß, wenn es auch im Augenblick hoch verschuldet war, eine durch blühenden Handel wohlhabend gewordene Bevölkerung. Von Robert Walpole stammen die beiden folgenden Aussprüche, wie sie treffender und stolzer ein Staatsmann nicht tun kann. Angesichts einer Gruppe von Parlamentsmitgliedern sagte er: »Jeder von ihnen hat für sein Gewissen einen Tarif«; das andere Wort, das auch uns heute als Leitsatz dienen sollte, fiel am Ende der Großen Allianz: »Vierzigtausend Tote hat dieser Krieg in Europa gekostet – und nicht ein Engländer ist darunter.«
Es blieb einem Bürgerkrieg, der sogenannten Stuartrebellion von 1715, vorbehalten, im Vereinigten Königreich Blut fließen zu lassen – zu einer Zeit, als Europa in eine lange Friedensperiode eintrat dank dem mit dem Segen der Freimaurerei und des Regenten zustandegekommenen englisch-französischen Ausgleich. Der Friede zu Utrecht 1713 hatte der Gastfreundschaft, die Ludwig XIV. den aus England vertriebenen Stuarts gewährt hatte, ein Ende gemacht; Jakob II. mußte Frankreich verlassen und sich in Lothringen ein neues Asyl suchen. Hier war er von englischen Spionen umgeben, und eine überraschende Rückkehr über den Kanal wurde immer schwieriger für ihn. Überdies war die jakobitische Partei in England zerstritten, wie auch die Tories, während die Whigs nach einem triumphalen Wahlsieg für lange Zeit die Macht errangen und einiger denn je dastanden.

Die Tories haßten Georg I. von ganzem Herzen, einer ihrer boshaften Aussprüche war: »Wenn ihr nicht wollt, daß der Prätendent König von England wird, braucht ihr ihn nur vorher zum Kurfürsten von Hannover zu machen.« Aber solche witzige Bosheit war auch alles, wozu sich ihre Mißstimmung aufschwang. Lord Bolingbroke und Lord Oxford wurden wegen der Rolle, die sie beim Zustandekommen des Utrechter Friedens gespielt hatten, vor Gericht gestellt, ebenso der Herzog von Ormond. Bolingbroke war heimlich nach Frankreich entkommen; als Ormond Lord Oxford riet, dem Beispiel zu folgen, lehnte dieser ab.

»Dann leben Sie wohl, Oxford – ich fürchte, Sie werden bald keinen Kopf mehr haben!« sagte der Herzog von Ormond.

»Leben Sie wohl, Herzog – ich fürchte, Sie haben schon heute kein Herzogtum mehr!« war die Antwort.

Obwohl die Zeit gegen ihn arbeitete, machte der Prätendent, den die Klügeren seiner Anhänger, um sich keiner Gefahr auszusetzen, nur den »Chevalier von St. George« nannten, immer neue Bedenken geltend. Im entscheidenden Augenblick mußte er dann wegen einer Masernerkrankung die Abfahrt verschieben. Wieder einmal zeigte es sich, daß nichts so verhängnisvolle Folgen haben kann wie ein lächerlicher Unfall. Auf den Kopf des Prätendenten war eine Belohnung von hunderttausend Pfund Sterling gesetzt.

Der für den Aufstand vorgesehene Schauplatz war Schottland, das nicht der anglikanischen Hochkirche unterstand und seinem früheren Königshaus immer noch verbunden war. John Erskine, zweiter Earl of Mar, war, obwohl Schotte, anfangs Georg I. ergeben gewesen und sogar nach Greenwich geeilt, um ihn zu begrüßen. Da er aber vom König geringschätzig behandelt wurde, kehrte er voller Grimm nach Schottland heim. Nach einer Jagd schlug er seinen Genossen unter großem Beifall vor, diesmal nicht auf den Fuchs, sondern zur Abwechslung auf den Hannoveraner Jagd zu machen.

In seiner Stellung als kommandierender General Jakobs II. stellte Mar Truppen auf, deren geringe Zahl bald durch den Zustrom der Royalisten verstärkt wurde, vor allem als sich auch der Norden Englands erhob. Hier war der junge katholische Earl of Derwentwater an die Spitze der Aufständischen getreten. Auch im Südwesten brachen hier und da, in Bath, Bristol und Plymouth, vereinzelte Revolten aus.

Angesichts der drohenden Gefahr handelten die Whigs schnell. John Campbell, Herzog von Argyle, übernahm den Befehl über die Truppen der Regierung. Die Habeas-Corpus-Akte wurde außer Kraft gesetzt, sechstausend Soldaten aus Holland abgezogen. Binnen kurzem wurde ein Teil der jakobitischen Armee bei Preston (nordwestlich Manchester) eingeschlossen, während der andere bei Dumblaine und vor allem in der Schlacht von Sheriffmuir (nordwestlich Edinburgh) besiegt wurde. Die Strategie dieser Schlacht sollte in der Kriegsgeschichte berühmt werden: bei beiden Armeen blieb jeweils der rechte Flügel siegreich – eine Tatsache, die den Herzog von Argyle zu der Bemerkung veranlaßte, seine rechte Hand wisse nicht, was seine linke tue. Die Hochländer waren gefürchtete Soldaten, aber die Uneinigkeit ihrer Clans verhinderte, daß aus einem für sie günstig ausgegangenen Gefecht ein allgemeiner Sieg wurde.

Am 6. Dezember 1715 endlich landete der »König jenseits des Wassers« – diesen Namen, »King over the water«, hatte man dem Prätendenten in England gegeben – von Frankreich kommend in Peterhead an der schottischen Ostküste, verkleidet als französischer Marineoffizier und begleitet von einer kleinen Anhängerschar. Der Regent[1] hatte ihn nicht offen zu unterstützen gewagt, um sich nicht mit England zu überwerfen.

Der Prätendent erfreute sich keiner Beliebtheit. Selbst seine eigenen Leute fanden ihn verdrießlich, weinerlich und unentschlossen. Er beschränkte sich darauf, den Rückzug zu leiten und kehrte nach Frankreich zurück. Die Rebellion war nach fünf Monaten zu Ende.

Die Vergeltung war streng, vermied indessen jede Maßlosigkeit. Trotzdem schrien die Jakobiten, die Whigs hätten den königlichen Hermelin mit Blut gerötet. Es gab vor allem eine Kette von Verhaftungen. Sieben Peers wurden zum Tode verurteilt und ihre Güter eingezogen. Aber nur zwei

[1] Philipp Herzog von Orléans, Sohn der Liselotte von der Pfalz und Neffe Ludwigs XIV., führte nach dessen Tod bis 1723 die Regentschaft für den unmündigen Ludwig XV. (Anm. d. Ü.)

wurden hingerichtet, darunter der junge Derwentwater; drei wurden begnadigt, und zweien gelang die Flucht aus dem Tower, dem einen in den Kleidern seiner Frau, die sie ihm bei einem Besuch eingeschmuggelt hatte. Zweiundzwanzig Soldaten wurden in Lancashire gehängt, vier in London, die Mehrzahl nach Amerika deportiert. Als man Georg I. die Flucht von Lord Nithdale meldete, sagte er gelassen: »Er hat gut daran getan. Begeht um Gottes willen nicht den Fehler, ihn wieder einzufangen.«

Nach Thackerays Meinung – in seinem Buch »The Four Georges« – hatte wenig gefehlt, so hätten Schottland und die Armeen des Prätendenten gewonnenes Spiel gehabt. Mit der Einbildungskraft des Romanciers schildert er diesen Sieg und seine Folgen:

»Wie reizvoll wäre es, die Geschichte umzuschreiben, wenn man bedenkt, was alles hätte sein können! Wir wissen, mit welcher Begeisterung die schottischen Edelleute, dem Ruf ihres Schicksals folgend, sich um Lord Mar scharten, wie sie sich die weiße Kokarde ansteckten, die für immer die Blume trauervoller Dichtung bleiben wird, und nach Braemar eilten, um sich dem Stuartbanner unseliger Vorbedeutung anzuschließen. Sie waren achttausend gegen eintausendfünfhundert auf der Seite des Feindes. Sie hätten ihn über den Tweed jagen und sich zu Herren ganz Schottlands machen können, wenn nur der Herzog – der des Prätendenten – es gewagt hätte, weiter vorzurücken, als er den Sieg errungen hatte. Das Schloß von Edinburgh wäre in die Hände König Jakobs gefallen, hätten sich nicht die Männer, die den Auftrag hatten, es zu erstürmen, in der Schenke aufgehalten, um auf die Gesundheit des Königs zu trinken, und wären sie nicht mit zweistündiger Verspätung an ihrem verabredeten Platz unter den Schloßmauern erschienen. An Leuten, die insgeheim auf ihrer Seite standen, war in der Stadt kein Mangel. Anscheinend rechnete man mit dem Angriff: Lord Mahon[1] zitiert den Bericht Sir John Sinclairs[2] von einer Un-

1 Ph. E. Mahon, Earl of Stanhope: Geschichte Englands 1713 bis 1783. 7 Bände, 1836–53. (Anm. d. Ü.)

2 Aus alter schottischer Familie, nahm führenden Anteil an der Rebellion von 1715, schrieb »Memoirs of the Rebellion«. (Anm. d. Ü.)

terhaltung mit einem nicht persönlich in die Sache verwikkelten Gentleman; dieser erzählte, er habe sich an jenem Abend in einem Wirtshaus aufgehalten, in dem achtzehn Gäste zechten und sich, wie die Wirtin scherzhaft sagte, »die Haare puderten«, in weiser Voraussicht des Überfalls. Stellen wir uns einen Augenblick vor, sie hätten sich nicht damit aufgehalten, sich die Haare zu pudern: das Schloß und die Stadt Edinburgh, ja, ganz Schottland wären dem König Jakob zugefallen! Und weiter, der ganze Norden Englands erhebt sich und marschiert über die Heide von Barnet gegen London; in vielen Dörfern, in Wyndham in Somerset, in Packington in Worcestershire, in Vivian in Cornwall greift man zu den Waffen. Der Kurfürst von Hannover und seine häßlichen Mätressenweiber packen das Silberzeug — und vielleicht auch die Kronjuwelen — zusammen, und dann ab über Harwich und Helvoersluys ins liebe, alte Deutschland! Der König — Gott schütze ihn! — landet unter Kanonendonner und dem Beifallsgeschrei der Menge in Dover, der Herzog von Marlborough vergießt Tränen der Freude, und alle Bischöfe liegen auf den Knien im Staube . . . Nur noch ein paar Jahre, dann wird in der St.-Pauls-Kathedrale wieder feierliches Hochamt gehalten, wird im Münster zu York wieder Frühmette und Vesper gesungen, und der Doktor Swift muß Chorstuhl und Pfarrhaus räumen und einem Dominikaner aus Salamanca überlassen. — Ja, so hätte es kommen können damals — und auch noch dreißig Jahre später[1] —, dies alles hätten wir haben können . . . wenn es nur nicht diesen pulveris exigui iactus gegeben hätte, dieses kleine Puderwölkchen, dessentwegen sich die Verschwörer in der Taverne verspäteten, um ihre Haare damit zu pudern . . .«

[1] Thackeray spielt hier auf die zweite und letzte Stuartrebellion unter Jakobs II. Enkel, dem »jungen Prätendenten« Karl Eduard, an, die 1746 fehlschlug. (Anm. d. Ü.)

Zwölftes Kapitel

Sophie Dorotheas Sohn, der Prince of Wales

Von einem englischen Witzbold stammt das Wort: »Georg I. kann kein so schlimmer Mann gewesen sein, da er immer nur drei Menschen gehaßt hat: seine Mutter, seine Frau und seinen Sohn.«

Der Haß, den Georg I. und Georg August, der Prince of Wales und zukünftige Georg II., füreinander empfanden, ist berühmt geworden. Alles an dem Prinzen mußte den König an Sophie Dorothea erinnern: die strahlenden Augen, das glänzende kastanienbraune Haar, die schlanke Gestalt, die witzige Schlagfertigkeit, das lebhafte Naturell. Georg I. gab wohl oder übel einige Vorzüge zu, als er eines Tages über seinen Sohn sagte: »Er ist ein Hitzkopf, aber er hat Mut.« Von seinem Vater hatte der Prinz die Vorliebe für alles Militärische geerbt, obwohl er später ein durchaus friedliebender Fürst geworden ist. Er war tapfer und hatte sich unter Marlboroughs Befehl bei Oudenaarde glänzend geschlagen. Seine Rauflust hätte fast zu einem Duell mit seinem Schwager, dem König von Preußen geführt – »mein Schwager, der Feldwebel« nannte er ihn –; er gab seinen Vorsatz, ihm den Degen in den Leib zu rennen, erst auf, als man ihm klarmachte, wie lächerlich es wäre, wenn zwei Personen königlichen Ranges sich schlügen.

Georg August war 1683 geboren, das heißt b e v o r Königsmarck nach Hannover kam. Der Spottname »kleiner Königsmarck«, den ihm manche jakobitischen Pamphletschreiber anhängten, ist also reine Verleumdung. Ganz Europa sprach von dem Vater-Sohn-Zerwürfnis. »Meiner Meinung nach«, schrieb Liselotte von der Pfalz, »glaubt der König von England nicht, daß der Prinz von Wales von ihm ist, denn wenn er es glaubte, würde er seinen einzigen Sohn nicht derart übel behandeln.« Obwohl sicher unbegründet, hing dem Prinzen der Bastardverdacht lange an.

Ein Vorfall zeigte dies deutlich. Bei einem Empfang im St.-James-Palast rempelte ihn im Gedränge der Sohn des Herzogs von Newcastle, der ein natürlicher Sohn Karls II. war, versehentlich an; wütend sagte der Prince of Wales: »Man muß sich hier ja vorsehen, daß man nicht auf Bastarde tritt!« »Hoheit«, antwortete der Beleidigte, »mein Vater war ein ebenso großer König wie der Ihre, und was unsere Mütter betrifft, so stellen wir besser keine Vergleiche an.«
Bei der ersten seiner Reisen nach Hannover war Georg I., sehr gegen seine Neigung, gezwungen, für die Zeit seiner Abwesenheit von England seinem Sohn die Regentschaft zu übertragen; er entzog sie ihm dann wieder und ließ ihm nur den Titel eines Siegelbewahrers des Königreichs. Der Vater konnte es dem Sohn nicht verzeihen, daß dieser sich allgemeine Beliebtheit erworben hatte. Horace Walpole zufolge soll er sogar erwogen haben, ihn nach Amerika zu schicken. John Morley spricht in seiner Biographie Walpoles ebenfalls davon und sagt, man habe beim Tode des Königs unter seinen Papieren eine Notiz über diesen Plan gefunden.
Sogar hierin erkennt man noch Bernstorffs schlimmen Einfluß. Liselotte von der Pfalz schreibt am 9. Juni 1718: »In Paris behauptet man, daß es Bernstorff ist, der den König gegen den Prinzen von Wales und seine Frau aufhetzt. Er sollte sich schämen: ein Deutscher und dabei falscher als ein Engländer . . .«
Als ihm der zweite Enkel geboren wurde, der spätere Herzog von Gloucester, verlangte Georg I., daß man ihn zum Taufpaten mache, und wählte als zweiten Paten den Herzog von Newcastle. Der Prinz von Wales war darüber so wütend, daß er den Herzog öffentlich beleidigte, indem er ihn einen Lumpen schimpfte. Georg I. jagte seinen Sohn und seine Schwiegertochter aus dem Schloß und entzog ihnen mit unvorstellbarer Härte die Obhut über ihre beiden Kinder, ja, er verbot ihnen sogar, sie zu sehen. Die Gestraften wohnten fortan im Leicester House und im Sommer in Richmond. Dort wurden sie bald der Mittelpunkt der Tory-Opposition sowie von allem, was in London jung, strahlend und gebildet war. Die Prinzessin von Wales, umgeben von einem Schwarm junger Schönheiten, den berühmten »maids of ho-

nour«, wurde hier die große Tory-Verehrerin, die sie ihr Leben lang geblieben ist. Caroline, die Tochter des Markgrafen von Brandenburg-Ansbach und seit 1705 Gemahlin des Prince of Wales, nimmt in der Geschichte Englands einen Ehrenplatz ein. Sie war gebildet, hatte ein besonderes Interesse für Philosophie und liebte eine freie, zuweilen derbe Redeweise; als wären das noch nicht Vorzüge genug, war sie außerdem die hübscheste Frau ihrer Zeit. Georg I. fürchtete ihr Mundwerk und schimpfte laut: »Dieser Satan von einer Prinzessin!« Später, als ihr inzwischen König gewordener Mann zwei Jahre von England abwesend war — er liebte Hannover ebenso wie sein Vater — regierte sie das Königreich allein und bewies dabei großes Geschick. Ihr Einfluß auf ihren Gatten war unbegrenzt; ihr war es hauptsächlich zu verdanken, daß er den ihm verhaßten Robert Walpole im Amt des Premierministers beließ.

Georg I. machte aus seiner Abneigung gegen seinen Sohn kein Hehl. »Ganz Paris ist der Ansicht«, schrieb Liselotte, »daß Georg I. sich mit dem Gedanken trägt, öffentlich zu erklären, der Prinz von Wales sei nicht sein Sohn, und um ihm noch mehr Verdruß zu bereiten, will er die Schulenburg, die jetzt Herzogin von Munster ist, heiraten.« Es läßt sich nicht bestreiten, daß der König es darauf anlegte, dem Zerwürfnis mit seinem Sohn ein möglichst weites Echo zu verschaffen, indem er alle Höfe offiziell davon in Kenntnis setzte und dem Prinzen die ihm zustehende Ehrenwache entzog. Dieser schrieb einen Brief nach dem anderen, um die Rückgabe seiner Kinder zu erreichen. Robert Walpole bemühte sich um einen gütlichen Ausgleich, der aber daran scheiterte, daß der Sohn sich weigerte, in die väterliche Residenz zurückzukehren. Er verstand sich schließlich zu einem Besuch bei seinem Vater; durch die geschlossenen Türen hörte man dessen erregte Stimme: »Votre conduite! Votre conduite!« (Diese gekrönten deutschen Häupter, die über England herrschten und sich nur auf französisch unterhielten — was für herrliche Zeiten waren das, durch Welten getrennt vom Nationalismus des neunzehnten Jahrhunderts!)

»Man sah Vater und Sohn gemeinsam bei einer religiösen Feier«, schreibt Lady Cowper, »aber sie sprachen kein Wort miteinander.« Georg I. machte sich den Zwist zunutze, um das Testament zu zerreißen, das Sophie Dorothea zugunsten ihrer Kinder gemacht hatte. Hinter allen diesen unerfreulichen Auseinandersetzungen ahnt man den verderblichen Einfluß der »beiden Damen« des Königs, die eine Gelegenheit sahen, dem Prinzen seinen Haß reichlich heimzuzahlen. Er konnte wahrlich mit Liselotte von der Pfalz sagen, daß die Höfe »ein Haufen von Kanaillen und liederlichen Dirnen« seien.

Beim Tode Georgs I. war die erste Tat des neuen Königs, seinerseits das Testament seines Vaters zu zerreißen, und zwar vor den Augen des verdutzten Erzbischofs von Canterbury, der es ihm, dem Protokoll entsprechend, übergeben hatte, damit es in seiner Gegenwart eröffnet werde.

Der wahre Grund für diesen Haß zwischen Vater und Sohn war, daß über ihrem Verhältnis Sophie Dorotheas Schatten lag. Es kann kaum einen Zweifel geben, daß der Prinz von Wales seine Mutter insgeheim liebte. Wie man weiß, wollte er sich ihr in Ahlden in die Arme stürzen, hätte ihn nicht der Schloßkommandant, Baron von Bülow, daran gehindert. Georg II. ließ alle Akten der Scheidung seines Vaters verbrennen. Lady Suffolk hat Horace Walpole erzählt, daß der Prinz ein Porträt seiner Mutter besaß und es nach dem Tode seines Vaters für jedermann sichtbar aufhängte. (Diese Mitteilung findet sich auch in Lord Herveys Memoiren; nach ihm habe man in London geglaubt, Georg II. würde seine Mutter zu sich geholt haben, wenn sie noch am Leben gewesen wäre ...) Er war von ihrer Unschuld überzeugt, wenn er auch nie davon sprach. Man sagt, daß die Seelen der Verstorbenen durch Wände und Spiegel gehen; wieviel leichter können sie durch die Adern eines Menschen in sein Blut eindringen . . .

Dreizehntes Kapitel

Die Rache der Toten

Georg I. hatte zu Beginn seiner Regierung den Parteien gegenüber eine Haltung eingenommen, die zu seiner Stellung als konstitutioneller Monarch wenig passen wollte. Für die Whigs hatte er nur ein Lächeln, die Tories würdigte er keines Blickes. Lord Bolingbroke wurde ohne Erbarmen aus dem Amt entfernt. Das Parlament wurde, obwohl es gemäß einem kurz zuvor beschlossenen Gesetz noch sechs Monate tagen sollte, nach Hause geschickt, nachdem es dem König den Huldigungseid geleistet und die ihm vom Monarchen vorgelegte Zivilliste gebilligt hatte. Damit nicht genug, präsentierte Georg I. auch noch eine hannoversche Rechnung: das Parlament sollte für die Soldrückstände aufkommen, die man dem kurfürstlichen Kontingent der verbündeten Armee immer noch schuldete. Danach fanden allgemeine Neuwahlen statt, aus denen die Whigs mit großer Mehrheit als Sieger hervorgingen.

Mit ihrer Hilfe konnte der König unangefochten regieren. Obwohl er alles andere als beliebt war, verstand er es doch mit großem Geschick, sich Geltung und Achtung zu verschaffen. Georg I. hatte das hohe Amt, das ihm zugefallen war, nicht begehrt. In der heiklen Sukzessionsfrage war ihm der alte Freund seiner Mutter, Leibniz, ein guter Ratgeber gewesen. Leibniz war ja nicht nur ein großer Gelehrter – ein »wandelndes Lexikon« nannte ihn der König –, sondern auch ein hervorragender Diplomat. Aber leider mußte Georg I. bald auf seinen Rat verzichten: der Philosoph starb ganz plötzlich, als er ein selbsterfundenes Heilmittel gegen seine Gicht an sich ausprobierte.

Dem König kamen nicht zuletzt seine Ignoranz und Uninteressiertheit zustatten: da er die englische Sprache nicht verstand, gab er es bald auf, den Vorsitz im Staatsrat zu führen, und ließ seine Minister regieren.

Bei aller nicht zu leugnenden geistigen Trägheit mußte Georg I. doch eines klar erkennen: wenn schon das Holland Wilhelms III. von England aus gesehen nur ein kleines Land gewesen war, so war sein Hannover noch viel unbedeutender. Der ganze Militärapparat des Reiches war zwar imponierend, aber unbeweglich; seine Viertelmillion Soldaten marschierte erst, wenn England die Kriegskosten bezahlte. Es konnte Georg I., der materielle Vorteile nicht verachtete, nicht verborgen bleiben, daß trotz einer hohen Staatsverschuldung die englischen Schiffe mit den Schätzen der spanischen Kolonien reichbeladen zurückkehrten, dank der Lükken, die der unter dem Namen »Kolonialpakt« bekannte Vertrag und der Schleichhandel in der einst undurchdringlichen Mauer des spanischen Kolonialreiches geöffnet hatten. In Frankreich verfolgten nach dem Tode Ludwigs XIV. – »die alte Maschine« hatte ihn noch kürzlich Lord Stair genannt – der Regent und sein Minister, der Kardinal Dubois, eine so englandfreundliche Politik, wie man sie sich besser nicht erträumen konnte. Sie schafften sich den unbequem gewordenen Prätendenten so weit wie möglich vom Halse, zwangen ihn erst, das lothringische Bar-le-Duc mit Avignon, danach sogar mit Italien zu vertauschen. Trotzdem ließ Georg I. nicht von seinem – um noch einmal mit Lord Stair zu sprechen – »phantastischen Haß gegen Frankreich« ab. England garantierte, wie erst wieder in der Zeit Wellingtons, ganz Europa den Frieden. 1716 wurde im Haag der Dreibund England-Frankreich-Holland geschlossen. Vier Jahre später wurde durch den Beitritt Spaniens im Vertrag von Madrid ein Viererbund daraus. Die Nordsee war ein englisches Meer, Hannover hatte gerade mit englischem Geld, wie Lord Chesterfield sagte, die Bistümer Bremen und Verden von Schweden erworben, dessen Herrschaft über die Ostsee vor dem nach Westen ausgreifenden Rußland Peters des Großen mehr und mehr zusammenschmolz.
In London hörte man zwar noch manchmal den Ruf: »Nieder mit Hannover!« Und im Jahre 1718 wurde sogar ein Anschlag auf das Leben des Königs verübt. Aber allmählich gewöhnten sich die Engländer an ihren Monarchen, der die Opposition duldete und es auch nicht übelnahm, wenn ihn der »Tatler« oder der »Spectator« verspotteten.

Das Bild des alternden Georg I. ist untrennbar verbunden mit dem der Herzogin von Kendal. Sie war so geblieben, wie man sie bei ihrer Ankunft in England gesehen hatte: eine magere Deutsche, unzugänglich für alles Englische. Der König verbrachte jeden Nachmittag von fünf bis acht Uhr in ihren Gemächern, bevor er mit »seinen Damen« ins Theater ging. Er nahm hinter ihr, für das Publikum unsichtbar, in einer zweiten Loge Platz; die königliche Loge betrat er nie. Er trank seinen Schoppen Bier, während sie aus Papier Figuren von Teekannen, Vasen und Blumen ausschnitt. Der König blickte sie dabei voller Entzücken an, er sah alles mit ihren Augen, sie war die »wahre Königin von England«. Sie besaß die lässige Art und die heuchlerische Harmlosigkeit großer Ausbeuterinnen. Das einzige Papier, das sie nicht zu Figuren zerschnitt, waren die Noten der Bank von England. Ihre Habgier kannte keine Grenzen. »Für einen Shilling hätte sie jedem beliebigen die Ehre des Königs verkauft«, sagte Robert Walpole einmal. Jeder, der ein Gesuch an den Monarchen hatte, mußte erst ihre Gunst erkaufen. Als Bolingbroke, seines französischen Exils müde, in seine Heimat zurückkehren wollte, mußte er ihr elftausend Pfund zahlen. Als das Amt des Lordmarschalls durch den Rücktritt des Herzog von Somerset vakant wurde, legte sie ihre Hand auf die mit diesem Amt verbundenen Einkünfte von eintausendfünfhundert Pfund. Ein Bankier erkaufte sich für vierzehntausend Pfund das Recht, in Irland Kupfermünzen zu prägen, Privatleute machten ihr üppige Naturaliengeschenke, ausländische Gesandte ruinierten sich für sie. Ludwig XV. gab seinem Botschafter in London, de Broglie, den Rat, sie mit besonderer Auszeichnung zu behandeln, da sie Einfluß auf den König habe.

Angeblich war sie mit Georg I. in morganatischer Ehe verbunden, einige glaubten sogar, sie sei ihm durch den Erzbischof von York rechtmäßig angetraut worden. Sie tat eifrig gute Werke und versäumte keinen anglikanischen Gottesdienst, neben sich ihre beiden aus Deutschland mitgebrachten Nichten, von denen die eine, Petronilla Melusine von der Schulenburg, wahrscheinlich eine natürliche Tochter Georgs I. war und später als Baronin von Aldborough und Gräfin von Walsingham den Earl of Chesterfield heiratete. Die Herzogin von Kendal hatte ihren Aufstieg mit irischen Adelstiteln begonnen: schon 1716 wurde sie Baronin von Dundalk, dann Marquess von Duncannon und Herzogin von Munster. Ohne daß sich, von einigen jakobitischen Pamphleten abgesehen, irgendwelcher Protest erhob, gelang ihr zwei Jahre später der Aufstieg in den englischen Adel: der König machte sie zur Baronin von Glastonbury, Gräfin von Faversham und schließlich zur Herzogin von Kendal. Unersättlich wie sie war, fehlte ihr jetzt nur noch der Reichsadel. Aber auch den sollte sie erhalten: 1722 verlieh ihr Kaiser Karl VI., dem Drängen Georgs I. nachgebend, den Titel einer Fürstin von Eberstein.

Horace Walpole erzählt, der König habe ihr versprochen, seine Untreue in dieser Welt durch Treue ihr gegenüber in der anderen wiedergutzumachen. Sollte er vor ihr sterben, so würde er sie aus dem Jenseits besuchen. Nach seinem Tode erblickte sie eines Tages vom Fenster ihres Wohnsitzes Kendal House in Isleworth einen Raben, der sich nicht verscheuchen lassen wollte. Sie war überzeugt, daß er die Seele Georgs I. sei, und zähmte den Vogel, so wie sie den König zu seinen Lebzeiten gezähmt hatte.

Nach Coxe's »Leben Robert Walpoles« war die andere Gefährtin Georgs I., die Gräfin Kielmansegg, noch in den 1720er Jahren eine große Schönheit. Horace Walpole war, wie man weiß, anderer Ansicht, aber er war schließlich erst acht Jahre alt, als er sie sah. Wie Lady Mary Wortley Montague hielt auch Walpole die Tochter der bösen Gräfin Platen für eine weitere Mätresse des Königs. Dabei war es durchaus möglich, daß sie seine Halbschwester war. Angeblich war er der Vater ihrer Tochter Sophie Charlotte Margaret, der späteren Lady Howe. Lewis Melville bezeichnet dies als Verleumdung, und seine Argumente scheinen überzeugend: die Gräfin Kielmansegg sei die natürliche Tochter des Kurfürsten Ernst August und der Gräfin Platen, eben jene, die diese vergeblich mit dem Grafen Königsmarck zu verheiraten versucht habe. Man habe sie dann mit dem Oberhofmarschall des Kurfürsten, dem reichen Baron Kielmansegg, vermählt; in seinem Testament habe der Kurfürst ihr ein beträchtliches Vermögen vermacht. Man versteht unter diesen Umständen nur nicht recht, weshalb ihre Gläubiger sie dann fast daran gehindert hätten, Hannover zu verlassen, als sie Georg I. nach England begleiten wollte. Übrigens folgte ihr der Gatte nach London nach. Nach seinem Tode im Jahre 1717 erhielt sie vom König eine Pension, was für Melville angesichts des bekannten Geizes des Königs der Beweis ist, daß sie tatsächlich seine Halbschwester war. Der Monarch machte hieraus gar kein Geheimnis. An der Tafel hatte sie den Ehrenplatz dem König gegenüber und war auf diese Weise noch über die Herzogin von Kendal gestellt, was diese ihr nicht verzieh, wie Lady Cowpers Tagebuch der Jahre 1714 bis 1720 berichtet. Da die Kielmansegg der Favoritin auch an Titeln nicht nachstehen wollte, setzte sie es durch, daß sie 1721 zur Gräfin von Leinster und ein Jahr darauf zur Baronin von Brentford und Gräfin von Darlington erhoben wurde; genau wie die Schulenburg erwarb sie in zwei Etappen erst irische, dann englische Adelstitel. Wenn man Lady Mary Wortley Montague glauben darf, war sie eine glänzende, gebildete Erscheinung – mit einem starken Hang zu den Männern, wie der Prinz von Wales hinzufügt; dabei unterließ sie es, Lady Cowper zufolge, bei keiner Gelegenheit, ein von ihrem Mann eigenhändig unterzeichnetes eheliches Treuezeugnis vorzuzeigen. – Sie starb 1725. (»Es ist mir zu Ohren gekommen«, schreibt der französische Gesandte in London, de Chammorel, nachdem er den Tod der Gräfin mitgeteilt hat, »daß die deutsche Umgebung des Königs heimlich intrigiert, um aus Hannover eine Dame von einigermaßen anständigem Charakter kommen zu lassen, die die Verstorbene in der Gunst Seiner Majestät ablösen soll. Aber die Herzogin von Kendal wird sicher Mittel und Wege finden, dem zuvorzukommen.«)

Europa geriet für ein halbes Jahrhundert unter den Einfluß Englands. Aber Marlboroughs Siege waren dem Land teuer zu stehen gekommen. Die Staatsverschuldung war, durch die Verschwendung der letzten Stuarts noch vermehrt, ins Ungeheure gewachsen. Auf der einen Seite war die eben erst gegründete Bank von England bereits hochverschuldet, auf der anderen schütteten die neuen Handelsgesellschaften der

Kolonien kolossale Gewinne aus: Die Ostindische Kompanie verteilte eintausendvierhundert Prozent Dividende. Die Südsee-Kompanie erbot sich, die Staatsschulden zu übernehmen wenn die Regierung Anteilscheine der Gesellschaft kaufe. Dieses Projekt des Direktors der Kompanie, Sir John Blunt, erschien den Parlamentariern, die nicht viel von Finanzgeschäften verstanden, sehr verführerisch. Das Unterhaus stimmte dafür, ohne an das Fiasko zu denken, das in Frankreich gerade die schwindelhafte Karriere John Laws beendet hatte (von den Prätendenten bis zu Law kosteten die Schotten Frankreich sehr viel!). Die Lords des Oberhauses zeigten sich ebenso wie die Bank von England knauseriger. Trotzdem wurde die Südsee-Kompanie autorisiert, die staatlichen Schuldscheine aufzukaufen, so sehr war man überzeugt, daß ihre Gewinnausschüttungen ausreichen würden, den Staat und seine Gläubiger zu befriedigen.

Die Engländer sind Spielernaturen: Die herkömmlichen Lotterien genügten ihnen nicht, sie stürzten sich auf die neuen Anteilscheine. In der Change Alley, der Rue Quincampoix[1] von London, kletterten die Werte im Nu von einhundertdreißig auf tausend. So fieberhaft war die Spekulation, daß der ganze Schwindel viel schneller aufflog als in Frankreich, nämlich schon nach sechs Monaten.

Aber das Beispiel war nun einmal gegeben, und Hunderte von kleinen Gesellschaften schossen in der City wie Pilze aus dem Boden, eine immer verrückter als die andere: »Gesellschaft für das Aufsammeln des Strandgutes an den irischen Küsten«, »Gesellschaft für die Verwertung der menschlichen Haare«, »Gesellschaft für die Herstellung eines Rades, das sich ohne Antrieb bewegt« . . . Es gab sogar eine »Gesellschaft, deren Zweck erst nach geglücktem Start bekanntgegeben wird«; sie hatte an einem einzigen Vormittag einen Zulauf von tausend Subskribenten, von denen jeder zwei Guinees zeichnete.

Sehr schnell mußte das Aktienfieber böse enden. Als man Newton nach seiner Meinung über die Zukunftsaussichten

[1] In der Rue Quincampoix, im heutigen 2. Arrondissement von Paris, hatte John Law von 1716 bis 1720 seine berüchtigte Aktienbank. (Anm. d. Ü.)

des Börsenmarktes fragte, antwortete er, er beschäftige sich damit, die Bewegungen der Himmelskörper zu erforschen, nicht die des Massenwahns.

Die Verluste brachten die ganze soziale Rangordnung ins Wanken. Man erzählte sich den folgenden bezeichnenden Witz: ein Apotheker murmelt, während er einem Kranken den Puls fühlt: »O weh! Das sackt ja schrecklich ab!« – »Wollen Sie damit sagen, daß ich bald sterben muß?« – »Nein, Ihnen geht es bestens, ich dachte an meine Aktien.«

Die »South Sea Bubble« – die »Südsee-Seifenblase« – platzte, zur großen Freude der Bank von England. Die Aktien, die eben noch einen Wert von tausend Pfund gehabt hatten, sanken wöchentlich um dreihundertfünfzig Pfund. Am Ende des Monats waren sie unverkäuflich. Wer sie zu spät abgestoßen hatte, war ruiniert. Ein gewisser Lord Chandos verlor dreihunderttausend Pfund an ihnen. Der Herzog von Portland und Lady Mary Wortley Montague mußten besonders viel Federn lassen.

Robert Walpole hatte die ganze Unternehmung heftig mißbilligt und sich, was wichtiger war, beizeiten aus aller Verantwortung zurückgezogen. Jetzt wurde er an die Spitze der Regierung gerufen. Eine geheime Untersuchungskommission wurde ernannt, die Direktoren der Kompanie verloren ihr Vermögen, aber die eigentlichen Schuldigen entzogen sich der Strafe. Der Hauptkassenverwalter der Kompanie, Robert Knight, floh über den Kanal; seine Rechnungsbücher, mit den Namen der am meisten Belasteten, nahm er mit sich. Das war sein Glück.

Die königliche Familie war tief in den Skandal verstrickt. Georg I. hatte bei der Eröffnung der Novembersitzung des Parlaments das Unternehmen ausdrücklich gutgeheißen, dahinter stand das Drängen der Herzogin von Kendal, die sich, wie die ganze deutsche Umgebung des Königs, mit Aktien bezahlen ließ. Nun, nach dem Fiasko, sprach man sogar von der Abdankung Georgs I. zugunsten des Prinzen von Wales. Aber dieser hatte sich bei einer ominösen »Gesellschaft zur Ausbeutung von Kupferminen« mit Anteilen beteiligt . . .

Man erinnert sich an die Prophezeiung, die die französische Wahrsagerin Deborah Georg I. gemacht hatte, und man weiß, wie ängstlich er infolgedessen Sophie Dorotheas Gesundheit während der zweiunddreißig Jahre ihrer Gefangenschaft überwachen ließ. Aber was vermögen Ärzte gegen ausweglose Verzweiflung? Sophie Dorothea siechte an einem Gehirnfieber dahin; in ihrem Delirium schrie sie ihren Abscheu vor dem Mann heraus, mit dem ihr Vater sie fürs Leben verbunden hatte. Ihre Kräfte nahmen von Tag zu Tag ab, bis sie am 13. November 1726 im Alter von sechzig Jahren starb. Vor ihrem Tode hatte sie noch einen Brief geschrieben und ihn treuen Händen anvertraut . . .

Als Georg I. aus Ahlden die Nachricht von ihrem Tode erhielt, packte ihn furchtbare Angst. Er zitterte, als er von ihrem langen, schrecklichen Todeskampf, ihren Verwünschungen und ihrer entsetzlichen Drohung hörte, mit der sie ihm ein Wiedersehen vor dem Richterstuhl Gottes ankündigte.

Nirgends in England durfte Sophie Dorotheas Tod öffentlich bekanntgegeben werden. Als er erfuhr, daß man in Hannover ihretwegen Trauer trug, bekam Georg I. einen heftigen Wutanfall und befahl, dem sofort ein Ende zu machen. Nicht geringer war sein Groll gegen den Berliner Hof und die Königin von Preußen, seine Tochter, da man dort Hoftrauer angeordnet hatte. Die »London Gazette« meldete mit dürren Worten: »Hingang der früheren Herzogin von Hannover.«

Der Fürst von Waldeck, der die Nachricht nach London überbracht hatte, kehrte mit der Weisung zurück, Sophie Dorothea im Garten des Ahldener Schlosses beisetzen zu lassen.

Im St.-James-Palast fand Georg I. keine Ruhe mehr. Die Zwangsvorstellungen der abergläubischen Herzogin von Kendal vermehrten seine quälende Angst noch; Tag für Tag lag sie ihm damit in den Ohren, daß das Gespenst der Toten ruhelos umherirren werde, bis ihre sterblichen Reste bei den Ihren in der Celler Fürstengruft ruhen würden. Schließlich gab der König nach, und die Überführung und Beisetzung fand statt, zu nächtlicher Stunde und ohne Gottesdienst. Dort, in dem friedlichen, kleinen Celle, dessen äußeres Bild so schlecht zu ihrem traurigen Leben passen will und das seitdem von Haß verschont geblieben ist, ruht Sophie Dorothea heute noch. Aber kein Name schmückt ihren Sarg, wie ihn sonst die Vornehmen Deutschlands auf ihren Sarkophagen anbrachten, damit sie am Jüngsten Tage nicht mit dem einfachen Volk zusammen vor die Schranken des Gerichts treten müßten.

Die Qual des Orest, der von den Erinnyen verfolgt wird, suchte jetzt den König heim. Nirgends fand er Ruhe. Er konnte nicht mehr schlafen und versuchte sich jeden Abend im Theater zu zerstreuen. Im St.-James-Palast regierte, nach einem Wort der Madame de Maintenon, der »Taumelgeist des Wahnsinns«. Das Deutschland des achtzehnten Jahrhunderts neigte zum Aberglauben, und England war das Land der Gespenster: welch ein Unglück für Georg I., daß er aus dem einen stammte und über das andere herrschte! Wenn dieser kaltherzige Mensch auch zu echter innerer Reue unfähig war, so quälten ihn doch, verborgen unter äußerer Gleichgültigkeit, Gewissensbisse, erschütterten seine feiste und prunküberladene Majestät und beunruhigten die Seele dieses »kalten und starrköpfigen Mannes«, so wenig man ihm bei seiner mißtrauisch wortkargen Art – man mußte ihm, wie Liselotte sagt, jedes Wort einzeln entreißen – davon auch anmerken mochte. Ziellos und mißlaunig irrte er umher, wie einer jener in Abwesenheit Verurteilten, die man in effigie am Schloßportal von Hannover aufgeknüpft und vor deren papierenen Schreckbildern es ihn als Kind gegraust hatte.

Als das Frühjahr kam, beschloß der König nach Hannover zu reisen. Am 3. Mai 1727, einen Monat nach der endgültigen Beisetzung Sophie Dorotheas, verließ er London.

Er war siebenundsechzig Jahre alt, und es war seine sechste Reise nach Hannover.

Der König von England kehrte heim nach Deutschland. Wie manche Tiere, die es an den Ort ihrer Geburt zieht, wenn sie ihr Ende nahen fühlen, kehrte er an seinen Ausgangspunkt zurück. Er gehörte nicht zu jenen Abenteurern, die

in der ganzen Welt zu Hause sind. London war für ihn eine Station wie vorher Venedig, Versailles, Ungarn; er fühlte sich als Soldat, den das Schicksal auf einen Posten kommandiert hat. Er war kein Vagabund, kein Müßiggänger.
Sein Leben hatte sich in engem Kreise bewegt. Von dem, was London eigentlich war: ein Tor zur weiten Welt, zu einer Welt, die für zwei Jahrhunderte den Stempel englischen Geistes, englischer Zivilisation tragen sollte, erbaut auf den Trümmern der spanischen, portugiesischen, holländischen und bald auch der französischen Kolonialreiche – von all dem hatte er nichts gesehen, nichts begriffen, nichts geliebt.
Weder die Veränderung der Welt noch die unerwarteten und wider seinen Willen eingetretenen Glücksfälle seines Lebens hatten ihn aus seiner Trägheit, seinen zähen Gewohnheiten, seinem Egoismus herausreißen können. Er war entschieden der Richtige, seinen britischen Untertanen Phlegma vorzuwerfen!
Den einzigen transzendenten Zug seines Lebens beargwöhnte er nicht: jenes merkwürdige Vorgefühl, das ihn in diesem Augenblick nach Hannover zurückkehren ließ. Dieser beschränkte Mensch fühlte sich plötzlich wie von einem Schicksalstraum von einer seltsam starken Eingebung geleitet. Es war wie ein rätselhafter, von bösen Mächten gesteuerter Sog, der ihn von seiner Wahlheimat zurück in das Land seiner Geburt trieb.
Jedesmal, wenn er sein Königreich verlassen hatte, war er wie ein Internatsschüler gewesen, der in die Ferien fährt: so sehr freute er sich auf sein Hannover, wo er sofort nach seiner Ankunft den »Unfall« vergaß, »der ihm am 1. August 1714 zugestoßen war« – mit diesen Worten charakterisierte Lord Peterborough den Tag, an dem Georg Ludwig König von England geworden war. Und wie ein Schüler, der den Unterricht verlassen will, hatte Georg I. das Parlament um die Erlaubnis zu der Reise bitten müssen. So hatte es die Act of Settlement vorsorglich festgelegt, weil man eine königliche Desertion befürchtete.
Sein letzter und verspäteter Tribut an England war, wie Horace Walpole erzählt, daß er die bildhübsche Tochter eines englischen Obersten, Maria Garetta Brett, zur Mätresse

nahm. Sie war ein dunkler, fast spanischer Typ. Seine Untertanen waren zugleich empört und geschmeichelt. Indem Georg I. so »zu einem gemeinen Schürzenjäger wurde«, sank er auf eine Stufe herab, die der Marquis d'Argenson in seinen Memoiren »Monoputanismus« (d. h. ausschließliches Zusammenleben mit Dirnen) nannte. War es Bedauern, seine kleine Miß Brett zurücklassen zu müssen, oder eine mehr unbewußte Befürchtung: jedenfalls nahm der König, nach Horace Walpole, zum erstenmal mit sichtlicher Bewegung vom Prinzen von Wales und Prinzessin Caroline Abschied. Er sprach davon, daß er sie nicht wiedersehen werde.

Georg I. schiffte sich in Greenwich ein und kam am folgenden Tag in Holland an. Das Begleitgeschwader blieb in der Maasmündung, nicht weit von Utrecht, vor Anker.

Am 19. Juni 1726 erreichte er die deutsche Grenze. Während um elf Uhr abends in Dalden die Pferde gewechselt wurden, verschlang er eine Riesenmahlzeit, mit einer ganzen Melone als Nachtisch, und befahl die Weiterfahrt für drei Uhr morgens. Die Herzogin von Kendal blieb in Dalden zurück, er selbst stieg in die Kutsche, deren nächstes Ziel Osnabrück war. Es wurde gerade Tag, der Wagen rumpelte mit furchtbarem Getöse über das schlechte Pflaster zwischen Windmühlen dahin. Bei den letzten Häusern des Ortes sprengte ein Reiter mit einem Brief zur königlichen Kutsche. Nicht selten gelangten auf diese Weise Bittschriften an den König, normalerweise nahm das Gefolge sie in Empfang. Doch diesmal bestand der Unbekannte darauf, seinen Brief dem König persönlich abzuliefern.

Sobald es hell genug zum Lesen war, entsiegelte Georg I. das Schreiben – und erbleichte. Es war von Sophie Dorotheas Hand! Der Bote hatte an der Grenze gewartet, geduldig wie der Tod ...

Der Brief forderte Georg I. vor Gottes Gericht, ein Jahr und einen Tag nach dem Tode der Gattin, deren Leben er seiner Rache geopfert.

Er rechnete nach: es blieben ihm keine sechs Monate mehr zu leben ...

Ein Krampf durchzuckte seinen Arm, die Zunge trat ihm aus dem Mund. Sein Kammerherr Fabricius mußte ihn auffangen: ein Schlaganfall hatte ihn getroffen ...

»Es ist zu Ende mit mir . . .«, murmelte er auf französisch.
In Lingen ließ man ihn zur Ader. Man beschwor ihn, sich ins Bett zu legen, aber er machte ein Zeichen, daß man um jeden Preis weiter müsse, und stammelte: »Nach Osnabrück . . . nach Osnabrück . . .!«
Um zehn Uhr abends kam die Kutsche in Osnabrück an. Nach Horace Walpole, Jesse und Coxe fand man den König, den man schlafend geglaubt hatte, tot in seinem Sitz. Malortie dagegen versichert, er sei erst nach seiner Ankunft im Fürstbischöflichen Schloß gestorben, das einst sein Vater erbaut hatte und jetzt sein Bruder, der gegenwärtige Fürstbischof, bewohnte.
Man erinnert sich der Worte, die Liselotte von der Pfalz in einem Brief vom 6. März 1718 schrieb: »Ich fürchte, Georg Ludwig wird ein schlimmes Ende haben.«

Anhang

Die Überlieferung des Briefwechsels, Bemerkungen zur Königsmarck-Literatur

Die zahlreichen englischen und deutschen Historiker, die sich mit der dargestellten Epoche und ihren Personen beschäftigt haben, sind entweder Verteidiger Sophie Dorotheas oder Anhänger ihres Gatten Georg von Hannover.

Die einen wie die anderen stützen sich auf unbezweifelbare Tatsachen, wie sie von Zeitgenossen oder etwas später lebenden Interpreten berichtet werden: zum Beispiel in der 1732 anonym erschienenen »Histoire secrette de la duchesse de Hanovre« (einem allerdings reichlich romanhaften Werk), den Memoiren von Gourville, der Korrespondenz der Elisabeth-Charlotte von Orléans, den Memoiren von Pollnitz (1740), dem Bericht von Toland, dem Werk »Der Hof von Hannover« von Malortie, dem 1707 erschienenen Schlüsselroman »Römische Octavia« des Herzogs Anton Ulrich von Braunschweig-Wolfenbüttel und endlich in den unzuverlässigen, aber amüsanten »Erinnerungen« von Horace Walpole sowie den Briefen von Lady Mary Wortley Montague.

Als Hauptvertreter der ersten Gruppe, das heißt als Verteidiger der unglücklichen Prinzessin, trat zwei Jahrhunderte nach ihrem Leben W. H. Wilkins, Historiker an der Universität Cambridge, mit seinem Buch »The Love of an Uncrowned Queen« (1909) hervor. Ihm gebührt das Verdienst, als erster den Briefwechsel zwischen Sophie und Königsmarck veröffentlicht zu haben.

Die Gegenpartei ist durch Lewis Melville, den Biographen Georgs I. von England, vertreten. In seinem 1908 erschienenen Buch »The First George« erscheint der verschriene Monarch als tapferer Soldat und ehrenhafter Mensch, als eine Art Weiser ohne persönlichen Ehrgeiz, dessen Gleichgültigkeit gegenüber seinem neuen Königreich den Auf-

schwung des englischen Parlamentarismus sicherte. A. W. Ward, der Verfasser des Buches »The Electress Sophia and the Hanoverian Succession« und des Artikels über Georg I. im »Dictionary of National Biography« gehört im wesentlichen der Melvilleschen Richtung an, insofern als beide vom Geist des viktorianischen Zeitalters geprägt sind.
Trotz der beißenden Polemik Melvilles gegen seine Gegner, denen er vorwirft, sie verfaßten statt wissenschaftlicher Geschichtsschreibung ein bühnenwirksames Rührstück, haben wir es nach gründlicher Prüfung der zeitgenössischen Berichte, unter die man vor allem diejenigen der englischen und französischen Gesandten in Hannover rechnen muß, für richtig gehalten, uns in dem Labyrinth widersprüchlicher Intrigen an dem Ariadnefaden der psychologischen Analyse zurechtzufinden. Wir haben den Versuch unternommen, eine exakte Wissenschaft, die der Historie, mit etwas zu versöhnen, was der Wissenschaft spottet: der menschlichen Liebe.

Die Briefe umfassen den Zeitraum vom Juli 1690 bis zum Dezember 1693. Sophie Dorotheas Briefe aus den ersten sechs Monaten des Jahres 1694, dem letzten Halbjahr ihres Verhältnisses mit Philipp Christoph, sind verschwunden; man kann als sicher annehmen, daß Kurfürst Ernst August sie in seinen Besitz gebracht und vernichtet hat. Die Briefe Königsmarcks hat Sophie Dorothea zweifellos selbst verbrannt. Diejenigen, die erhalten sind, dürften von Aurora von Königsmarck in Hamburg aufbewahrt und ihrer Schwester, der Gräfin Lewenhaupt, anvertraut worden sein. Die Lewenhaupts nahmen sie bei ihrer Rückkehr nach Schweden mit.
Beim Tode der Gräfin Lewenhaupt erbte sie ihr Sohn, Graf Karl Emil von Lewenhaupt. Er starb ohne männlichen Erben und hinterließ den Briefwechsel seiner Tochter, die mit dem Baron Hans Ramel af Ofvedskloster verheiratet war. Diese starb 1810 und vermachte die Briefe wiederum ihrer Tochter, einer Gräfin Sparre, die sie ihrerseits ihrer Tochter, einer Gräfin de la Gardie, hinterließ.

Erst zu diesem Zeitpunkt erfuhr eine breitere Öffentlichkeit von der Existenz der Briefe. Der Uppsalaer Universitätsprofessor W. F. Palmblad gab sie 1847, als Anhang zu seinem Roman »Aurora von Königsmarck«, in Auszügen heraus, allerdings mit so vielen Irrtümern in der Lesung und im Verständnis, daß an ihrer Echtheit gezweifelt wurde.
Durch den Tod des Grafen de la Gardie gelangten die Originalbriefe 1848 in den Besitz der Universität Lund. In den Jahren 1848 bis 1850 machte J. H. Gadd, Hilfsbibliothekar an der Universität, Abschriften von ihnen und verkaufte diese an eine Engländerin, Mrs. Evelyn Everett Green, von der sie das Britische Museum 1870 erwarb.
1898 begab sich W. H. Wilkins nach Lund, um die Richtigkeit der Abschriften anhand der Originale zu überprüfen. Er fertigte seinerseits eine sorgfältige Abschrift und Beschreibung der Originale an. Nach seiner Mitteilung waren es zweihundert in französischer Sprache geschriebene Briefe ohne chronologische Ordnung. W. H. Wilkins veröffentlichte in seiner Geschichte Sophie Dorotheas (»The Love of an Uncrowned Queen«) zwei Drittel von ihnen in englischer Übersetzung. Übrigens stellte er fest, daß manche Briefe von dem Fräulein von dem Knesebeck geschrieben waren, offenbar nach Sophie Dorotheas Diktat.
Im Jahre 1879 hatte der deutsche Historiker Adolf Köcher die Briefe für Fälschungen erklärt. Er stand mit seiner Meinung nicht vereinzelt da, aber weder er, noch die anderen hatten die Originale jemals gesehen, sondern urteilten auf Grund der Palmbladschen Auszüge. Noch im Jahre 1906 bezeichnete das »Dictionary of National Biography« die Briefe als »zweifelhaft« (»disputable«).
Das eigentliche Verdienst von W. H. Wilkins bestand darin, daß er die in der Korrespondenz erwähnten Ereignisse am hannoverschen Hof mit Daten und Ereignissen verglich, die in den diplomatischen Berichten der englischen Gesandten in Celle und Hannover mitgeteilt wurden. Es ergab sich eine völlige Übereinstimmung.

Im Juli 1754 schickte die Königin Luise Ulrike von Schweden, eine Schwester Friedrichs des Großen, ihrem Bruder vierundsechzig Briefe aus der Korrespondenz Sophie Doro-

theas mit Königsmarck, die sich damals noch im Besitz der Familie Lewenhaupt befanden und wie ein kostbarer Schatz in ihrem Schloß gehütet wurden, bis die Nachkommen sie der Universität Lund vermachten.
Wie diese Briefe in die Hände der Königin von Schweden gelangten, ist ungeklärt. Sie befanden sich in heilloser Unordnung. Friedrich der Große machte aus diesen »nicht sehr ehrenvollen Erinnerungsstücken« ein Paket, das er versiegelte und eigenhändig mit der Aufschrift versah: »Lettres d'amour de la duchesse d'Ahlden au comte de Königsmarc«. Er bewahrte es in Potsdam auf. Nach seinem Tode wurde es dem Geheimen Staatsarchiv zu Berlin übergeben, von wo es im zweiten Weltkrieg nach Merseburg ausgelagert wurde; dort befindet es sich heute zusammen mit den Beständen des ehemaligen hannoverschen Archivs.

Die Lunder Korrespondenz umfaßt 201 Blätter von der Hand der Prinzessin beziehungsweise der Knesebeck und 471 von der Hand Königsmarcks.
Der Berliner Bestand enthält 14 Briefblätter von Sophie Dorothea und 54 von Königsmarck.
Die Photokopien im Archiv zu Hannover umfassen 1399 Seiten, von denen 1282 auf die Lunder Briefe und 117 auf die Berliner kommen.
Das Folgende ist ein Auszug aus einem Gutachten vom 31. Oktober 1966, in dem Jean-Pierre Mousson-Lestang, Lektor an der Universität Lund, die Geschichte der Korrespondenz und die Frage ihrer Echtheit untersucht.

Diese Korrespondenz, die schon berühmt war, bevor sie bekannt wurde, und die man zwei Jahrhunderte lang als unecht ansah, ehe man sich zum Gegenteil bekehrte, ist der Gegenstand einer riesigen Literatur geworden. Ihre Geschichte ist selbst ein abenteuerlicher Roman, sozusagen der Roman eines Liebesromans.
Der Briefwechsel beginnt am 1. Juli 1690, mit ein paar Zeilen Königsmarcks an Sophie Dorothea, und endet gegen Ausgang des Jahres 1693.
Königsmarck schrieb vor seiner Abreise nach Flandern ein Jahr lang an seine Geliebte, erhielt aber nur während der

Dauer des flandrischen Feldzuges regelmäßige Antwortbriefe. Nach einer sechsmonatigen Unterbrechung setzt die Korrespondenz wieder ein, als Sophie Dorothea sich bei ihren Eltern in Celle oder Bruchhausen aufhält. In der zweiten Hälfte des Jahres 1693 ist Königsmarck wieder bei der Armee, diesmal an der dänischen Grenze. Von den in den ersten sechs Monaten des Jahres 1694 gewechselten Briefen ist nichts erhalten.

Die ersten Briefe Königsmarcks sind Zeugnisse respektvoller Verehrung, im Tone eines Scudéryschen Helden, während Sophie Dorothea die ihrigen schon bald mit dem ganzen Feuer ihres liebenden Herzens erfüllt, das bereits die »Portugiesische Nonne« in ihr ahnen läßt[1]. Von ihrer Hand sind die Briefe in dem Berliner Konvolut, das Friedrichs des Großen berühmte Aufschrift trägt.

Der bisher letzte Erforscher der Korrespondenz, Georg Schnath, fällt ein strenges Urteil über ihre freie Bearbeitung durch die Franzosen du Boscq de Beaumont und Bernos: Sie verfolgten nur das Ziel, einer großen Liebe literarisch-ästhetischen Rang zu verleihen, um ihr einen Platz in der Liebesbriefliteratur Frankreichs zu verschaffen; das habe die Verfasser dazu geführt, ungerechterweise Königsmarcks Briefe wegen ihrer Schreibfehler und ihres schauderhaften Französisch fortzulassen, soweit sie nicht zum Verständnis der Fakten unentbehrlich seien. Der wissenschaftliche Wert der Veröffentlichung sei dadurch erheblich beeinträchtigt, zumal die auf diese Weise getroffene Auswahl noch stark bearbeitet und in schlechtes modernes Französisch gebracht worden sei. Überdies lägen ihr nicht die Originale der Universität Lund zugrunde, sondern es handle sich um eine Rückübersetzung aus der englischen Übertragung der Gaddschen Abschriften. Außerdem fehlten die damals noch unerforschten Berliner Briefe.

Seit der Mitte des vergangenen Jahrhunderts ist zum Königsmarck-Briefwechsel und seinen Problemen eine reiche historische und pseudohistorische Literatur erschienen. Eines

[1] Die »Religieuse Portugaise«, Mariana Alcoforado (1640–1723) schrieb 1669 veröffentlichte Liebesbriefe an den Comte de Chantilly, deren Echtheit allerdings umstritten ist. (Anm. d. Ü.)

der ersten Werke war das erwähnte Buch von W. F. Palmblad, »Aurora Königsmarck und ihre Verwandten«, Örebro und Leipzig 1847.

In der zweiten Hälfte des 19. Jahrhunderts tauchten die ersten Zweifel an der Echtheit des Briefwechsels auf. Zu nennen sind hier die Werke deutscher Gelehrter:
Wilhelm *Havemann*, Geschichte der Lande Braunschweig und Hannover, 1857.
Schaumann, Sophie Dorothea, Prinzessin von Ahlden und Kurfürstin.
Ders., Sophie von Hannover, 1879.
Adolf *Köcher*, Die Prinzessin von Ahlden, 1882.
Sowie das Werk eines Franzosen: Horric *de Beaucaire*, Une mésalliance dans la maison de Brunswick . . ., 1884.

Für die Echtheit der Briefe sprachen sich in der Folge aus: die englischen Gelehrten W. H. *Wilkins*, The Love of an Uncrowned Queen, London 1909, und A. W. *Ward*, The Electress Sophia and the Hanoverian Succession, London 1909; der Deutsche Robert *Geerds* in seinen Veröffentlichungen: »Die Briefe der Herzogin von Ahlden und des Grafen Philipp Christoph von Königsmarck« (in: Münchner Allgemeine Zeitung, Jahrgang 1902, Nr. 77), »Die Mutter der Könige«, München 1913, und »Die Prinzessin von Ahlden und Graf Ph. Chr. von Königsmarck« (in: Zeitschrift des Historischen Vereins für Niedersachsen, 1915); der Schwede Birger *Mörner:* »Maria Aurora Königsmarck, en krönika«, Stockholm 1914; sowie die Franzosen G. *du Boscq de Beaumont* und M. *Bernos:* »Correspondance de Sophie-Dorothée, princesse électorale de Hanovre, avec le comte de Konigsmarck, 1691–1693«, Paris 1914.

Die überzeugendsten und seither offenbar von niemandem mehr bestrittenen Beweise für die Echtheit erbrachte der Aufsatz von
G. *Schnath*, »Der Königsmarck-Briefwechsel – eine Fälschung?« im Niedersächsischen Jahrbuch, Band 7, Hildesheim 1930. Derselbe Forscher hat 1952 eine kritische Ausgabe des Briefwechsels herausgegeben, in der er seine in dem

Aufsatz von 1930 dargelegten Schlußfolgerungen bezüglich der Chronologie, des Stils und der Orthographie ausgewertet hat:
»Der Königsmarck-Briefwechsel« (in: Quellen und Darstellungen zur Geschichte Niedersachsens), Hildesheim 1952.
Diesem grundlegenden Werk ließ er 1953 noch eine weitere Abhandlung folgen:
»Der Fall Königsmarck – Leben, Ende und Nachlaß des Grafen Ph. Chr. Königsmarck im Licht neuer Funde«, Hannover 1953.
Nach Schnath kann man davon ausgehen, daß ungefähr die Hälfte des Briefwechsels verloren ist, entweder abhanden gekommen oder vernichtet. Georg Schnath hat sich in jeder Beziehung als der am besten qualifizierte Beurteiler des Echtheitsproblems erwiesen; seine Schlußfolgerungen wird man akzeptieren müssen.

Für die Veröffentlichung des Bildmaterials und der Stammtafel danken wir dem Bomann-Museum sowie dem Stadtarchiv in Celle.